U0154030

華人文化主體性研究叢書

譬類以明

華人傳統類思維新探

馬愷之、王華——主編

國家圖書館出版品預行編目（CIP）資料

譬類以明：華人傳統類思維新探 / 馬愷之, 王華主編. --
初版. -- 臺北市：國立政治大學政大出版社, 國立政治大
學華人文化主體性研究中心出版：國立政治大學發行,
2022.12
　　面；　公分. --（華人文化主體性研究叢書；A2007）
　ISBN　978-626-96532-9-4（平裝）

1.CST: 中國哲學　2.CST: 文集

120.7　　　　　　　　　　　　　　111021218

華人文化主體性研究叢書 A2007

譬類以明：華人傳統類思維新探

主　　編｜馬愷之、王華
作　　者｜王華、吳傳臻、林維杰、祝平一、馬愷之
　　　　　傅大為、歐瑞安、潘宗億、駱俊廷

發 行 人　李蔡彥
發 行 所　國立政治大學
出 版 者　國立政治大學政大出版社
合作出版　國立政治大學華人文化主體性研究中心
執行編輯　林淑禎
地　　址　11605臺北市文山區指南路二段64號
電　　話　886-2-82375669
傳　　真　886-2-82375663
網　　址　http://nccupress.nccu.edu.tw

經　　銷　元照出版公司
地　　址　10047台北市中正區館前路28號7樓
網　　址　http://www.angle.com.tw
電　　話　886-2-23756688
傳　　真　886-2-23318496
郵撥帳號　19246890
戶　　名　元照出版有限公司

法律顧問　黃旭田律師
電　　話　886-2-23913808

初版一刷　2022年12月
定　　價　400元
I S B N　9786269653294
G P N　1011102401

政府出版品展售處
• 國家書店松江門市：104臺北市松江路209號1樓
　電話：886-2-25180207
• 五南文化廣場臺中總店：400臺中市中山路6號
　電話：886-4-22260330

目　次

前言

　　本論文集所發表關於「類思維」研究的成果，起源於國立政治大學華人文化主體性研究中心從 2020 年開始推動的一系列的學術與研究活動。「類思維」包含了使用譬喻說明事物促進理解、依靠類比類推作出判斷、或作出分類等面向，皆是以「相似性」、「關聯性」為基礎連結各種事物，並藉此從已知外推以建構或拓展知識、導引行動的思考方式。這種思考方式並非華人文化所特有──它展現在各種文化中，甚至可能是人類最普遍的一種思考方式。不過，在華人文化所共享的有機世界觀下，這種思考方式似乎特別受到重視，有其獨具特色的展現，而「類思維」在華人自我描述中也扮演著重要角色。

　　臺灣近年許多學者（如楊儒賓、[1] 黃俊傑、[2] 鄭毓瑜[3] 等等）已對華人類思維研究作出貢獻，而中心所推動的這些活動旨在承續這些研究，系統地探究由中文這個特殊媒介所塑造的「類思維」對於華人文化主體性的影響。透過哲學、語言學、史學、人類學、文學的跨領域研究，分析推類、引譬連類、倫類、族類等「類思維」型式，是如何塑造華人思想模式和生活方式，並突顯「類思維」在華人構思同一與差異、自我與他者、文化與自然的關係。最終，我們希望建構「漢學人學」這個新研究典範。這一系列研究包括由中文系林宏明教授、英文系徐嘉慧教授與哲

1　楊儒賓、黃俊傑，1996，《中國古代思維方式探索》，臺北：正中書局。
2　黃俊傑，2004，《東亞儒學史的新視野》，臺北：臺大出版中心。
3　鄭毓瑜，2012，《引譬連類：文學研究的關鍵詞》，臺北：聯經出版。

學系林遠澤教授負責籌組「漢語語言類型學比較」研究團隊，系統地探索漢字和手勢／身體如何表達三類古今中外共通的概念，以瞭解傳統對於當代思維模式的持續影響，以及漢字與手勢／身體對華人文化主體性的形塑有何影響。哲學系馬愷之（Kai Marchal）與王華教授，則負責籌組「中西跨文化比較哲學」研究團隊，運用現代語言與觀念，從中國哲學那裡尋找思想資源來重新思考當代哲學議題，從而促進本土哲學與文化之創造發展。由歷史系張廣達講座教授與藍適齊教授所籌組的華人時空觀之歷史意識研究團隊，其研究在時間軸上跨越了從明代、到1940年代、到當代，在空間軸上則涵蓋了中國、臺灣本土、華人與非華人（臺灣原住民）之間的互動場域、以及東亞（日本為主），並從這些方向探討華人社會的「歷史記憶」。我們舉辦的學術活動主要包括：（1）邀請重要學者在「政大華人文化講座」進行數場演講。其中，包括加拿大布洛克大學哲學系陳榮灼榮譽教授以《思維現象學》為題，探討華人的思維方式與「類比思維」的關聯，以及美國杜克大學哲學系黃百銳教授以《早期儒道思想中的譬喻和類比：在個人、國家以及社會等場域中的治理議題》為主題的一系列演講，探討在中國古典文獻裡，類比與譬喻如何被用來勾勒個人、國家與社會應當如何組織（此講座內容與學者評論亦收錄成書出版）。[4]（2）舉辦「認知科學與類思維研究」工作坊、「華人傳統類思維模式研究」工作坊、「德國哲學與類思維研究」工作坊、「東西方哲學中的類思維研究」等研討會。（3）舉辦以「華人類思維」、「華語科技思維」與「華人『歷史記憶』中的『類』思維」為主題的十二場系列演講等。

　　本論文集呈現了以上研究所累積的一些成果，主要由「漢字與類思維」、「傳統類思維與跨文化對話」以及「歷史記憶與類思維」三個面向切入，希望呈現華人類思維的特殊風貌。以下對每篇論文稍作介紹。

4　黃百銳，2022，《中國古典思想中的譬喻與類比：個人、國家與社會的治理》，王尚、向富緯譯，王華、馬愷之編，臺北：政大出版社。

　　如上所述，漢字對華人思維方式的影響是十分基礎而重要的課題，而漢字的構成邏輯本身也是華人類思維的一個重要表現面向。歐瑞安〈同物異質與專字現象：由青銅器自名談起〉一文即在後者作出貢獻：歐瑞安將「專字」定義為表示某詞指稱範圍的一部分、且字形上與該指稱範圍的部分存在聯繫的字，而他這篇文章便是從專字理論的角度觀察用字者因所指實物的具體材質而對字形所從的意符（表意偏旁）特意進行增添或改換的現象。他以兩周青銅器銘文中所見的自名（銘文所附著的器物之名稱）為出發點，結合戰國、秦漢墓葬遣冊所記載的器名，先對｛盤｝、｛盨｝、｛壺｝、｛瓶｝、｛盦｝、｛鋪｝、｛缶｝、｛杯｝八個語詞的相關用字專做討論，其後略提較晚期文獻中可資比對的若干實例，以期窺見「同物異質」這一語言之外的客觀現象在漢字的表意層面所能產生的反映。

　　除了研究漢字本身在類思維上的表現，本論文也收錄了許多篇傳統類思維與跨文化對話的研究成果。首先，王華在〈類思維與《荀子》中的道德判斷〉一文中介紹並討論近年兩項相關重要研究成果——Slingerland 2005 和 2011 引用當代認知科學與認知語言學研究對《孟子》中對譬喻使用的解讀，以及 Lloyd 2015 將先秦儒家倫理思想中類比與形象使用對比於古希臘思維方式的研究——並根據這些對「類思維」知識活動在先秦思想表現的探討，搭配對《荀子》中對分類、以及分類所依賴之道德之智與道德判斷之相關重要說法的討論，發展對《荀子》中關於分類與推類的初步理解。王華指出：《荀子》中分類與推類涉及了道德之智，而「知通統類」、掌握「禮之理」便是其核心能力。對類思維方式的意義與重要性的掌握，將讓我們更加理解《荀子》中「禮」在道德知識養成與道德判斷活動中扮演的角色與重要性，而這對當代道德知識研究也有重要啟發——道德知識不能單純理解為命題性知識，而是以禮為基礎的技藝性存有所表現出的具身判斷能力。

　　與上一篇論文呼應，駱俊廷在其〈朱子「類推」工夫的反思〉一文中則是針對朱熹思想中「貫通」與「類推」作了相當細緻的討論，

並強調，「類推」重視的是吾人在具體事物中「覺知」（awareness）到「理」。駱俊廷在論文中討論了朱子格物致知中「類推」的方法及功效，並引用了多位不同領域的學者如吉爾伯特・賴爾（Gilbert Ryle）、麥可・波蘭尼（Michael Polanyi）、胡塞爾、皮埃爾・阿多（Pierre Hadot）等人的學說嘗試對話以增強論述。他指出：從工夫論而言，「類推」首先作為一種在實際中轉化自我的方法，對朱子而言，「類推」作為一種致知方法，有助於推展不同的德目；與此同時，也能夠落實吾人之心性。再者，從「類推→貫通」的功效而言，朱子也避免了格物工夫流於瑣碎，今日格一物，明日格一物的無止境的地步。

　　馬愷之在〈「我們自身的異域風情」：以德斯科拉重看華人社會的類思維〉一文中，除了思考朱子學中的類思維面向，也希望能廣泛地思考對思想形式分類的目的。他文中特別關注的是法國人類學家菲利普・德斯科拉（Philippe Descola）對於類比主義的新探討模式。他在文中先釐清了這個模式的若干重要理論意涵，然後把焦點轉到東亞文化圈，特別是傳統中國的朱子學，即「朱子世界觀體系」（吳展良之語），繼續與德斯科拉關於類比主義進行商榷。最後，他論文的焦點又回到當代臺灣，並提出了一些衍生想法。一方面，馬愷之對朱子學中類思維的討論可與前兩篇論文產生對話，另一方面，他對德斯科拉與朱子思想的討論，也能與同樣關心德斯科拉與宋代思想的傅大為有所呼應。

　　傅大為在〈泛靈、類比、與對應：以《酉陽雜俎》與《夢溪筆談》為例〉中指出：泛靈（animism）、類比與對應這幾個概念，與當代人類學家德斯科拉的研究拉丁美洲原住民的宇宙論密切相關，也與古代中國筆記小說中的想像與敘事知識頗為相關。傅大為因此希望藉由這篇論文嘗試作出當代學界的對應——透過德斯科拉的視角，為筆記小說發掘出一些新的詮釋。他以唐代段成式的《酉陽雜俎》中的一些條目為主，作為中國唐代形式的泛靈思維的例子，另外則找宋代沈括的《夢溪筆談》中的許多著名的條目，作為宋代以「類比」、「對應」來追求知識的例子來討論。除了說明沈括對類比思維的廣泛使用外，傅大為也仔細討論

他在辯證門44條著名的「陽燧照物皆倒」一條。關於沈括的對應思維部分，傅大為則以他討論中虛與十二神將為例。最後，傅大為重新回到《夢溪筆談》有名的「異事」門，思考裡面的許多異事條目，究竟是在什麼「自然主義」意義下的條目。這篇論文可說是集合關於中國科學史形式、唐宋知識史、思想文化史等多方面的討論與嘗試，並在經過與德斯科拉的跨文化對話之後，所顯示的華人類思維的一種特色。

跨文化對話在思想發展中的重要性自不待言，而且也是一個思想史研究的切入點。祝平一〈言說天主：明、清之際天學脈絡中的邏輯與類比〉以明清之際來華傳教士為例，討論長於邏輯思維的西方文明，在文化接觸的過程中，如何看待其他文明的思維模式。在西方的學術傳統中，邏輯是修辭學的一部分。然而傳教士的任務遠比一般說服複雜：他們主要閱聽的對象是異文化中的常民，但要宣說的道理卻是看不見、聽不聞的終極存有——天主。如何透過人類的語言，宣傳終極存有？其間邏輯與類比扮演了何種言說策略的角色？如果言說的目標是唯一的真理和終極存有，那麼真理和終極存有如何在異文化中調適，說服他者？邏輯和類比在言說上帝有何功能，又如何扮演文化中介的角色？祝平一分析這段歷史研究論證：不論是邏輯或類比思維，皆非某一文化之本質。人們在言辯交鋒時，很容易習得對方之思維模式，並思破解之道。而且，思維模式的使用，應置於特定的時空脈絡。不論是邏輯或類比，雖有其哲學基礎，但在使用過程中，主要的目的仍在說服。對於一般以文化調適為傳教策略的中西文化交流敘事，本文以言說為例，提供了文化調適中相應張力的敘事。

林維杰〈牟宗三論體現與象徵〉一文，則將我們的注意力轉到當代新儒家的代表牟宗三（1909-1995）的符號學思維。牟宗三在20世紀用十分新穎的方式研究前現代中國哲學，可以說奠基了新研究範疇，同時也建立一種新書寫方式。林維杰透過這位哲學家的三本書，即《歷史哲學》（1955）、《才性與玄理》（1963）以及《心體與性體》（1968-1969），來說明牟宗三關於體現與象徵的運用。這個討論涉及人性論、修

辭學、美學、形上學等哲學領域。就中國文化而言，「道德主體」、「藝術主體」與「知性主體」往往表現在具體人物中，比如孔子的主體性則表現為純德慧（「天地氣象」），孟子則表現為光輝，即一種「絕對主體性」，而荀子則表現為「知性主體」（「外在而平面的型態」）。根據牟宗三，對於人物的評斷可分屬於道德判斷與審美判斷，即體現與象徵只能或是道德的，或是審美的。進而言之，歷史精神與歷史人物的「體現」作用，以及人物的自然才情呈現「五質與五物」以及「五物與五常」的兩層「象徵」關係，都恪守真、善、美的不同判斷與分立原則。在此原則下，真善美彼此之間不能進行跨界的「類比」與「象徵」。本文用一種新角度分析牟宗三的哲學論述，突顯華人思維中美學與形上學的緊密關聯。

如王華在其論文中提及，認知科學中「概念混成」理論給予了我們一個理解類思維運作方式的切入點。這個理論主張一個想法要能混成，本身應符合「人的尺度」——最明顯的就是連結到直接感知或符合人們熟悉的框架而容易理解的行動的情況；並且，一旦一個想法達到「人的尺度」而經混成形成，其本身也就成為「人的尺度」的一部分，而因此能參與其他想法的混成過程。由此看來，文化演化便可以被理解為動態形塑人的尺度的混成過程。值得注意的是，這個形塑「人的尺度」的混成過程中，除了透過連結直接感知或人們熟悉的框架外，也可能是透過由敘事、論述與具體事物對歷史記憶的形塑來完成，而這種概念混成的方式常可見於人們自我或群體的認同建構之中。誠然，歷史記憶的形塑在華人文化與自我認同的建構中扮演了重要的角色，此一概念混成實可以理解為動態形成「華人的尺度」的類思維表現成果。「歷史記憶與類思維」這個部分的研究所側重的，便是此動態形塑「群體尺度」的過程如何發生與展開，以透過歷史實例分析來展現華人類思維的特色。關於這個部分我們也收錄了以下兩篇論文。

首先，潘宗億〈只有社會主義才能救中國：近現代中國救亡與革命文化記憶的多層形塑、挪用與重構〉一文分析了近代中國救亡論述，

作為華人近代類思維在歷史記憶方面的展現。他指出，這類論述的起源與成形，可追溯至鴉片戰爭以來中國不斷克服帝國主義所致危機的救亡圖存集體焦慮，但是自鴉片戰爭以來的救亡論述，在中共建政後則得以同時為官方與群眾運用或挪用以合理化各自的訴求。潘宗億認為這其中的原因，乃救亡論述融入並以毛澤東革命論述形式經歷了經典化、合法化、普及化，及其物質化於天安門廣場建築群，進而轉化為中國救亡與革命文化記憶的結果。他並進一步探析四五運動與六四運動期間中共官方與群眾運用毛澤東革命論述之餘，如何挪用救亡與革命文化記憶以合理各自立場與主張，從中呈現中共建政之後救亡與革命文化記憶之建構性與變遷性。

　　吳博璨〈追悼臺籍日本兵之死：臺灣人的二戰紀念行動〉則將焦點放在臺灣。他指出在第二次世界大戰後由於政權遞嬗，國民黨政府（即中華民國）透過政治、教育、媒體、娛樂各種形式管控臺灣社會。為穩固其統治基礎，重新建構「抗日戰爭」敘事框架，戰爭期間受日本政府徵召的「臺籍日本兵」遂成為他者。於是，臺灣人的二戰戰爭經驗逐漸遭致刻意遺忘，今日「臺籍日本兵」的公共論述仍呈現複雜的面貌，且相較於日本的戰後社會，少有公開紀念儀式。1990 年代臺灣人二戰戰爭經驗的口述歷史計畫的推動，以及相關戰爭記憶文本的出現，使得臺灣民間對於二戰的認識有了重新建構的機會。而他以少數可見的週期性紀念、空間性的紀念，討論不同的臺灣人二戰戰爭記憶載體群如何組織如戰友會的聯誼組織，並透過紀念儀式、紀念物、紀念空間以及相異的行動目標，分析戰後臺灣社會中的二戰戰爭參與者暨遺族如何透過紀念形塑「身分認同」。

　　以上九篇論文是我們目前所累積的一些研究成果，也希望成為一個引發學界持續關注華人思維特色與類思維表現的楔子。在舉辦中心活動與編輯這本書的過程中充滿學習的樂趣與挑戰，我們覺得相當有收穫，也非常感謝參與中心活動的各位學者、匿名審查這些論文並提供寶貴意見的審查人，以及參與這本論文集的作者，與一同工作協助聯絡、校對

與出版事宜的夥伴們，尤其是王尚、駱俊廷、劉賢駿與丁乙萱。

馬愷之、王華

同物異質與專字現象：
由青銅器自名談起 *

歐瑞安（Marian Olech）

壹、「專字」議題與類思維

　　漢字與類思維的關係是備受學者矚目的研究課題，而這種關係涉及到漢字作為文字體系的不同方面，例如獨體字的象形來源，合體字的複合性質等等。劉志基言道：

> 許慎在《說文解字・敍》中明言：「倉頡之初作書，蓋依類象形，故謂之文。」不獨「文」的造成須「依類」，「字」的產生亦不免關涉到「類」：「會意者，比類合誼，意見指撝……轉注者，建類一首，同意相授。」「形聲」一書，許慎以「以事為名，取譬相城」定義，雖未直接以「類」說解，但與「名」相應的「事」，不外乎「類」的同義語。如此看來，除去單純訴諸語音的「假借」，漢字的造字取象皆以「類」相關聯。不妨可以這樣說，漢字的造字思維本質上是一種類思維。（1999：100）

雖然 20 世紀以來文字學者多已跳出《說文解字》（以下簡稱《說文》）

---

* 本文初稿於 2021 年 11 月 22 日曾在中央研究院歷史語言研究所作為「文字學門獎助博士生年度成果報告」宣讀，此後筆者又於華人文化主體性研究中心華人思維模式研究群 2021 年 12 月 7 日之「分類、推理與感應：華人傳統類思維跨領域整合」研討會以相關問題為基礎再行報告。兩次會議發表後，得到在場師長同道的不少寶貴意見，後來又獲兩位匿名審查員的珍貴修改建議，在此一併致謝。另外，本文所論的部分實例，已由作者包括在待刊之〈Beyond Logography: The Phenomenon of Zhuǎnzì 專字 in the Chinese Writing System〉一文當中，特記於此。

的窠臼，不再以「六書」作為漢字的操作性分類（參看裘錫圭1995〔1988〕：119-32），但劉志基上引一段表述，足以說明「類」的概念至少自從東漢時期被人應用於漢字現象的描述與解釋。本文所聚焦作為漢字表意元素的意符，[1]從宏觀上可以被視為漢字大體系中建立於事物類型的「子系統」（陳楓 2003；Handel 2019: 5）。陳楓指出：

> 漢字義符所表示的概念都屬於基本等級範疇。義符是基本等級範疇的原型。原型又叫作類典型，是一範疇內具有最多共同特徵的成員。義符是儲存在人們頭腦中的一類事物概括表徵的符號表現，集中反映了整個範疇成員的共同屬性和特徵，因而義符才能依據範疇化的規律，成為同一範疇漢字的類符號。（2006：12）

本文所稱的「專字」，本質上是通過意符增添或改換而用以表示某詞指稱範圍的一部分的字（歐瑞安 2020；詳參下文）。本文探討的具體對象是與「同物異質」有關的專字，亦即專門指涉屬於同一個詞指稱範圍內而材質不同之實物的文字。這種專字和一般合體字一樣，以材質意符（「金」、「木」、「瓦」等）反映「整個範疇成員的共同屬性」——實物的材料。然而其特殊之處在於：專字意符所提示的材質範疇與相關語詞的指稱範圍是互相交叉的。也就是說，同一個詞所指稱的實物可以屬於不同的材質範疇，而這一事實在文字層面便反映為專字現象。下文先對「材質專字」的概念略作介紹，再重點討論此現象的若干具體實例。

1　本文依照裘錫圭 1993（1988）：15-6對漢字符號性質的指稱體系，將與表音符號（「音符」或「聲符」）對等的表意符號稱為「意符」。裘氏另從「意符」中細分出兩個亞型：以字形表意的「形符」及以字義表意的「義符」，不過裘氏將「形符」與「義符」保留為必要時方得使用的區分。雖然本文所聚焦的涉及材質的表意偏旁皆屬裘氏所言的「義符」，但從本文所論的議題來看，「形符」與「義符」的區別並不重要。是以為避免混淆起見，文中一律稱表意偏旁為「意符」，也就是陳楓等學者所稱的「義符」。

貳、「材質專字」概念

　　金代韓道昭《改並五音類聚四聲篇海》（以下簡稱《四聲篇海》）收錄「碑」字，並將其訓為「石亭也」。明代張自烈於《正字通》對此則有如下評論：「按草、木、石雖別，通謂之亭。今因石亭旁加石，木亭當從木作樗，草亭當從草作葶，迂泥甚，從亭為正。」張自烈所以反對用「碑」以表「石亭」義，理據很明確：由不同材質修建的亭，均屬 {亭}[2] 一詞的指稱範圍——「通謂之亭」。一詞當用一字代表，至少是秦漢以來隸楷階段漢字之大勢所趨（陳斯鵬 2006：211-3）。但是，張自烈所譴責以意符增添或改換而專門指涉同一個詞的指稱範圍內某種特定材質的實物，又是在古今漢字大海之中偶爾浮現的現象。以上的「碑」字在文獻裡固無用於「石亭」之例，但是董憲臣以上引《四聲篇海》的訓解為參照，指出見於隋開皇六年（西元586年）的《仲思那等造礄碑》以及湖南省武漢市地名「礄口」的「礄」字，均當專門涉及當時當地的石質橋樑（董憲臣 2018：20）。又如《說文》所分立的兩個字頭：「豆，古食肉器也」、「梪，木豆謂之梪」，雖然後者顯然本於《爾雅・釋器》「木豆謂之豆」，但又足見許慎已將「梪」專門歸到木豆；段玉裁因此注曰：「豆本瓦器，故木為之則異其字」，對同樣的現象不如張自烈那樣嫌厭。[3]

　　如同不少前人一般，本文將上述現象歸類於專字。筆者曾在先前研究的基礎上，把「專字」定義為表示某詞指稱範圍的一部分，且字形上與該指稱範圍的部分存在聯繫的字（歐瑞安 2020：167-70）。如上述「礄」字，被專用以表示 {橋} 一詞指稱範圍（即各種材質的橋樑這一集合）之內的「石質橋樑」這一部分或子集。這種外界同物異質的客

---

[2]　為特別區分語言與文字兩個層面，本文採取裘錫圭以 {} 標詞、以「」標字的括注方式，參看裘錫圭 1995（1988）：凡例 3。

[3]　楚系文字中「梪」確實專用於木豆，詳參後文討論。

觀事實所反射出來的專字，姑且起名叫做「材質專字」。從歷時角度來看，這類文字早就大量出現於兩周青銅器自名，並且或在出土、傳世文獻偶有重現。下文便以金文自名所見若干專字為出發點，進而結合戰國文字與傳世文獻的同類實例，擬對材質專字現象稍加論述。

參、紀錄器名的材質專字舉隅

同一種人造實物可用多種材料來製成，是當代世界的常態，亦為各種史料所反映中國古代的史實。許多古代器物曾都以陶製和銅製形態出現。從歷時角度來看，製陶比起冶金興起在先，「青銅鼎、鬲、爵、斝之類，無不以對應陶器為其原型」（李學勤 2005：2）。李濟也曾經指出陶器（李文稱之為「土器」）「在人類文化史中，出現比金屬的器物為早，而器名的早期歷史或近代習慣是如此的：一件器物，若是形制不變，就是質料變了，它的名字可以沿用習用已久的」（2006〔1972〕：341-2）。但是製陶業未曾終了，青銅時代陶器仍大量生產；而且商周時期偶然也能見到陶器仿造既有銅器模樣的現象（參看 Rawson 1990:108）。此外，不少器具本來也多以木為之，只因作為有機物質的木材分解較快，上古木製品出土機率也相對較低。馮時 2017 於是將木材比擬為考古資料中看不到的「暗物質」。古文字使用者所生存的環境，同形同名異質之器的並存，無疑也是理所當然之事。

金文中的材質專字大多見於兩周青銅的自名，亦即「銘文中指稱自身附著的器物的名稱的那部分內容」（陳劍 1999：335）。青銅器自名的專字現象，主要即是為記錄器名的字添加意符「金」，從而使之僅表對應語詞指稱範圍中「金屬器」這一部分；下文便對青銅器自名專字及其於文獻中的表現進行一番舉例探討。

一、{盤}：「鈑」、「鑒」

西周晚期〈伯侯父盤〉（銘圖 14458）[4] 銘文有：「白（伯）庆（侯）父塍（媵）弔（叔）嬀𤼇（鑒-盤）」。另外西周晚期〈鮢公盤〉（銘圖 14404）銘文曰：「鮢（蘇）公乍（作）晉（晉）改𨥛（鈑-盤）」。漢代〈尚浴府行燭盤〉銘文則作「未央尚浴府乘輿金行燭𤎼（鑒-盤）一」（黃文杰 2014：48）。《說文》云：「槃，承槃也。从木，般聲。鎜，古文，从金。盤，籀文，从皿。」段玉裁注曰：「蓋古以金，後乃以木」；商承祚指出，〈伯侯父盤〉銘文自名用字「鑒」與《說文》古文同，「『槃』以木為之，則从木；以金為之，則从金；示其器，則从皿，其意一也」（1983：58）。張為已指出：「目前考古發現的商周時期的『盤』中，有木盤，陶盤以及銅盤等等」，而「鈑」字以「金」為意符，從而「限制說明文句中『盤』的具體材質」（2017：49-50）；張氏據以很正確地將「鈑」視作{盤}的專字。實際上「鈑」可視為「鑒」省去「舟」[5] 旁而成的簡體，兩形互為異體關係，皆是金屬盤之{盤}的專字。

值得留意，除了上舉〈尚浴府行燭盤〉以外，漢代銅盤、陶盤、漆木盤均自名為「槃」，可見《說文》之「槃」確是漢代的標準字形（參看徐正考、肖攀 2016：814-5）。「鑒」字又見於梁元帝蕭繹所撰《金樓子‧箴戒》：「魏明帝時，徙長安鍾虡、駱駝、銅人承露鑒，盤折，銅人重不可致，留於霸城」；〈戒子〉：「古者鑒盂有銘」（蕭繹 2014：218、336），便為其例。語境中所言應為銅器，蕭繹在此特以「鑒」字表{盤}，應當於此有關。[6]

4　本文所參考的銘文皆引自吳鎮烽 2012，《商周青銅器銘文暨圖像集成》，上海：上海古籍出版社。個別字詞的具體釋讀隸定或與吳書不盡相同。為行文方便，下文簡稱「銘圖」，並於器名後註明著錄號碼。

5　器銘{盤}的較早寫法為「般」，作為銅盤自名已見於西周早期，參看董蓮池編著 2011：1217。學者一般認為「般」字所从的「舟」本係「凡」之訛，而「凡」為{盤}的象形初文。相關學說的總結可參周寶宏（載於李學勤 2012：754）。

6　應當指出，《金樓子》書中見有「玉盤」（〈興王〉），「石盤」（〈雜記上〉），又有

二、{罍}：「鑍」、「𧊷」

西周晚期函皇父的一組青銅器（〈函皇父鼎〉（銘圖2380）、〈函皇
父簋〉（銘圖5144-6）、〈函皇父盤〉（銘圖14523）等）的銘文都記載函
皇父為周妘一人製造諸器之事，鼎的銘文云：「甬（函）皇父乍（作）
琱（周）娟（妘）般（盤）盉隮（尊）器鼎段（簋）一𢍰（具），自
豕鼎降十又一，段（簋）八，兩𧊷（罍）兩鑵（壺）」，其中𧊷字原作
「𧊷」，從「金」，「雷」聲。[7]《詩・周南・卷耳》「我姑酌彼金罍」之
「罍」，安徽大學藏戰國竹簡之〈卷耳〉作「鑍」，語境和字形相符，與
函皇父銅器之「𧊷」顯然皆為金屬罍之「罍」的專字。[8]

《說文》未見從「金」之寫法，其訓曰：「櫑，龜目酒尊，刻木作
雲雷象，象施不窮也。從木畾聲。罍，櫑或從缶。蠝，櫑或從皿。𧊷，
籀文櫑。」段注：「蓋始以木、後以匋」。但收於《昭明文選》晉朝潘岳
《馬汧督誄》一詩卻有：「凶醜駭而疑懼，乃闕地而攻。子命穴浚塹，
寘壺鑢瓶瓺以偵之」，其中「鑢」字《廣韻》訓為「瓶也，壺也」，《集
韻》作「古缾也」，實當即{罍}，作為詩文敘述中用以偵聽敵人地下
挖掘行動的器皿之一，只是不知是否特指金屬之器。《集韻》另收「鑸」
字，直接以為「櫑」字異體。

三、{壺}：「鑵」

上引函皇父銘文所列舉諸器名當中，{壺}原作「鑵（鑵）」，亦

「銅盤」（〈只怪〉）、「金鏤龍盤」（〈雜記上〉），雖然後面兩個用例亦指青銅盤，卻
都以通用字「盤」表示，參看蕭繹2014：86、985、1040、1079。

7　青銅器自名{罍}或逕作「𩰬」（〈中罍〉，銘圖13814）、「𩰳」（〈陵罍〉，銘圖
13817），為{雷}之本字，亦為《說文》「櫑」字下所收古文「𧊷」的來源，參看
商承祚1983：100。

8　安大簡整理者稱「鑍」為「罍」字異體，參看黃德寬、徐在國編2019：76。筆者
曾已將其列為專字（歐瑞安2020：181）。

從「金」而專表所指涉的某具體器物的材質。楚系文字中之 {壺} 也出現從「金」的寫法，而且大多也指涉銅壺，如包山簡265所列舉「大卯（庖）之金器」中有「二少（小）𨥤」，劉國勝將「𨥤」釋為「鈲」，讀作 {壺}，認為當指包山二號楚墓所出3對銅壺之中體型相當瘦長的一對（2004：364；2011：67）。五里牌406號楚墓竹簡35有「鈲四」，該墓隨葬品中便有4件銅壺（劉國勝2011：144）。曹家崗5號楚墓遣冊簡2所記載「二樽鐈」之「鐈」，劉氏亦讀為 {壺}，也將其對應到同墓所出的兩對銅壺（劉國勝2011：140）。而信陽楚墓遣冊則以「瓵」字指涉陶壺與木壺（詳參董珊2008）。但是，仰天湖簡17記載「二蔡鈲，皆有蓋」，田河將「蔡鈲」讀成「彩壺」，指出當即仰天湖25號楚墓兩件有蓋的陶壺。倘若田說無誤，則為楚文字意符與所指器物的材質不相符合的少數實例之一（參看劉國勝2011：120）。[9]

四、{瓶}：「鈚」、「鎬」、「錍」

青銅器自名為 {瓶} 而字從「金」者，先以圖表展示如下：

器名	年代	銘圖器號	銘文語境	自名用字
蔡侯申瓶	春秋晚	14031	希（蔡）疾（侯）鱻（申）之鎬（瓶）	
仲瀨兒瓶	春秋晚	14035	羃（擇）其吉金，鑄其御（鈚-瓶）	
喪史瓶	戰國	14039	喪史自乍（作）鈚（瓶）	
襄安君扁壺	戰國	12253	纕（襄）安君亓（其）鈃（瓶）	
土勻瓶	戰國晚	14032	杏（容）三（四）斗錍（瓵-瓶）	

金文 {瓶} 亦有從「缶」、「鹵」的寫法，如〈孟城瓶〉（銘圖14037）：「孟馘乍（作）為行𨥤（鈚-瓶）」、〈引瓶〉（銘圖14038）：「引乍（作）

9　楚文字 {壺} 的用字概況另可參看禤健聰2017：140-1。

旅𣄼（觶）」。[10] 于省吾早已將「𣄼」字聯繫到《莊子・徐無鬼》「其求
鈃鍾也以束縛」之「鈃」，言曰：

> 按《說文》「鈃似鍾而頸長」。鈃即鉼。朱駿聲謂鈃从金幷省
> 聲，是朱氏已知鈃即鉼字。鉼今作瓶，以金為之，故从金。
> 《急就篇》「銅鍾鼎鎕銒鉇鈾」，鎕御作銅，碑作鉼。喪史鉼，
> 鉼字作鈚，鈚从金比聲，比，並音近相假。鉼亦壺類，喪史鉼
> 形制似壺而頸長，然不大於壺。進世所發現商周彝器，鉼與壺
> 每於頸之左右有耳，耳有孔，其下圈足亦左右有孔，俗謂之穿
> 帶壺。此言束縛，謂以繩穿耳及足也。（1999：355）[11]

　　此類字形也見於楚簡，如曹家崗 5 號楚墓遣冊簡 4 所記載「二涉
（汲）鉼（瓶）」，「汲瓶」即《說文》「䀉，汲鉼也」，劉國勝認為是指
同墓出土的兩件壺形銅器（2011：140）。值得注意，信陽楚簡 2-014 也
有「涉（汲）垪（瓶）」，{瓶}寫从「土」，並具體指涉信陽楚墓的一

10　〈引瓶〉（又名〈樂大司徒瓶〉）實物失傳，銘文僅存於摹本，王輝指出「𣄼」原
　　本當从「卣」（2002〔1998〕：159-60）。
11　青銅器自名用字「鈚」讀作{瓶}，清代阮元、吳式芬、劉心源等學者早有此
　　說，吳式芬認為係「比」、「幷」字形相近所致，劉氏則以為出於雙聲通假，參看
　　周法高編 1975：7602-6。容庚、張維持意見相同，提出「鈃、鉼、瓶、𧣪實為一
　　字」，並且又將自名為「鈚」的青銅器形狀來源追溯到殷墟出土的陶瓶（1984：
　　60）。戰國晚期〈土勻瓶〉所見的「𤮸」字，被徐無聞 1981 釋成「鎕」，亦即《說
　　文》之「瓶」（1981：82）；裘錫圭認為青銅器自名「鈚」、「鎕」是同表一名的異
　　體，雖不贊同把青銅器自名「鈚」逕釋讀為{瓶}，但又指出「古代的瓶和壺是
　　形制相近的液體容器，『瓶』跟作為一種壺形器的名稱的『鈚—鎕』應該是關係密
　　切的親屬詞」（2015〔1989〕：16）。新進學者多從裘說把相關自名釋為「鈚」，參
　　看黃庭頎 2018：56-7、查飛能 2019：161。王輝則參考于省吾的上引意見，堅持
　　銘文自名从「比」諸字即是傳世文獻之「瓶」（2002〔1998〕：160）。本文贊同王
　　輝的看法；從歷時角度來看，金文用於銅器自名的「鈚」、「鎕」、「觶」、「𧣪」等
　　字、楚簡的「鉼」、「瓶」以及傳世文獻器名「瓶」確當記錄同一個詞，《殷周金文
　　集成》、銘圖直接將其釋以「瓶」是相當合理的做法。

件陶製器（彭浩 1984：65）。[12] 包山楚簡252 有「錛（鉼）�（鎝）」，
簡265 有「鉼（鉼）鉀（鉖）」，簡文均列為「金器」。學者多將「錛」、
「鉼」都讀作｛瓶｝，但至於「鐝」、「鉀」則紛呈歧見，或讀成
「鈃」、「罌」等等（參看朱曉雪 2013：670、682-3）。劉信芳認為「鐝」
從「恩」聲、「鉀」從「同」聲，也將「鉼鐝」、「鉼鉀」都等同於《莊
子》之「鈃鍾」，且「核之器物，即該墓所出銅壺六件」（2003：254）。
應當留意，「◇」字所附著的〈孟城瓶〉為春秋鄀國器、「◇」字所附著
的〈仲瀕兒瓶〉為春秋唐國器，從春秋青銅器的地域劃分來看，鄀、唐
與楚同屬南方文化區，以後均為楚國吞併，是以楚簡「錛」、「鉼」當
能視為承自金文「◇」、「◇」兩形而來。[13] 金文「鈚」、「鑑」、「鉼」、
「錍」以及楚文字之「鉼」皆是金屬瓶之｛瓶｝的專字，而《莊子》、
《說文》等傳世文獻之「鈃」，本來應為此專字的孑遺。[14]

---

[12] 但也應當指出，信陽楚簡2-021「一垪（瓶）食牆（醬）。一垪某（梅）牆（醬）」
反而被初步對應到兩件銅器，參看顧鐵符 1958：8。

[13] 參看黃庭頎 2018：12。另外，《說文》雖將「缶」訓為「瓦器」，但是春秋時期在
南方文化區就出現銅製的缶（詳參下文），因此「鈚」、「鉼」兩字用於指稱銅器的
｛鉼｝，字形意符與器物材質並不能視為相悖。

[14] 如上所述，我們贊同王輝等學者的看法，認為金文「鈚」、「錍」與後代的「瓶」
當即同一個詞的早晚表現，這個詞可以直接讀作｛瓶｝。這樣看來，「瓺」字本
身應該也是｛瓶｝這個詞保存於字書的反映。《方言》：「甖謂之瓺」、「缶謂之瓿
瓾，其小者謂之瓶」；《說文》：「瓺，罌謂之瓺」、「甇，備火長頸瓶也」、「瓶，罌
也」；「罌」、「甇」應為同表一詞的異體關係，「罌」與之同源，可見漢代的訓解
也足以支持「瓶」、「瓺」本指一物的論點（王力 1982：319）。後代｛鉼｝又偶
爾以「鉼」表示，但並不專用於金屬器，相關用例可參漢語大字典編輯委員會編
1992：1756。

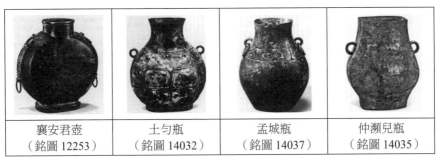

| 襄安君壺
（銘圖 12253） | 土勻瓶
（銘圖 14032） | 孟城瓶
（銘圖 14037） | 仲瀕兒瓶
（銘圖 14035） |

圖 1：自名為 { 瓶 }（「鉼」、「鈚」、「錍」、「鈮」）的銅器

五、{ 盨 }：「匠」、「𦉫」、「𥂐」、「𥂗」、「鈷」

　　關於長方形斗狀銅器所以自名的「匠」、「𦉫」、「𥂐」、「𥂗」等多種字形的具體釋讀，古文字學上牽涉出一場相當持久的爭論，本文暫從趙平安 2016 用《說文》「盨」字來表示這個詞（{ 盨 } 亦即《論語・公治長》「瑚璉」之「瑚」、《禮記・明位堂》「胡簋」之「胡」）。[15]{ 盨 } 在器銘中或以專表金屬材質的專字表現，相關實例可以圖表如下：

器名[16]	年代	銘圖 器號	銘文語境	自名用字
伯公父簠	西周晚	5976	白（伯）公父乍（作）盨（盨）	𥂐
仲其父簠	西周晚	5767	中（仲）其父乍（作）旅𥂗（盨）	𥂗
史夔簠	西周晚	5821	史夔乍（作）旅𥂗（盨）	𥂗
史利簠	西周晚	5756	史利乍（作）旅𥂗（盨）	𥂗
郘公誠簠	春秋早	5942	郘公誠乍（作）旅𥂗（盨）	𥂗

15　不少學者仍把長方形銅器稱作「簠」，相關討論參看趙平安 2016。

16　銘圖將此類銅器稱為「簠」，為便於參考，本文在器名仍照用「簠」字，銘文釋文中卻以「盨」表此器名。

| 劉伯簠 | 西周晚 | 5765 | 劉伯乍（作）孟姬鋯（簠） | 鋯 |
| 西替簠 | 戰國 | 5799 | 西替乍（作）其妹斱隁（尊）鈷（簠） | 鈷 |

另外，戰國早期〈陳逆簠〉（銘圖5977）銘文云：「鑸（鑄）絲（茲）寊（容）[17]笑（笑－簠）」，「笑」字所從意符與器物材質互相違背，就銅簠銘文而言似為孤例。[18]

六、{鋪}：「鋪」、「笑」

鋪為高圈足的豆形器（圖2），銘文自名多用「甫」、「匠」字表示，亦有專指金屬材質的「鋪」、「鈇」二形，分別見於西周晚期〈𧆠公鋪〉之銘文中：「𧆠公乍（作）杜婡（祁）隁（奠）鉥（鋪）」；戰國晚期〈邡陵君豆〉二器（銘圖6160、6161）銘文曰：「敔（造）[鈇／鉥]（鈇－鋪）[19]盍（蓋）」。西周中期〈微伯瘋鋪〉（銘圖6140）：「敔（微）白（伯）瘋乍（作）箕（箕－鋪）」，銅鋪自名用字從「竹」作「箕」，於此類器銘僅此一見。

信陽楚簡2-05記載：「竹器，十笑（笑）」，簡2-06：「二豆笑（箕）、二笑笑（箕），四十笑」。簡2-06「豆笑（箕）」、「笑笑（箕）」同見，這一點與青銅器中的豆、鋪同屬一類相符合，因此李家浩、商承祚等研究者將簡文「笑」字讀作{箕}，亦即本文從趙平安所稱{鋪}的豆形器。商承祚另外指出，因為簡2-06所列諸器「皆是竹製，在墓中皆敗壞無存」（1995：40）。楚簡「笑」與上引銘文自名同為一詞，金

17　該字考試參看蘇影 2015：104-5。

18　李學勤指出：「大約在較古的時候簠都是竹編器，後來才逐漸用青銅作出類似的形制」（1988：27）。今按，用以記錄{簠}這個詞的字形從「竹」，很可能反映著用字者認知中典型的簠即為竹器。

19　兩器「鈇」字的隸定以及從器形上將其讀作{鋪}的詳細理由，可參李家浩 1986：84、查飛能 2019：120。

文「鋪」、「鈇」為金屬鋪之﹛鋪﹜的專字，「𥬸」則為竹鋪之﹛鋪﹜的專字。值得留意，出土於無錫市的〈陵君豆〉為戰國晚期之楚器，可知「鈇」、「𥬸」當為楚文字當中﹛鋪﹜的材質專字（參看李零、劉雨1980：33）。[20]

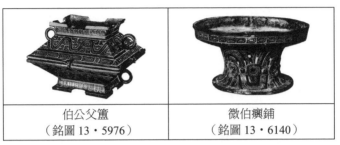

| 伯公父簠
（銘圖 13・5976） | 微伯癲鋪
（銘圖 13・6140） |

圖2：簠、鋪兩種銅器

七、﹛缶﹜：「錳」、「䂦」、「鈷」

缶本是常見的陶器，青銅缶則開始出現於春秋中晚期由楚國主導的南方文化區，銘文往往以「缶」自名（朱鳳瀚2009：221）。[21] 楚國銅器〈欒書缶〉（銘圖14094）銘文云：「斁（擇）其吉金，以伎（作）**盤**（鑄）**錳**（錳-缶）」，其中「錳」即是金屬缶之﹛缶﹜的專字。[22] 信陽楚

20　另外，上節提到的〈陳逆簠〉之「𥬸」與楚文字中之「𥬸」彼此當為同形異字，前者為﹛簠﹜、後者為﹛鋪﹜。〈陳逆簠〉為戰國早期的齊國器，在春秋戰國文字上屬於不同的體系，因而同形異字的狀況也是較好理解的，參看蘇影2015：105。豆形器中另有簒，《說文》「簒，竹豆也」；包山楚簡254記載「四鐈，一鐈盍（蓋）」，胡雅麗指出當即包山二號墓所出的兩件淺腹盒，參看朱曉雪2013：687。周翔已將「鐈」辨為「銅豆的專字」（2017：441），從本文指稱體系來說即金屬簒之﹛簒﹜的專字。

21　銅缶亦見於漢代，如〈乘輿缶〉也自名為「缶」，參看徐正考2007：579。

22　〈欒書缶〉年代、國別、器主狀況等背景信息久為學界所爭論，但其銘文屬於楚系文字，已有共識，相關討論參看林清源2002、王恩田2015。張為已將〈欒書缶〉銘文之「錳」字很正確地列為材質專字（2017：49）。但張氏論述從略，又未結合楚系文字的相關用例，本文為此稍作補充。

簡2-14「𢆉缶」、「淺缶」（「缶」原作「𣥂」）兩個器物名稱已由學者對
應到信陽楚墓出土的具體陶器（參看田河 2004：80-1）；包山楚簡265
的「𢆉缶」、「卵缶」（「缶」原作𣥂）的具體所指卻被認定為銅缶（參
看朱曉雪 2013：668-670）；可知楚國「缶」字通用於兩種材質的缶。
包山簡255總共記載用以盛裝各種「醓」（肉醬）、「菹」（醃菜）的七件
缶，字形作「𦉥（𥐚）」，（「一𥐚」4例，「二𥐚」1例）與「𡎚（𡎚）」
（「一𡎚」1例）。李天智曾有專文指出，簡文「𥐚」與「𡎚」當即包山二
號楚墓東室所出的七件「繩紋深灰陶罐」（2003：76）；李氏另外推測，
兩字分別代表包裝方式各自不同的陶罐，前者為篾片束繫半封閉包裝
（6件）、後者為泥餅全封閉包裝（1件）。李天智似乎傾向於把「𥐚」與
「𡎚」視作不同的語詞，但研究者在認同李氏對簡文記載與隨葬實物相
聯繫的同時，卻多把「𥐚」、「𡎚」一律讀作｛缶｝（參看朱曉雪 2013：
690-2）；按「𥐚」、「𡎚」所指涉的陶罐在尺寸、顏色、紋飾上皆相同，
惟獨包裝相異；李天智另將簡文同見的「𥥈」字對應到磨光黑色的較
小陶罐。這一點結合字形異同來看，某種程度或能支持「𥐚」、「𡎚」
同表一詞，「𥥈」另表他詞的讀法。[23] 從專字的角度思考，「𡎚」字之所
以從「土」作，可能是為了突顯該型陶罐的泥餅封閉包裝方式。總之，
由〈欒書缶〉及包山楚簡用字情況可知，楚文字在表示｛缶｝這個詞，
除了通用字「缶」，尚有專表銅缶之「鈢」，亦有涉及陶製的缶「𥐚」、
「𡎚」兩形。馬王堆三號墓所出的遣冊127-132號簡皆有「𡎚」字（原
作「𡎚」），據簡文記載所裝盛食物為「梅」、「菹」，與上述包山遣冊相
近。馬王堆墓群雖屬西漢，然其所出文獻多保留楚系文字的特點，研究
者已指出「𡎚」字當為其中一例（裘錫圭編 2014：239）。

23　陳劍提出「𥥈」當从「网」聲，或應讀作「瓶」（2009：158-9）。

八、｛盃｝：「鈈」、「杯」

銘文自名為｛杯｝的先秦銅器，似乎不外山東淄博市臨淄商王村田
齊墓地的〈少司馬耳杯〉（〈銘圖〉10864）一件，其銘文云：「鈈（鈈-
杯）大式益冢（重）參（叁）十貨」，「鈈」即金屬杯之｛杯｝的專字。
值得注意，楚系遣冊所見「杯」字用例，均可確知是指木杯；信陽楚簡
20：「其木器：柸（杯）豆卌（三十），桮（杯）卌（三十）」，即是信
陽楚墓所出三十件漆木杯豆及三十漆木杯（河南省文物研究所 1986：
35）；曹家崗 5 號楚墓遣冊簡 3「六桮杯，四杓杯」分別指涉該墓兩型
木杯，各自數量為 6 件與 4 件，與簡文記載相符（圖 3；參看黃岡市博
物館、黃州區博物館 2000：267-8）。[24] 望山 2 號墓簡47：「敪（雕）桮
（杯）二十會（合）」亦當涉及望山楚墓所出三十六件漆耳杯，「合」訓
為「對」，實物數量比簡文記載由於盜竊而少四件（湖北省文物考古研
究所、北京大學中文系編 1995：125）。五里牌楚墓遣簡 10「卻（漆）
桮（杯）十會（合）」所指涉的實物也因盜墓而下落不明，但從「漆
杯」本身可知其亦為漆器。上文討論的例子表明，楚系文字所從意符多
與所指涉器物的材質彼此相符，因此在楚系文字中「杯」可能即是木杯
之｛杯｝的專字，可惜楚文字材料中未曾出現明顯指涉銅杯的｛杯｝，
整體用字狀況無從確認；上引〈少司馬耳杯〉為齊國銅器，另屬他系，
其所出現的「鈈」就楚文字來看不足以參照。漢代「杯」形也見於漆木
杯，但銅杯銘文自名卻也用「梧」（亦即《說文》正體），說明漢代從
「木」的寫法已經通用（朱鳳瀚 2009：262）。[25]

24　該簡隨後另記「七桓（豆）」，與包山楚簡266「四（合）桓（豆）、四皇桓（豆）」
　　相同，皆指各自墓中的木製隨葬品；參看李家浩 2002（1994）：248-52、劉國勝
　　2011：70-1、140。｛豆｝詞在楚文字中的用字狀況另可參看禤健聰 2017：90；
　　按，禤書未收曹家崗楚簡「桓」字用例。

25　｛杯｝、｛盤｝兩個詞在漢代的通用寫法皆從「木」；參看上文有關｛盤｝的討論。

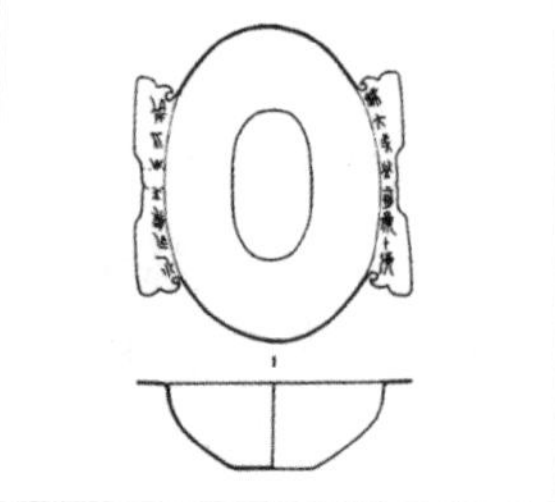

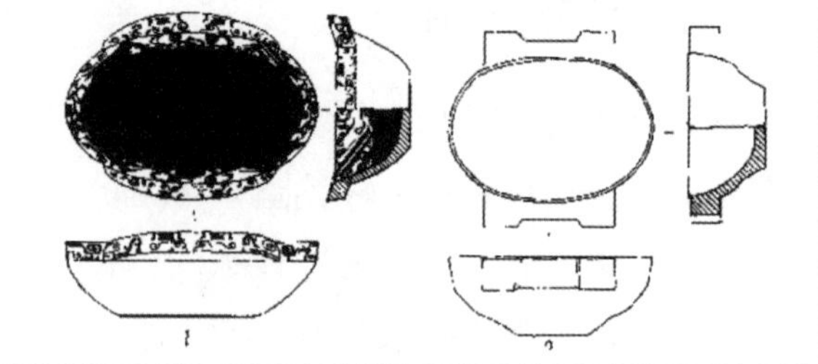

少司馬耳杯 （銅器）（銘圖 19・10864）	曹家崗 5 號楚墓兩型漆木杯 （黃岡市博物館、黃州區博物館 2000：267）

圖 3：青銅杯與漆木杯

九、其他實例

類似的專字在青銅器自名用字當中尚能找出許多，以下再略舉數例。譬如{鬲}和{鼎}，西周晚期〈季貞鬲〉（銘圖2717）銘文自名作「（鬲）」，戰國時期〈右廩宮鼎〉（銘圖1764）銘文自名作「（鎮）」，西漢銅鼎銘文也出現「鼎」字，如〈汝陰侯鼎〉作「」，亦見於西漢〈濕成鼎〉、〈置鼎〉兩器。[26] 兩周到秦漢一直有陶鼎、陶鬲存在，「鎮」、「鬲」二字應當分別視作金屬器之{鼎}、{鬲}的專字。[27]

{匜}作為銅器自名，在銘文中從西周中期到戰國時期一直或用「鉈」形表示（如見於西周晚期〈史頌匜〉〔銘圖14920〕的「」，或作「」，如春秋晚期〈蔡申侯匜〉〔銘圖14867〕的「」）；「鉈」又見於包山楚簡266，所指實物為一件銅器，劉國勝便指出「鉈」即「銅匜的專字」，甚是（劉說參見朱曉雪 2013：674）。{瓶}於戰國早期〈𦓝仲醓缶〉（銘圖14087）銘文中用為器物自名，字形作「

26　參看容庚 2012（1974）：136、151、166。

27　漢代以後記錄{鬲}的字形或以「厤」為聲符，如《說文》或體作「歷」；亦有从「金」的寫法，如《史記・滑稽列傳》：「以壟灶為槨，銅歷為棺」，《藝文類聚・馬》引作「銅鑩」，所言確為銅器，但《三國志・東沃沮傳》：「又有瓦鑩，置米其中，編縣之於槨戶邊」，「鑩」形與語境明顯不合。「鎘」字見於《集韻》，《類篇》另收「鑩」、「鬁」，皆為「鬲」之異體。

（鑑）」，西漢陶文自名則出現從「瓦」之「𤭯（甀）」（參看南京博物院儀徵博物館籌備辦公室 1992：484）。《禮記・禮器》、《儀禮・士喪禮》也出現「瓦甀」，應是由於 { 甀 } 主要用以指稱陶器，從「瓦」的「甀」便成為標準形體。用為銅器自名的 { 罐 }，西周早期〈仲罐蓋〉（銘圖 19230）作「𦉢（罐）」，亦見於西周中期〈伯飲壺〉（又名〈伯飲罐〉，（銘圖 10855）。[28] 戰國晚期〈寧缶〉（銘圖 14070）自名為 { 皿 }，字形作「鈢（鈢）」，顯為金屬器皿之 { 皿 } 的專字。另外，西周銅盨多自名作「𣪘」（如「𣪘」，〈叔姞盨〉銘圖，5550）、「𣪘」（如「𣪘」，〈仲自父盨〉，銘圖 5654），但也應該指出，西周中期〈鄭井叔康盨〉（銘圖 5592-3）自名用字從「木」作「槭」（「槭」、「槭」），與所附著之器的材質不符。

肆、從隸楷階段的漢字看材質專字

上文從專字角度對青銅器自名及楚系遣冊的用字狀況進行考察，其中一個很重要的立足點是我們能夠比較明確認識到某詞的具體用例所指稱的具體實物，從而得以考察比對字形意符與器物材質。就銘文自名而言，某詞用例的所指即為銘文所附著的銅器；遣冊中的器名也指涉具體的隨葬品，只是偶爾由於出土狀況、盜墓等因素，我們對簡文所指稱的實物未必能有確切的把握。

隸楷階段漢字總數劇增，傳世古籍甚至較晚文獻中表示同一個詞的不同字形（歷代文字學者或稱之以「異體字」、「俗字」等術語），因為用例分佈比較繁雜，往往無法認定為專字。不過有時候某一種字形實際使用狀況相當清楚，反而足以從專字概念考慮。例如數見古書的「金匱」，《漢書・司馬遷傳》作「金鐀」，「鐀」除了字書以外，絕大多數的

28 　漢代以後 { 罐 } 仍然或用「罐」表示，但不專用於金屬罐器，與「罐」僅為異體關係。但王力稱「罐」以「後起字」，不確；參看王力 2000：1557。

用例即是「金鐕」這一名詞短語，似乎有所專用。[29]

　　另外，我們從同一個文獻在傳抄中所出現的異文，有時也能窺見專字現象的踪影。例如，張湧泉指出《大般涅槃經・卷一三・聖行品》如下一段《高麗大藏經》版本作：「譬如金師，以一種金，隨意造作種種瓔珞，所謂鉗鎖、環釧、釵璫、天冠、臂印，雖有如是差別不同，然不離金。」其中「璫」字，《中華大藏經》等版本作「鐺」，張氏指出：「蓋作為飾物的『璫』既以珠寶為之，亦可以金銀為之，故『璫』字或換從金旁作『鐺』」，被張氏列為「換旁俗字」（2005：80）。今按，以上片段之｛璫｝十分明顯指涉金屬品，其字或作「鐺」，很可能與此語境脈絡有關；宋代永明延壽《宗鏡錄》第二卷將此段所列物品引作「鉗鎖、鐶釧、釵鐺」，器物名稱的相關用字也都「不離金」，似乎亦非隨意任作，而出於專表器物材質的意願。

伍、非記器名的材質專字：
以金文、傳世文獻之｛樸｝為例

　　材質專字不局限於人造物品，亦可發生在任何指稱範圍橫跨不同材質的語詞，在此另從歷時角度討論｛樸｝這一實例。西周晚期〈弭仲簠〉（銘圖5975）銘文云：「弭仲作寶簠，擇之金：鐷鐈、鐷鐈，其𩶁（色）：其玄，其黃」。[30] 孫詒讓云：

此銘鐷字不見於《說文》、《玉篇》，而《文選》張協《七命》有「鐷越鍛成」之語，則古固有此字。其字古書多借木素之樸為之。《說文》金部：「鋌，銅鐵樸也」，石部：「礦，銅鐵樸石

29　南宋洪邁《夷堅志・夷堅甲志》：「造螺鈿火鐕三合」，「火鐕」即火櫃，是一種取暖工具，一般為木製；是「鐕」字不用於金屬器的少數用例之一。《集韻》另收「鏵」字，未見行用。

30　釋文以及相關字詞的解讀，參看李建西 2016。

也」。《文選》王褒《四子講德論》云：「精煉藏於鑛鏷。」此鏷即鑛鏷也。《戰國策》鄭人謂玉未理者璞。玉之未理者謂之璞，金之未鑄成器者謂之鏷，字例亦正同。銚、鑪皆金名。「莝之金，鏷銚、鏷鑪」，言□其金之未成器者，有銚、鑪二種，合以鑄此□也。（1989〔1872、1903〕：28-9）

李建西贊同孫氏對「鏷」字的解釋，以為「金之未煉（未精煉或調配成合金）者，指金屬原料」；李氏並將「銚」改釋為「鐈」，據以把「鏷鐈」解作「金屬原料錫（或鉛），即錫（或鉛）料」，把「鏷鑪」解作「金屬原料銅」，亦即「未合金化的紅銅」。如同孫詒讓所言，〈弭仲簠〉銘文語境當中「鏷鐈」，「鏷鑪」是前面「擇之金」的「金」所指的尚未合金化的兩個青銅原料；李建西另指出，銘文後面「其玄」、「其黃」，也分別指涉「鏷鐈」和「鏷鑪」的顏色（2016：108）。

《說文》：「樸，木素也」；段玉裁指出，許書中「樸」字「引伸為凡物之儉。如石部云：礦，銅鐵樸，是也」。段玉裁所說「銅鐵樸」之{樸}，也就是孫詒所謂「其字古書多借木素之樸為之」的〈弭仲簠〉銘文與張協《七命》之「鏷」字，很明顯就是金屬樸之{樸}的專字，字書或作「釙」。[31]《孟子・梁惠王下》：「今有璞玉於此，雖萬鎰，必使

31　值得注意，《左傳》莊公十一年「公以金僕姑射南宮長萬」，「僕姑」即箭名。《玉篇》有「鏷鏵」、「金釙」，以「鏷」為{僕姑}之{僕}，以「釙」為金礦之{樸}。《集韻》：「釙，金釙」、匹角切，同「樸」、「璞」；「鏷」則為蒲沃切，同「僕」，與《玉篇》相符。《古今韻會舉要》中「璞」、「樸」、「鏷」三字皆音匹角切，且訓曰：「鏷，金釙。《文選・七命》『鏷越鍜成』，集韻本作釙」。但是《康熙字典》卻云：「鏷，《廣韻》、《集韻》並蒲沃切，音僕。《玉篇》『鏷鏵，矢名』，按本作『僕』。見《左傳》莊十年。又《張協・七命》『鏷越鍜成』。《註》『鏷，生鐵也』，這就錯誤地把{僕姑}的{僕}（蒲沃切）與金礦的{樸}（匹角切）相混於「鏷」字頭下，並以《廣韻》蒲沃切為之音，是後代字典所本。實際上〈弭仲簠〉以及張協《七命》之「鏷」就是《玉篇》、《廣韻》的「釙」，中古音與「樸」、「璞」同為匹角切，皆為一詞，只是因為「僕姑」之「僕」的異體「鏷」與之偶然同形，於《康熙字典》混為一題。從字詞關係的角度來看，{樸}當指任何未經加工的原料；文字層面「樸」是其通用字形，「璞（釙）」、「鏷

玉人彫琢之」、《韓非子・和氏》:「楚人和氏得玉璞楚山中」、「王乃使玉人理其璞而得寶焉」,「璞」皆指未經加工的玉。《玉篇・玉部》「玔，玉未成器者」、「璞，玉未治者」,《集韻》「璞，或作玔」；段玉裁則以「璞」為「樸」之俗字；「璞」、「玔」顯然就是玉樸之{樸}的專字。[32]

陸、結語

在漢字歷史的長河之中，意符的增添或改換是屢見不鮮的現象，從歷時上看是合體字構形演變的途徑，從共時上看則是由於個人、社群或地域間的用字習慣有所差異，從而導致同一個詞的不同寫法並存的局面（包括學者所稱的異體字、俗字等）。其中可確定為專字的實例為數不多，從宏觀視之是相當特殊的文字表現。本文從字詞關係上所界定的「材質專字」，是專門表示某詞指稱範圍之內與某一種材質有關的子集，簡而言之即是以某種材質製造或構成的實物。

以上具體討論{盤}、{罍}、{壺}、{瓶}、{薀}、{鋪}、{缶}、{杯}八個詞在銘文中所用的字形，並較之於戰國出土文獻以及傳世古書中的相關字形用例；從中所能得出的初步觀察，是兩周銘文較少出現字形意符與器物材質相互違背的情形；就楚系遣冊而言，雖然語詞用例跟所指實物的對應遠不如銘文確切，但意符也多與所指稱器物

（玔）」分別為玉璞、金樸之{樸}的專字；參看 Schuessler 2007: 418。筆者曾對{樸}的字詞關係稍有提及（歐瑞安 2020：181），但以上討論比之較為詳細。

32 在此另外值得一提，材質專字也不局限於名物，亦可產生在表示某屬性或相對抽象意義的詞。例如西周早期〈亢鼎〉銘文中「鏵金」之「鏵」當為赤色金屬之{騂}的專字（參看田煒 2016：313）；金文常見「玄鏐膚呂」套語中充當顏色形容詞的{玄}、{膚}或作「鉉」、「鑪」，例如〈配兒鉤鑃〉兩字皆然，詳參黃庭頎 2018：173-4，又如〈聖靡公獎鼓坐〉（銘圖 19305）「玄鏐純呂」之{純}作「鈍」，詳參何琳儀 1998：67。類似情況又如《越絕書・越絕外傳・記寶劍》「欲知泰阿，觀其釽」之「釽」，陳劍指出原當為「鋠」,「即『脈』字改換意符而成，係專為『金屬器物表面的文脈』之義所造的專字」（2014）。

的材質相符，足以推知先秦文字當中材質專字應該是相當普遍的現象。部分學者面對金文與傳世文獻記錄器銘文字的意符差別，或將其歸於時代因素，例如伍仕謙說：「周代，簠以金製，故从金，以後以竹製，故从竹，蓋時代不同，字形亦異。」（2005〔1982〕：102）我們並不否認用字習慣常有各種歷時演變，但由上文討論可知，同一個器名在大致同時的材料中可以用意符不同的專字來記錄，是同一個時代同器異質共存這一客觀現象的反映。銘文及其所附著的銅器保留無損，竹器、木器卻作為考古學的暗物質早已腐朽，想必本來也有未能保存的記錄那些器名的相關文字材料。器物的材質及其相關字形從現代看來是處於時間早晚的關係，有可能只是材料持久性不同所造成的假象。

《說文》曰：「瑱，以玉充耳也」，段注：「按瑱不皆以玉。許專云以玉者、為其字之从玉也」，也就是文字學者所說「形局義通」，尤為隸楷漢字表意模式的必然常態。[33] 但即便是今文字的歷史階段，文獻傳抄所見的大量異文中偶爾也能看出文字使用者顯然為了專門表達某語境所指稱實物的具體材質而有意換用意符，例如上文所說《大般涅槃經》不同版本之「鐶（環）」、「鐶（環）」等，應當屬於這類現象，實與古文字中的專字本質上是無所區別的。

吳軼博指出：「從漢字的以形表義來看，類思維的模糊性及意象性成為促成字形與字義間相互匹配的潤滑劑。語言是思維的工具，文字又是語言的書面符號，這邊決定了思維和文字的互滲性，文字模式顯示出與思維模式的高度趨同。」（2015：174）我們贊成吳氏所勾勒出「思維 → 語言 → 文字」的遞進層次結構，但如上文所言，專字意符所提示的範疇不同於一般合體字，是橫跨詞際界限的。專字所傳達的意義信息，

33　清代陳澧《東塾讀書記・小學》：「文義不專屬一物，而字形則畫一物」；後來沈兼士於1914 年《文字學講義》一文中有相關的論述，言道：「許書中獨體之文，處皆言近旨遠，形局義通，若但於物之表象求之，則失之矣」；裘錫圭又以「形局義通」作為此現象的簡稱，並加以更多討論，且以上引許書、段注對「瑱」字的解說作為其例（1995〔1988〕：166）。以上諸說參看沈兼士 1986（1922）：23。

實際上是超乎語言之外；李運富、何余華也因此將我們所稱的專字歸到漢字「超語符功能」的表現（2016：63）。以上文論述的材質專字為例，由於同一種器物能以不同材料來製成，所以語言層面的器名未必包含有關材質的信息（義素）；這種信息卻到文字層面上，有時候促成意符的增添或改換，顯現為專字。從這一點上來看，專字的部分符號功能繞開了語言層次，將「思維 → 語言 → 文字」縮短成「思維 → 文字」，是上引吳軼博所言「文字模式顯示出與思維模式的高度趨同」的極其鮮明表現。

參考文獻

中文：

于省吾，1999，《雙劍誃群經新證；雙劍誃諸子新證》，上海：上海書店
　　出版社。

王力，1982，《同源字典》，北京：商務印書館。

王力編，2000，《王力古漢語字典》，北京：中華書局。

王恩田，2015，〈重論欒盈缶——兼說欒盈本名與欒盈奔楚〉，《中國國
　　家博物館館刊》，5：150-155。

王輝，2002（1998），〈卣之定名及其他〉，載於《一粟集：王輝學術文
　　存》，上冊，159-178，臺北：藝文印書館。

田河，2004《信陽長臺關楚簡遣冊集釋》，吉林大學碩士論文。

田煒，2016，《西周金文字詞關係研究》，上海：上海古籍出版社。

朱鳳瀚，2009，《中國青銅器通論》，上海：上海古籍出版社。

朱曉雪，2013，《包山楚簡綜述》，福州：福建人民出版社。

伍仕謙，2005（1982），〈白公父簠銘文考試〉，載於《金文文獻集成》，
　　第29冊，劉慶柱、段志洪編，102-103，北京：線裝書局。

何琳儀，1998，〈九里墩鼓座銘文新釋〉，《出土文獻研究》，1：67-73。

吳軼博，2015，〈類思維：作為漢字創生及演化的隱形線索〉，《社會科
　　學戰線》，9：172-175。

吳鎮烽，2012，《商周青銅器銘文暨圖像集成》，上海：上海古籍出版
　　社。

李天智，2003，〈包山二號楚墓陶罐試析〉，《江漢考古》，4：75-83。

李建西，2016，〈弭仲簠銘文補釋〉，《西部考古》，11，2：106-111。

李家浩，1986，〈關於郗陵君銅器的幾點意見〉，《江漢考古》，4：83-
　　86。

——，2002（1994），〈包山266號簡所記木器研究〉，載於《著名中年

語言學家自選集‧李家浩卷》，222-257，合肥：安徽教育出版社。

李運富、何余華，2016，〈漢字超語符功能論析〉，載於《漢字職用研究‧理論與應用》，李運富編，62-84，北京：中國社會出版社。

李零、劉雨，1980，〈楚鄋陵君三器〉，《文物》，8：29-34；100。

李學勤，1988，《中國青銅器的奧秘》，臺北：臺灣商務印書館。

──，2005，《青銅器與古代史》，臺北：聯經出版。

──，2012，《字源》，天津：天津古籍出版社。

李濟，2006（1972），〈殷墟出土五十三件青銅容器之研究：殷墟發掘出土五十三件青銅容器的形制和文飾之簡述及概論（1972）〉，載於《李濟文集》，第4卷，張光直編，305-438，上海：上海人民出版社。

沈兼士，1986（1922），〈國語問題之歷史的研究〉，載於《沈兼士學術論文集》，葛信益，啟功整理，21-41，北京：中華書局。

周法高編，1975，《金文詁林》，第14冊，香港：香港中文大學出版社。

周翔，2017，《楚文字專字研究》，安徽大學博士論文。

林清源，2002，〈欒書缶的年代、國別與器主〉，《中央研究院歷史語言研究所集刊》，73：1-41。

河南省文物研究所，1986，《信陽楚墓》，北京：文物出版社。

南京博物院儀徵博物館籌備辦公室，1992，〈儀徵張集團山西漢墓〉，《考古學報》，4：477-507；509；535-540。

查飛能，2019，《商周青銅器自名疏證》，西南大學博士論文。

孫詒讓，1989（1872、1903），《古籀拾遺　古籀餘論》，北京：中華書局。

容庚，2012（1974），《秦漢金文錄》，北京：中華書局。

容庚、張維持，1984，《殷周青銅器通論》，北京：文物出版社。

徐正考，2007，《漢代銅器銘文綜合研究》，北京：作家出版社。

徐正考、肖攀，2016，《漢代文字編》，北京：作家出版社。

徐無聞，1981，〈釋「錍」字〉，《文物》，11：82。

商承祚，1983，《說文中之古文考》，上海：上海古籍出版社。

──，1995，《戰國楚竹簡匯編》，濟南：齊魯書社。

張湧泉，2005，〈漢語俗字續考（二）〉，《中國文字研究》，6：73-82。

張為，2017，《漢字專字研究》，福建師範大學博士論文。

陳楓，2003，〈論漢字義符與物類的關係〉，《陝西師範大學學報（哲學社會科學版）》，6：45-49。

──，2006，《漢字義符研究》，北京：中國社會科學出版社。

陳斯鵬，2006，〈略論楚簡中字形與詞的對應關係〉，《出土文獻與古文字研究》，1：210-233。

陳劍，1999，〈青銅器自名代稱、連稱研究〉，《中國文字研究》，1：335-370。

──，2009，〈楚簡「羿」字試析〉，《簡帛》，4：135-160。

──，2014，《說石鼓文的「橐」字》，復旦大學出土文獻與古文字研究中心網站，網址：http://www.gwz.fudan.edu.cn/ Web/Show/2318。最後查閱日期：2020 年 12 月 15 日。

彭浩，1984，〈信陽長臺關楚簡補釋〉，《江漢考古》，2：64-66；63。

湖北省文物考古研究所、北京大學中文系編，1995，《望山楚簡》，北京：中華書局。

馮時，2017，〈考古學中的「暗物質」──從殷人崇酒的歷史說起〉，《讀書》，10：3-10。

黃文杰，2014，〈秦漢出土文獻中的古體字〉，《中山大學學報（社會科學版）》，6：45-54。

黃岡市博物館、黃州區博物館，2000，〈湖北黃岡兩座中型楚墓〉，《考古學報》，2：257-284；293-300。

黃庭頎，2018，《鑄勒功名──春秋青銅禮器銘文的演變與特色》，臺北：萬卷樓圖書。

黃德寬、徐在國編，2019，《安徽大學藏戰國竹簡》，第 1 冊，上海：中西書局。

董珊，2008，〈信陽楚墓遣冊所記陶壺與木壺〉，《簡帛》，3：29-39。

董蓮池編著，2011，《新金文編》，中冊，北京：作家出版社。

董憲臣，2018，〈利用類化思路考試碑刻疑難字例說〉，《漢字漢語研究》，4：16-24；125。

裘錫圭，1995（1988），《文字學概要》，臺北：萬卷樓圖書。

──，2015（1989），〈說鈲、櫨、椑櫨〉，載於《裘錫圭學術文集（6）：雜著卷》，12-26，上海：復旦大學出版社。

裘錫圭編，2014，《長沙馬王堆漢墓簡帛集成》，第6冊，北京：中華書局。

漢語大字典編輯委員會編，1992，《漢語大字典》（縮印本），武漢：湖北辭書出版社。

趙平安，2016，〈「盨」、「簠」再辨〉，《古文字研究》，31：226-229。

劉志基，1999，《漢字體態論》，南寧：廣西教育出版社。

劉信芳，2003，《包山楚簡解詁》，臺北：藝文印書館。

劉國勝，2004，〈楚喪葬簡牘文字釋叢〉，《古文字研究》，25：363-368。

──，2011，《楚喪葬簡牘集釋》，北京：科學出版社。

歐瑞安，2020，〈論「專字」術語〉，載於《第三十一屆中國文字學國際學術研討會論文集》，李淑萍、何昆益、彭衍綸編，165-182，花蓮：中國文字學會。

禤健聰，2017，《戰國楚系簡帛用字習慣研究》，北京：科學出版社。

蕭繹，2014，《金樓子疏證校注》，陳志平、熊清元校注，上海：上海古籍出版社。

蘇影，2015，〈陳逆簠銘文補釋〉，《殷都學刊》，2：104-106。

顧鐵符，1958，〈有關信陽楚墓銅器的幾個問題〉，《文物參考資料》，1：6-12。

西文：

Handel, Z. 2019. *Sinography: The Borrowing and Adaptation of the*

Chinese Script. Leiden, Boston: Brill.

Rawson, J. 1990. *Western Zhou Ritual Bronzes from the Arthur M. Sackler Collections.* WashDC: Arthur M. Sackler Foundation.

Schuessler, A. 2007. *ABC Etymological Dictionary of Old Chinese.* Honolulu: University of Hawai'i Press.

類思維與《荀子》中的道德判斷[*]

王華

　　在先秦思想中，關於「類」的思維可見於思想內容中的存有面向，而這方面已經有許多學者作了梳理與重要討論。比如，李約瑟指出中國宇宙觀的「有機體論」。黃俊傑也進一步釐清華人傳統思維中「聯繫性思維方式」的基本存有主張在於：宇宙間的事物都具有同質性，因此可以互相感應或類推；並且，宇宙中的部分與部分之間、以及部分與全體之間，均是有機而互相滲透交互影響的關係。[1]另一方面，先秦思想中「類思維方式」也可見於根據思考對象間之相似性或關聯性，使用譬喻、類比、或舉例闡釋來引導思考與感受，進行分類與推斷、說明、論證等等知識工作。關於這個面向，學界對於漢字結構與語法邏輯、類比思維之邏輯性、以及「類思維方式」與「氣化宇宙論」、「感應思想」的關聯性等議題都作了精彩的論述；[2]近年並有學者開始關心譬喻、類比等思維活動與當代認知發展理論的關係。筆者認為後面這部分的發展將進一步為我們對道德知識的屬性與內涵的理解帶來啟發，因此尤其值得關注。本文將介紹並討論兩項相關重要研究成果——Slingerland 2005 和

---

[*]　這篇論文修改自本人在 2021 年 9 月政大華人文化主體性研究中心舉辦之「華人傳統類思維工作坊」所發表的會議論文。在此特別感謝中心同仁的協助與參與、與會的學者老師們的指教與啟發、以及兩位匿名審查人所提供相當重要而有幫助的建議。
[1]　見 Needham 1956: 281 以及黃俊傑《東亞儒學史的新視野》第九章。另外，鄭毓瑜《引譬連類》一書中對此主題也有深入討論。
[2]　謝國榮 2004、張曉芒 2010、周志煌 2013、陳秋宏 2018 等研究都相當值得參考。

2011 引用當代認知科學與認知語言學研究對《孟子》中對譬喻使用的解讀，以及 Lloyd 2015 將先秦儒家倫理思想中類比與形象使用對比於古希臘思維方式的研究——並根據這些對「類思維」知識活動在先秦思想表現的探討，搭配對《荀子》中對道德之智與道德判斷重要說法的討論，發展對《荀子》中關於推類的初步理解。我將論證，對類思維方式的意義與重要性的掌握，將讓我們更加理解《荀子》中「禮」在道德知識養成與道德判斷活動中扮演的角色與重要性，而這對當代道德知識研究也有重要啟發。

壹、近年關於先秦思想中「類思維方式」的兩項重要研究

　　先秦思想家在論辯中時常使用譬喻與類比，其中大家最熟悉的，也許是孟告之辯中的杞柳、湍水，以及荀子的枸木、鈍金、陶人制瓦等。如我們所知，譬喻與類比並非形式邏輯重視的有效結構，無法在前提為真的情況下保證結論為真，那麼在說明與論辯中使用這類技巧的功能是什麼？我們又能從對這類技巧的反思中得到什麼啟發？近年有學者以當代認知理論與語言學的研究為基礎，重新思考先秦思想中這類思維活動技巧的意義與重要性，這些研究成果因此值得我們關注；並且，由於這類活動目標在於傳達、建立道德知識，這些成果也促發我們進一步思考道德知識的屬性與其認知狀態的內涵。以下筆者介紹其中兩項相當具影響力的研究成果：Slingerland 2005 和 2011 對《孟子》中對譬喻使用的解讀，以及 Lloyd 2015 對先秦儒家倫理思想中類比與形象使用的探究，並討論它們的意義與帶來的啟發。

　　森舸瀾（Edward Slingerland）的研究主要承續了認知語言學中喬治‧雷可夫（George Lakoff）和馬克‧詹森（Mark Johnson）的概念譬喻（conceptual metaphor）研究、吉勒‧福科尼耶（Gilles Fauconnier）和馬克‧透納（Mark Turner）的概念混成理論（conceptual blending theory），並配合他對安東尼歐・達馬吉歐（Antonio Damasio）的軀體標記假說（somatic marker hypothesis）的應用。這些背景研究對我們思考道德之智的屬性與內涵也相當有幫助，以下先簡短介紹。

雷可夫和詹森一系列對譬喻的研究，引發當代對譬喻在概念認知中所扮演角色的重視。他們指出：人的概念認知常常透過概念譬喻來進行。比如在作說明時，說明者常會使用一般較為熟悉的概念及其相應概念系統（他們稱之為「來源域」）來引導聽者理解有待被說明的概念及其相應概念系統（「目標域」）。這類認知方式不僅出現在說明活動中，其實在一般語言使用就極為常見。比如，我們常聽到「婚姻是戀情的墳墓」、「人生有如一場旅行」這些說法，其中墳墓、旅行及其相關的概念（如死亡和消失、出發和冒險等）即是來源概念系統，而婚姻與人生則是要藉此譬喻來闡明的目標概念。由於人的身體經驗相關的概念（如上下、前後這些與空間感連結的概念）一般來說是最基礎而普遍的，可謂最穩固而常見的來源概念系統。但是，來源概念系統當然不限此類，也包括其他說者與聽者能共享的生活經驗與常見、較具體的概念系統（如墳墓與旅行）。

森舸瀾研究中還運用到了福科尼耶和透納的概念混成理論。根據這個認知理論，想法（ideas）與概念世界（conceptual worlds）的形成牽涉潛意識中多方輸入來源的整合過程，他們稱這個過程為「概念混成」（conceptual blending，有時也稱「概念整合」）。由於概念混成理論提供了對不同輸入來源域之間在概念混成過程中複雜互動的分析架構，尤其適合展現在較長的論述或對話中不同譬喻使用對概念混成所造成的影響。Slingerland 2005 即運用概念混成理論，分析《孟子》中使用不同譬喻所引入的不同概念系統對其混成概念的影響。在介紹他這部分工作之前，必須先介紹概念混成理論中很核心的一個概念：「人的尺度」。

透納認為「概念混成」是心靈所運用來建構我們所有「真實」（realities）——包括社會真實與科學真實等——的基礎工具（Turner 1997），而福科尼耶和透納主張「概念混成」過程的核心原則與目的在

於「達到人的尺度」（achieve human scale）。簡要來說，他們認為一個想法要能混成，本身應符合「人的尺度」——比如，牽涉了直接感知或符合人們熟悉的框架而容易理解的行動的情況，即是最明顯符合「人的尺度」的情況；並且，一旦一個想法達到「人的尺度」而經混成形成，其本身也就成為「人的尺度」的一部分，而因此能參與其他想法的混成過程。在他們看來，這種靠自身展開（bootstrapping）、以動態形塑人的尺度的混成模式即是文化演化的特徵（Turner & Fauconnier 2002: 312）。

　　森舸瀾進一步釐清福科尼耶和透納關於「人的尺度」的說法。他指出，在很多情況下，概念混成主要的目的並不在於幫助我們從知性的角度來理解一個情境，而是在幫助我們知道對其如何感受；也因此，「達到人的尺度」主要意圖在於將規範性與價值判斷輸入混成過程，而這是透過在混成過程中召喚人的情感與身體反應來達成（Slingerland 2005: 558）。他引述認知科學家達馬吉歐的軀體標記假說中對決策形成的看法，指出人的決策過程並非高度理性計算得失的過程，因為這類計算中必須衡量的理論上之可能性將會過多而導致選擇癱瘓；其實，能賦予規範力量的感受和身體反應能引導選擇偏好，因此在決策機制中扮演著不可或缺的角色。森舸瀾進一步主張，混成過程中以譬喻輸入的部分概念或形象，即具有喚起感受的能力。他並透過對孟告之辯中孟子對杞柳和水等譬喻的使用與調整的案例分析來闡釋這點，以下筆者簡要說明他對《孟子‧告子上》中杞柳之喻的分析：[3]

　　告子曰：「性，猶杞柳也；義，猶桮棬也。以人性為仁義，猶

3　Slingerland 2005 中對這段對話的分析比筆者這裡呈現的更為複雜，但是由於他部分的分析涉及對文本與筆者不同的詮釋，而這裡筆者只希望簡要展現他依據概念混成理論的分析方式，因此省略那些部分。此省略並不會影響我們對他基本分析手法的了解。另外，鄧育仁 2008 也對 Slingerland 2005 中對孟子譬喻使用的分析作了提綱挈領的介紹，釐清孟子承接辯論對手所使用隱喻並轉而側重此隱喻另一面向，藉此重新調整推論框架而駁斥對方的辯論手段（鄧稱之為「重設法則」），並討論這種手段的當代意義，也相當值得參考。

以杞柳為桮棬。」孟子曰：「子能順杞柳之性而以為桮棬乎？將戕賊杞柳而後以為桮棬也？如將戕賊杞柳而以為桮棬，則亦將戕賊人以為仁義與？率天下之人而禍仁義者，必子之言夫！」

在第一段中，告子以杞柳譬喻人性，桮棬譬喻（仁）義，批評將人性理解為仁義這種看法，是像將原料理解為製成品的一種誤解。告子這個說法，是在引入杞柳—桮棬這組關係作為譬喻，來開啟一個「原料—製成品」概念空間作為輸入源，希望混成聽者對性與仁義關係的新想法。而孟子在回應中，接續了告子的譬喻設定，卻反問告子是否能順著杞柳之性而製成桮棬，還是在製成桮棬時必須傷害（戕賊）杞柳？森舸瀾指出，孟子這個回應將討論的重點轉向杞柳之性在製成桮棬是否會被戕賊，而這是在原來告子開啟的混成過程中，又加入一個新的輸入源——即將杞柳視為活物（living thing）而可能在過程中被戕賊的概念空間。這個新的輸入源有個特色：活物被戕賊的形象容易引發負面感受，而造成規範上的負面意味。因此，我們可以理解孟子在混成過程中帶入新的元素，以引導聽者對告子這種透過「原料—製成品」關係來理解「人性——仁義」之間關係的看法產生負面感受；而孟子最後「率天下之人而禍仁義者，必子之言夫」那句評論可以理解為再次加強聽者這種負面感受，進而抗拒告子的立場。

Slingerland 2011 延續 Slingerland 2005 對譬喻在概念混成過程的功能分析，主張如認知科學研究顯示，譬喻是形成認知中相當基本的機制，譬喻的使用與對思想形成的重要性因此是跨文化的。Slingerland 2011 也觸及了另一個學界感興趣的相關議題：中國思想中常見對譬喻的使用，這點與西方思想傳統是否有重要的差異？森舸瀾認為中國思想中常用的譬喻有其特色，但是譬喻作為思維方式則是跨文化的基本認知機制，其使用本身並非中國思想特有。他認為，那些堅持譬喻性思維是中國思想獨有的學者，其實是根據一個「重視字面意義和邏輯的西方」

對比「重視譬喻和具體存有的東方」這樣的錯誤對立；並且，這種對立則又是根植於一種對人類認知能力的錯誤理解——他們誤以為「字面意義」和「譬喻性表述」兩者之間的區別是確實而可斷然二分的，以為前者真的指涉世界實在的類，而後者只是將兩個不同範疇作比較而不必然能告訴我們世界的樣貌。森舸瀾於此提到的「字面意義」和「譬喻性表述」兩種語意理解間的關係，以及東西方主流思維方式到底有何異同，與本文主題十分相關，而 Lloyd 1996、2015、2017a、2017b 關於這個議題發展了一系列更為深入的論述值得我們參考，以下簡要說明。

　　從前面介紹可以明顯看出，森舸瀾與相關認知科學家們對譬喻的功能的探討，並非僅將譬喻視為一種文學表達手法這樣窄義的理解，而是同時涉及與其相關之比喻、形象、舉例闡釋，以及藉由這些言說技巧所召喚的思考模式以及感受等促進理解的思維方式，並討論這種思維方式在思想形成與傳遞活動中扮演的角色。杰弗里・恩尼斯特・理查・勞埃德（G. E. R. Lloyd）也將這類思維方式當作他一系列研究的主要對象，並稱其為「類比性探究」（analogical investigations）。勞埃德的研究展現這種「類思維方式」與西方主流思想所重視的思維方式的差異，以及其哲學意涵。以下簡要介紹。

　　勞埃德專精古希臘科學與技術的歷史研究，而他這一系列的研究主要在釐清西方哲學與科學基本探究工具的內涵，並將其與中國思想對探究的看法與工具對照比較，以顯示兩者異同，以及前者需要檢討之處。他主張，當今西方對科學方法與形式邏輯的信仰，乃源自亞里斯多德對科學的看法，尤其是其對於定義、定理、證明、與科學方法的強調。這些思維方法對於探究世界的重大貢獻無庸置疑，但同時也造成西方主流思想對其他思維方法（也就是「類比性探究」）的輕忽，並導致將「字面意義」與「譬喻性表述」、「實在論」與「相對主義」、「自然」與「文化」等概念二元對立的思想方式。與森舸瀾和以上所提到的認知科學家們看法相同，勞埃德也認為運用譬喻、類比、形象、舉例闡釋、與模式等「類比性探究」的思維方式是普遍而跨文化的——包括在古希臘思想

傳統與先秦思想傳統都可以看到這種思維方式的使用。他指出，這類思維模式主要是根據「相似性」推進，不同於根據嚴格的字詞定義或滴水不漏的形式邏輯推論，而其在思想形成中扮演的角色亦十分重要，也因此應被更加強調。（值得注意的是，勞埃德並非無條件接受「類比性探究」這種思維方式，而也對這種思維方式有所檢討。詳見下文。）

　　勞埃德指出，將物聚集並作分類是所有語言使用的內在特點，而不同文化則會有各自所重視的類比性探究與分類方式。若是如此，由於我們事實上是活在同一個真實（reality）之中，一個對「分類什麼」、又「如何分類」的特定文化看法，要如何向其他文化證實其自身的有效性？Lloyd 2015 提出了兩個十分重要的概念來回答這個問題：「真實的多重向度性」（multidimensionality of reality），以及我們用來理解語詞之「語意的延展」（semantic stretch）。簡單來說，勞埃德主張當我們認識到「真實」其實具有多重向度，多元說法就可以被理解為是在處理真實的不同向度而可同時存在，而因此避開「實在論」與「相對主義」這種二元對立思考方式。而「語意的延展」則容許語詞的「字面意義」和「譬喻性表述」兩者之間是程度上的差異而非斷然二分，而語詞的意涵可以有延展地帶而非固定單一嚴格定義。值得釐清的是，勞埃德並不否認人類共享某種生物上的普遍性，也不否認人生中種種現象中有某些規律性，然而他提醒我們：從對人類共享的生物普遍性的觀察，並不能直接推斷人們對這種普遍性的認識方式本身也會是普世共通的；而即使人生中種種現象背後有某些規律性，是哪些現象被選擇來呈現規律性，哪些可被劃分為現象大概符合規律的情況，哪些又可算作促成規律的因素，這些不同考量背後也都有文化的影響。也因此，諸如「字面意義」與「譬喻性表述」、「實在論」與「相對主義」、「自然」與「文化」等等二元對立，是由於西方思想過分強調定義、形式邏輯、科學證明等思想方法而導致，其實都可以在接受「真實的多重向度性」和「語意的延展」的思考方式下避免。我們應該更強調「類比性探究」的思維工具所能開展不同的對世界與語言的詮釋方式，才能打開我們對世界更豐富與

全面的動態性、不斷進展的理解。

　　勞埃德這一系列研究中將「類比性探究」視為對真實與語意探究的重要工具。他對「類比性探究」的理解，呼應了森舸瀾與前述認知科學家們對概念譬喻與概念混成的看法。勞埃德主張「類比性探究」這種思維工具的一個重要特色，便在於其「相似性」基礎並非一個獨立於文化、概念、或人類思考模式與感受而自存的「單一實在」。當我們將這個洞見連結到森舸瀾與其他認知學家的看法，我們可以作以下判斷：靠譬喻輸入所形成的概念，本身納入了已被建立的「人的尺度」，包含了意義、形象、思考模式與感受的連結。這樣的概念將會有語意延展空間，而不是一個必然能給出單一嚴格定義的語詞。再者，經過混成過程所形成的概念則又再加入、形成了新的「人的尺度」。我們便是依據這不斷自我展開的尺度繼續感受、思考與判斷，而這必然是一個文化與自然混成演化的過程，是一個能展現出「真實」之眾多可能向度的過程。

　　以上重要研究成果也刺激我們重新思考道德之智的屬性與內涵。Lloyd 2015 中有一章即在分析先秦儒家道德思想中「類比性探究」的重要角色，並指出其與古希臘思想的相似與相異之處。勞埃德除了指出在兩個思想傳統中常用的譬喻有同有異，也花了一些篇幅釐清兩者反省「類比性探究」之重要性與應如何使用的異同，後面這部分與本論文討論直接相關，以下簡要說明。

　　勞埃德首先指出，先秦思想家對譬喻的使用並不預設「決定性」，在這點上他們與古希臘思想家相同。以孟告之辯為例，告子先使用杞柳喻「性」為材質，後來又使用湍水喻「性」無定向，而孟子則承接水的譬喻以喻「性」有其傾向。從這一系列的譬喻使用，可以看出辯論雙方都無意將自身使用的譬喻全面性類比於所欲說明的對象（在此為「性」），而僅是意圖訴諸具體事物把抽象道理形象性地表達出來，讓聽者的注意力放在譬喻所引出的積極意涵上。因此，這些譬喻的使用都是「不具決定性」的（inconclusive），重點在於其所召喚的積極意涵是否被接受，即使喻依的其他特性與喻體的特性不相符，也不妨礙譬喻進

行。

　　筆者認為勞埃德此處的看法相當合理。他主要引用《孟子》解釋他這個判斷，而以下筆者以《荀子》文本作例子作進一步說明並展開。和許多先秦思想家一樣，荀子在其論述中時常使用譬喻，也明確注意到在談說技巧中使用譬喻而讓人領會道理的重要性；[4] 而勞埃德「譬喻不具決定性」這個看法提醒我們：在透過荀子所使用的一系列譬喻去理解荀子的看法時應更加謹慎。以下舉幾個文本中的例子加以說明：

> 故枸木必將待檃栝、烝矯然後直；鈍金必將待礱厲然後利；今
> 人之性惡，必將待師法然後正，得禮義然後治。（〈性惡〉）

「枸木」就是曲木，根據楊倞之注，問題在於「其性不直」。「枸木必將待檃栝、烝矯然後直」這個譬喻的積極意涵在於「今人之性惡需要禮法矯正」。但是，由於這是關於「性惡」的討論，牽涉到荀子對「性」的看法，這時我們就需要進一步判斷「枸木」應如何理解。若我們將「枸木」之「其性不直」等同於「性」的本然狀態，有可能將其理解為「性本惡」的一個譬喻。我們是否能作此等同？如同勞埃德所提醒我們的，譬喻並不具有決定性的地位，在判斷「枸木」是否是荀子意圖表達「性本惡」的主張時，我們需要整體考量荀子的其他說法。首先我們可以看他下一個譬喻「鈍金必將待礱厲然後利」。金需要打磨才會夠利，但這裡沒有「金本來就是鈍的」這個蘊含，因此，這個譬喻明顯無「性本惡」的意味。再者，如許多學者已經注意到，荀子所謂「性惡」是指性在沒有人為介入禮義引導的情況下，會導致暴亂的惡果，因此，其具有「性向惡」的意涵，而非「性本惡」。

　　讓我們再看另兩個荀子使用的比喻：

4　《荀子・非相》：「談說之術：矜莊以蒞之，端誠以處之，堅彊以持之，分別以喻之，譬稱以明之，欣驩芬薌以送之，寶之，珍之，貴之，神之。如是則說常無不受。」

> 凡禮義者，是生於聖人之偽，非故生於人之性也。故陶人埏埴
> 而為器，然則器生於陶人之偽，非故生於人之性也。故工人斲
> 木而成器，然則器生於工人之偽，非故生於人之性也。（〈性
> 惡〉）

> 夫陶人埏埴而生瓦，然則瓦埴豈陶人之性也哉？工人斲木而生
> 器，然則器木豈工人之性也哉？夫聖人之於禮義也，辟則陶埏
> 而生之也。然則禮義積偽者，豈人之本性也哉！（〈性惡〉）

在這兩段文本中，「埏埴而為器」、「斲木而成器」這兩個例子都用於解釋「偽」的概念。這裡有兩點值得注意的部分。首先，在這兩個例子中荀子都是接用過去既有譬喻，但轉化其意圖召喚的意涵。在《道德經》中已有「埏埴以為器，當其無，有埴器之用也」這個例子。老子在那段談的是有、無的問題，而荀子用這個譬喻談人工的介入。「斲木而成器」這個譬喻則讓我們聯想到孟告之辯中的「戕賊杞柳而以為桮棬」。這種對過去既有譬喻的承接，一方面在於將說理根植於聽者共通生活經驗，一方面也展現了荀子對人存有的歷史性面向的注意——而這在他對禮的討論中更加明顯。（關於這點，下文將再展開說明。）第二，如前所述，譬喻使用對喻體的性質並不具決定性。因此，雖然「斲木而成器」與「戕賊杞柳而以為桮棬」非常相近，使人想到孟子對告子「仁義傷害人性」的質疑，但我們在參考荀子其他譬喻如「陶人埏埴而為器」、「陶人埏埴而生瓦」等，以及荀子其他如「禮樂順人情」這類主張，[5] 便知道荀子使用「斲木而成器」這個譬喻時並無「傷害人性」這個積極意涵。同樣的，如果我們只看「陶人埏埴而為器」、「陶人埏埴而生瓦」這類譬喻，也許會聯想到「性無善無不善」這種可歸於告子的立場，而未必能把握荀子性「向惡」之面向。因此，對荀子整體立場的理解，還是要讀

5　《荀子·大略》：「禮以順人心為本，故亡於禮經而順於人心者，皆禮也。」

通荀子不同譬喻中想表達的積極意涵，並與他其他明確的主張相融貫，從而避免對個別譬喻過分詮釋。

　　古希臘與先秦兩個思想傳統對「類比性探究」的使用與反省，除了「非決定性」這個相同之處，勞埃德還指出一個重要的差異：雖然兩個思想傳統都注意到這類根據「相似性」的探究方式可能的誤導性，兩者對此問題的回應卻不相同。柏拉圖與亞里斯多德都指出所謂「相似性」可能是虛幻的，是有缺陷的理解方式，也都有遠離這類思維方式的嘗試。亞里斯多德尤其明確主張以智性主導的思想方法才是理想——明確來說，就是以主要為嚴格定義與公理的真實前提、與有效演繹邏輯結構所構成的證明為理想探究方式。雖然他在倫理學這個領域，認識到倫理學中無法使用數學中的嚴格證明，而對字詞定義與推論精準性的要求有些讓步，接受必須依賴以「相似性」為基礎的類比來分類與推論；但即使如此，亞里斯多德仍未放棄對嚴格形式邏輯理想的追求——就算是智者（phronimos）的實踐推理，他也認為應符合三段論式的要求。[6] 與此相比，先秦思想家並沒有因為注意到「類比性思維」這種探究方式可能產生誤導，而走上古希臘哲學這個強調單義性與追求形式規範的發展方向。勞埃德以《呂氏春秋・慎行・疑似》與《呂氏春秋・似順・別類》為例，指出雖然先秦思想家同樣對「類比性探究」有所批判而抱持相當謹慎的態度，其回應卻將重點放在強調個人依聖王的智慧作正確判斷的重要性。

　　在此，將勞埃德的詮釋與另一種先秦思想詮釋進行比較，可以幫助我們進一步了解以上勞埃德所指出兩個古思想傳統的差異。如同森舸瀾和勞埃德，阿列克謝・沃爾科夫（Alexei Volkov）也相當關心先秦論辯中對譬喻的應用，但不同於森舸瀾著墨於概念混成的機制，或勞埃德以「類比性探究」路徑來理解譬喻的地位，Volkov 1992 以「類比證明」

6　參見 Lloyd 2015: 50, 55。

（demonstrations by analogy）來作詮釋。「類比證明」這種思維方式常以數學模型的應用作為典型，而在這類證明中，類比項與被類比項之間有一種相應的結構，使得兩者性質可以一一對應，而沃爾科夫主張先秦論辯中對譬喻的應用其實正是這種類比證明，是在根據這種一一對應的模式來作推理。然而，根據以上的討論，我們可以看出以這種推理形式來理解孟荀文本中的譬喻使用並不完全適當。首先，若將在孟荀文本中所使用的個別譬喻中的喻依和喻體一項一項特性對應，總有些不完備的部分。如前所述，這些譬喻的使用其實並非是決定性的，而只是用來闡釋某些思想家認為兩者間相關的相似特性，重點是被使用之譬喻的積極意涵。再者，如我們已看到，許多思想家所使用的譬喻是接續著思想傳統中其他哲學家（包括其論敵）已使用的。思想家承續這些譬喻作說明，其實也是在回應其思想傳統、並與其他思想進行溝通。筆者認為沃爾科夫這個嘗試較接近亞里斯多德傳統，總是希望能找出嚴謹的結構將推理與探究形式化；但是如勞埃德已經指出，這種嘗試與先秦思想家的探究方式有其差異，本身最終也有導致各種二元對立思考方式的風險，更輕忽了「類比性探究」本身扮演的重要角色。

　　根據以上的討論，我們可以理解譬喻的使用、或「類比性探究」思維方法整體而言，是在引導人看到原本被既存概念結構與認知模式所遮蔽的事物。透過在符合「人的尺度」的概念混成過程中提供譬喻、形象或例子，以召喚聽者既有的思考模式與感受方式，讓聽者以新的方式思考與感受探究對象，進而產生新的想法或判斷。這個從「看不到」的狀態，透過有效的「類比性探究」而轉為「看到」的過程，可以理解為一個「解蔽」的過程。當概念混成過程有效時，新成的概念加入了既有的人的尺度，而使人思考與感受的方式再也不同於以往，這因此也是一個轉化的過程。當然，「類比性探究」這種思維方法並非總是有效（混成過程可能失敗），而且也不全然可靠——這種解蔽的過程也可能產生誤導、產生新的遮蔽。只有在解蔽適當地呈現了真實，讓我們對世界與自身有更好的掌握而能作出適當的判斷，我們才算是獲得了智慧。而如勞

埃德所觀察，對於先秦思想家來說，這種智慧並非透過對概念的單義嚴格定義、對推論的形式絕對嚴謹等要求來獲得，而是依靠「類比性探究」這種類思維方式。

那麼，我們自然會問：智慧的表現如何判定？何時解蔽可謂「適當地呈現了真實」？「適當的判斷」需要我們擁有哪些能力？筆者認為，《荀子》中對道德判斷的看法一方面與森舸瀾和勞埃德的重要研究成果有所呼應，另一方面，關於以上這些問題，《荀子》所提出的洞見也值得我們參考。以下筆者根據《荀子》中對於類的形成與界定、以及推類所涉及的道德之智兩個面向的說法展開討論。

貳、《荀子》中的類

如勞埃德所指出，在思考我們對世界與自身的適當探究方式時，必須思考「分類什麼、又如何分類」這個問題，同時，也必須面對對這個問題之多元回應是否、與如何可能同時成立的挑戰。這裡牽涉到的第一個問題，是「類」是如何形成與界定。以下筆者將引用《孟子》和《荀子》說明：先秦儒家並不追求以嚴格定義來界定類；「類」在他們的思想中，一方面是模糊、沒有明確邊界、依脈絡下有意義的「相似性」而形成的集合；另一方面，雖然「類」之形成是根據「相似性」作為基礎，有意義的類背後的相似性乃有「理」可循，並非任意或僅具某種「家族相似性」即可成立。筆者也會進一步簡要說明《荀子》中對類的形成的看法。

先秦文本中已有許多對「類」的討論。比如孟子即指出，「故凡同類者，舉相似也」（《孟子‧告子上》）。這些文本中的「類」所涉及的是何種相似性？一個學者們有爭議的點，是這種相似性應以「相像」（resemblance）來理解，還是以同屬於一個有明確定義邊界固定的集合（set 或 class）來解釋？這裡的爭議點在於，一般來說如果我們使用「相像」的關係，會包括可能以不同且不具傳遞性（A 像 B，B 像 C，A 卻

不見得像 C）之相似關係連接其成員的「家族相似性」關係，而這便意味著此類相似性並沒有普遍抽象共通性來規範這個類的邊界。[7]而如果我們以集合來理解「類」，則使類的邊界清楚，承認普遍抽象原則的規範。哪種理解較為合適？先看看以下孟、荀對類的說法：

> 挾太山以超北海，語人曰「我不能」，是誠不能也。為長者折枝，語人曰「我不能」，是不為也，非不能也。故王之不王，非挾太山以超北海之類也；王之不王，是折枝之類也。（《孟子・梁惠王上》）

> 聖人與我同類者。〔……〕口之於味也，有同耆焉；耳之於聲也，有同聽焉；目之於色也，有同美焉。至於心，獨無所同然乎？心之所同然者何也？謂理也，義也。聖人先得我心之所同然耳。故理義之悅我心，猶芻豢之悅我口。（《孟子・告子上》）

> 以類度類〔……〕類不悖，雖久同理，故鄉乎邪曲而不迷，觀乎雜物而不惑，以此度之。（《荀子・非相》）

這些段落顯示：孟子在談類時，心中其實是有類所對應的抽象分類根據，像是「不能」與「不為」兩類狀況有其差異，或是因為同類，聖人

7　「家族相似性」概念出自維根斯坦《哲學研究》一書中對語詞使用的說法。維根斯坦主張一語詞（如「遊戲」）的使用現象中並沒有共通性，而只有連接性——這些現象只是以不同方式與彼此連接而已。（"I am saying that these phenomena [linguistic phenomena] have no one thing in common which makes us use the same word for all, but that they are related to one another in many different ways. … Consider for example the proceedings that we call "games". I mean board-games, card-games, ball-games, Olympic games, and so on. What is common to them all? -- Don't say: "There must be something common, or they would not be called 'games' "-but look and see whether there is anything common to all. -- For if you look at them you will not see something that is common to all, but similarities, relationships, and a whole series of them at that." [*Philosophical Investigations*, 65-6]）

與常人共有感官與心的偏好。而荀子對這個議題談得更清楚，指出類背後有「理」在支持，根據「理」我們便可以「以類度類」而不迷不惑。因此，孟荀所指的類，背後是有其抽象分類根據（理）。但是，從這些段落我們也同時可以看出，他們並未嘗試對類（或是其背後的理）提供明確的分析性定義、明確的邊界界定。這讓我們注意到，也許「相像」和「集合」兩者及其區別對思考先秦儒家的「類」概念並不是最適合的概念工具。

那麼，是否有其他的思考方式？我們還是要回到先秦儒家思想中重新找尋一些思考「類」的線索。學者已注意到先秦類思維在《荀子》發展到一個高峰：荀子對理智與秩序的重視、對透過適當的區分來達成能群能治的信念，展現在其對「類」的自覺與重視。他對「類」的說法牽涉範圍甚廣，從自然事物的分類（「物類」），到法政制度與倫理上的區分與統合（「統類」、「倫類」）等，包含了邏輯學、認識論、知識論、倫理學、法政哲學等方面的探索。陳秋宏即言：「在《荀子》的論述中，『能類』、『知類』、『舉統類而應之』、『通倫類』，對於『類』之重視和理論自覺，乃儒門之最。」（2018：92）以下筆者便以《荀子》為本來探討這個問題。

墨家思想中，對同與異的思考與辨別、語詞的指涉與語言在溝通中扮演的角色等議題已有許多重要討論。荀子如墨家也重辨類、明類與知類，但是他對分類為何重要、而這些適當的類的區別又是如何形成、如何為眾人所知、讓人們也能作出相應的區分與應用等等問題的看法，則與墨家相當不同。墨家基本上認為世界提供了單一而正確的辨別異同分類基礎──這個立場可能比較偏向勞埃德所想避免的實在論。[8] 然而，荀子並不採取這種實在論立場。

荀子認為：人之所以為人的一個重要特色在於「有辨」，能在面對

---

[8]　在方克濤所著史丹佛百科全書 "Mohist Canons" 一文中有對墨家思想中的實在論傾向這個議題作簡要的梳理（Fraser 2020）。

各種處境與事物作出分別，是因為人有這個能力才可能形成父子之親、男女之別，而與禽獸不同；另一方面，也是因為人這個能力的發展與實現，使得人間的秩序能成為可能。這種能形成人間秩序的分辨能力是如何運作？首先，我們的自然生理與心理機制是分類的基礎根據。荀子在〈正名〉中明確表示分類的一個同異依據是天官接物、心徵知的反應：

> 然則何緣而以同異？曰：緣天官。凡同類同情者，其天官之意物也同。故比方之疑似而通，是所以共其約名以相期也。形體、色理以目異；聲音清濁、調竽、奇聲以耳異；甘、苦、鹹、淡、辛、酸、奇味以口異；香、臭、芬、鬱、腥、臊、漏庮、奇臭以鼻異；疾、癢、凔、熱、滑、鈹、輕、重以形體異；說、故、喜、怒、哀、樂、愛、惡、欲以心異。心有徵知。徵知，則緣耳而知聲可也，緣目而知形可也。然而徵知必將待天官之當簿其類，然後可也。五官簿之而不知，心徵知而無說，則人莫不然謂之不知。此所緣而以同異也。然後隨而命之，同則同之，異則異之。

由於人屬於同類同情，天官接物的的感應相同，因此約定的名稱統一便很容易溝通。待天官接物所帶來不同感應，[9]心能徵證天官之感應而作出判斷確認分類，人們再根據事物之同異來命名。從這看來，心的判斷依賴天官的反應。雖然天官的反應不見得會決定最終分類方式，至少會為分類帶來自然上的限制。

　　荀子認為分類還有另一個重要依據——文化傳統與社會實踐，而也

9　在荀子此段文字中，「天官」即指耳、目、鼻、口、體等五官。學者對這段文字中的「當簿」則有不同解讀。根據王天海在《荀子校譯》中的整理，「當」被學者理解為「主」或「對」，「簿」則被理解為「記」、「記錄」，或「接觸」、「迫近」等不同看法（荀況 2005）。本論文採學者間共通的看法，也就是五官接物而有所感應、心的工作不在於直接接物，而是在於對天官接物後的感應而作判斷確認分類。感謝匿名審查人提醒我對這兩個詞作釐清。

是因此人間秩序得以建立。他主張「辨莫大於分，分莫大於禮，禮莫大於聖王」（〈非相〉），也就是說作區辨所依據最重要的方法在於在效法聖王、遵循禮法之下來確定名分。從此可看出，在倫理、治理領域的區辨中被適當分別的類，是對應到禮義與效法過去聖王所定下的名分。

以禮作為區分類的基礎以及作用，這種想法在《春秋左傳》即可見。[10] 當時已有思想家將「禮」與「儀」做區分，並將禮的重要性抬高到「天之經也，地之義也，民之行也」；同時，他們也認為應類比天地秩序來規範人際關係，應審慎效法、類比天地之規律（如六氣等）來規範個人行止。在這裡，我們已經可以看出先秦思想形成中有前面所提到的「概念混成」、「達成人的尺度」的工作。

另一方面，儒家對正名的討論也為「類是如何形成、如何為眾人所知、被適當應用」這個問題提供了很豐富的思考資源。從孔子「名不正，則言不順；言不順，則事不成；事不成」（《論語・子路》）這個說法，我們可以看出「正名」在言說與行動引導上的實踐意義。在《荀子・正名》中我們可看到一系列對這個問題進一步的討論。[11] 在荀子看

10　比如《春秋左傳・昭公二十五年》：「子大叔見趙簡子，簡子問揖讓周旋之禮焉，對曰，是儀也，非禮也，簡子曰，敢問何謂禮，對曰，吉也聞諸先大夫子產曰，夫禮，天之經也，地之義也，民之行也，天地之經，而民實則之，則天之明，因地之性，生其六氣，用其五行，氣為五味，發為五色，章為五聲，淫則昏亂，民失其性，是故為禮以奉之，為六畜，五牲，三犧，以奉五味，為九文，六采，五章，以奉五色，為九歌，八風，七音，六律，以奉五聲，為君臣上下，以則地義，為夫婦外內，以經二物，為父子，兄弟，姑姊，甥舅，昏媾，姻亞，以象天明，為政事，庸力行務，以從四時，為刑罰，威獄，使民畏忌，以類其震曜殺戮，為溫，慈，惠，和，以效天之生殖，長育，民有好惡喜怒哀樂，生于六氣，是故審則宜類，以制六志，哀有哭泣，樂有歌舞，喜有施舍，怒有戰鬥，喜生於好，怒生於惡，是故審行信令，禍福賞罰，以制死生，生，好物也，死，惡物也，好物樂也，惡物哀也，哀樂不失，乃能協于天地之性，是以長久，簡子曰，甚哉禮之大也，對曰，禮上下之紀，天地之經緯也，民之所以生也，是以先王尚之，故人之能自曲直以赴禮者，謂之成人，大不亦宜乎，簡子曰，鞅也，請終身守此言也。」

11　比如《荀子・正名》：「後王之成名：刑名從商，爵名從周，文名從《禮》，散名

來，制名的工作一部分在於依從各地已形成的規範、習俗、與共同約定來賦予萬物確定的語詞，另一重要的工作也在於確立其所指涉的對象——「類」——以便作出適當判斷並引導行事。制名的工作（尤其針對倫理與治理面向）因此是有明確的價值目的。荀子認為：「王者之制名，名定而實辨，道行而志通，則慎率民而一焉。」制名的重點在於確定名分與指涉對象，以適當區辨「實」，並透過實踐這些道理進一步讓人理解這些規範背後的想法——如此治理才能穩定而長久，達到理想狀態。值得注意的是，這裡所謂「實」不僅是客觀自存的物或事態，適當的對「實」的區辨也不僅包括主要根據物本身的特性所區分的物類。由於對荀子來說，所有分類工作最終的目的皆是在於達成治理理想與倫理教化，[12] 對實的區辨與指向因此有其價值考量與效果：「故知者為之分別制名以指實，上以明貴賤，下以辨同異。貴賤明，同異別，如是則志無不喻之患，事無困廢之禍，此所為有名也。」因此，在倫理與治理領域中的分類，其所根據的相似與相異包含「貴賤」這種價值判斷，作出區辨的目的在於讓人民透過社會實踐理解聖王制名行道想表達出的意義。

　　當我們看到倫理、治理意義上的「類」和社會實踐中的「制名」有這麼深刻的連結，自然會問：那這些「類」是天地間自存的？還是人為

之加於萬物者，則從諸夏之成俗曲期，遠方異俗之鄉，則因之而為通。散名之在人者：生之所以然者謂之性；性之和所生，精合感應，不事而自然謂之性。性之好、惡、喜、怒、哀、樂謂之情。情然而心為之擇謂之慮。心慮而能為之動謂之偽；慮積焉，能習焉，而後成謂之偽。正利而為謂之事。正義而為謂之行。所以知之在人者謂之知；知有所合謂之智。所以能之在人者謂之能；能有所合謂之能。性傷謂之病。節遇謂之命：是散名之在人者也，是後王之成名也。」

12　比起「倫類」，荀子對「物類」的討論相對少很多，直接談及的只有這句：「物類之起，必有所始。榮辱之來，必象其德。肉腐出蟲，魚枯生蠹。怠慢忘身，禍災乃作。強自取柱，柔自取束。邪穢在身，怨之所構。施薪若一，火就燥也，平地若一，水就溼也。草木疇生，禽獸群焉，物各從其類也。」（〈勸學〉）從這句話中仍然引回行動價值性指引、以及他在〈天論〉「其行曲治，其養曲適，其生不傷，夫是之謂知天」的立場，可以看出對他來說即使是對物類的區分與理解，最終都是為了「治」的目的。感謝匿名審查人提醒筆者對此作說明。

約定創造的？若是後者，是否其所牽涉的分類其實相當任意？這又引發下一個問題：名如果來自聖王的創造，那對人民來說是否只是某種外在權威的規範？這是一些荀子研究裡尚在爭議中的問題。囿於論文篇幅考量，筆者將另文處理這些問題。[13] 到目前為止，我們至少可以確定：對荀子來說，適當的類的形成牽涉了人共通之自然生理與心理機制的運作，以及文化傳統與社會實踐的建構過程。適當的類如何界分並非對應了一個固定實在而自明，也並非一個可以明確給予定義、劃定邊界的「集合」；同時，適當的類的界定並非僅根據事物彼此在不同判準下可能的「相像」關係，類中事物的相似性有其確定的抽象判準──這個抽象判準不會以「定律」、「公理」的方式被理解，但也並非無依據任意形成，或僅依某種開放的「家族相似性」關係所連結。[14]「類」不僅包括對自然世界依據目的的區分，也包括有價值意義的區分，而聖王之制名所展現的智慧提供了適當區分的基礎，以及培養人透過禮的實踐與學習能作出適當區辨的能力。從此看來，適當的區分所依靠的是有智慧的判斷，而此判斷是來自於長久的修養與在文化中的浸淫所養成。前面筆者針對道德之智已有幾個提問，包括：智慧的表現如何判定？何時解蔽可謂「適當地呈現了真實」？「適當的判斷」需要我們擁有哪些能力？等。以下筆者希望根據《荀子》文本針對這些問題作初步的探討，並論證：「類」的抽象判準可以理解為「禮之理」，是浸淫在文化中、透過學習與禮的實踐所習得的「技藝性存在狀態」才能適當掌握──而這也就是道德之智的狀態。

13　筆者於另一篇名為〈《荀子》中的名、實與類：一個以禮為技藝的思考進路〉的論文中處理這個問題。此論文目前正進入出版程序。

14　有位匿名審查人提出也許可以以某種「原型」（prototype）概念來理解「類」的性質，筆者認為這涉及了「原型」應如何理解、是如何形成，又是如何能被人認知等等方面的討論。這是一個值得探索的方向，不過限於篇幅，在本論文並無法深入探究這個議題。

參、《荀子》中的道德之智

　　《荀子》對於道德之智的特色有許多著墨。在〈非相〉中，荀子指出聖人的智慧是在於他能「以人度人，以情度情，以類度類，以說度功，以道觀盡，古今一也」。這種「以道觀盡」、能「一古今」的能力，明顯表現於其能正確地掌握「類」的相似性而作出適宜的推度判斷。荀子也在〈儒效〉中指出「知通統類」、[15]「舉統類而應之」是「大儒」才有的能力：

> 法後王，一制度，隆禮義而殺詩書；其言行已有大法矣，然而明不能齊法教之所不及，聞見之所未至，則知不能類也；知之曰知之，不知曰不知，內不自以誣，外不自以欺，以是尊賢畏法而不敢怠傲：是雅儒者也。法先王，統禮義，一制度；以淺持博，以古持今，以一持萬；苟仁義之類也，雖在鳥獸之中，若別白黑；倚物怪變，所未嘗聞也，所未嘗見也，卒然起一方，則舉統類而應之，無所儗作；張法而度之，則晻然若合符節：是大儒者也。

這段話顯示，「大儒」和「雅儒」的差別在於：「雅儒」僅能跟隨後王明確具體的制度，但是思緒未通，知不能類；「大儒」卻能「統禮義」，因此可以「法先王」，能舉統類之理而推度應變，而即使面對過去未見的情況，也能很快作出適當的判斷。

　　前面提到，荀子的「類」有其抽象分類標準，以作為決策、判斷、行動的依據。而根據上面的比較，大儒的能力在於能「統禮義」，我們可以推斷雅儒「知不能類」是因為無法看出禮義背後的「理」。筆者因此認為，分類所根據的抽象標準應以「禮之理」來理解，而聖人「以道

---

15 《荀子‧儒效》：「並一而不二，則通於神明，參於天地矣。〔……〕志安公，行安脩，知通統類：如是則可謂大儒矣。」

觀盡」的「道」其實也就是禮義背後的「理」。這並非僅是因為《荀子》中對禮義處處倚重，也是根據荀子對「禮之理」明確的說法：

> 禮之理誠深矣，「堅白」「同異」之察入焉而溺；其理誠大矣，擅作典制辟陋之說入焉而喪；其理誠高矣，暴慢恣睢輕俗以為高之屬入焉而隊。故繩墨誠陳矣，則不可欺以曲直；衡誠縣矣，則不可欺以輕重；規矩誠設矣，則不可欺以方圓；君子審於禮，則不可欺以詐偽。故繩者，直之至；衡者，平之至；規矩者，方圓之至；禮者，人道之極也。（〈禮論〉）

荀子認為人所應依循的道是先王之道，[16] 而在這段文字中，荀子明確將禮（尤其是其背後之理）理解為「人道之極」，是「繩墨」、「衡」和「規矩」之本身。也就是說，禮不僅是培養道德之智的修養實踐方式，其本身就是道德之智作判斷所採用的基準。對於荀子來說，正確的道德判斷之重點，並非在於對不同理由的反思均衡，而是將道、禮本身作為衡量的標準。一般人在判斷上所犯的錯誤，並不在於沒有思考，而是在於一開始衡量的標準本身就「不正」。這個強調以下這兩段可以明顯看出：

> 凡人之取也，所欲未嘗粹而來也；其去也，所惡未嘗粹而往也。故人無動而不可以不與權俱。衡不正，則重縣於仰，而人以為輕；輕縣於俛，而人以為重；此人所以惑於輕重也。權不正，則禍託於欲，而人以為福；福託於惡，而人以為禍；此亦人所以惑於禍福也。道者，古今之正權也；離道而內自擇，則不知禍福之所託。（〈正名〉）

> 禮之於正國家也，如權衡之於輕重也，如繩墨之於曲直也。故

16　《荀子‧儒效》：「先王之道，人之隆也，比中而行之。曷謂中？曰：禮義是也。道者，非天之道，非地之道，人之所以道也，君子之所道也。」

人無禮不生，事無禮不成，國家無禮不寧。（〈大略〉）

因此我們可以得知，對荀子來說，道德之智的表現是能知通禮之理而能統類、舉類應變。而能做到這一點，是因為在修養與禮的實踐下「心合於道」。[17] 對荀子而言，當達致「心合於道」而能相應作出判斷行事時，人對真實的理解便是適當的。

荀子最為一般人所知的大概是他的「性惡」立場。他認為如果順人之性不加教化導正，偏險悖亂這些惡就會發生。但是，他同時認為聖人、道德之智是可能的，而且聖人與常人性同，差別只在他們起於變故、成於修為，有充分功夫的積累。[18] 明確來說，道德之智之為可能，在荀子看來，主要在於心有主宰的地位，而人有積習轉化的能力。心的主宰地位表現在幾個方面。首先，心根據性的感性反應而作出思慮和選擇，而正是心的選擇牽引了行動。《荀子·正名》：「情然而心為之擇謂之慮。心慮而能為之動謂之偽；慮積焉，能習焉，而後成謂之偽。」當思慮累積，人可能積習而轉化。由於行動從於心之所可，即使欲望很多，一旦人們心之所可中理，便能達到治的理想。[19]

荀子認為人心有其主宰性，但同時認識到「心合於道」其實相當困難。也因此他特別強調解蔽的重要性：

聖人知心術之患，見蔽塞之禍，故無欲、無惡、無始、無終、無近、無遠、無博、無淺、無古、無今，兼陳萬物而中縣衡

---

17 《荀子·正名》：「心也者，道之工宰也。道也者，治之經理也。心合於道，說合於心，辭合於說。正名而期，質請而喻，辨異而不過，推類而不悖。聽則合文，辨則盡故。以正道而辨姦，猶引繩以持曲直。是故邪說不能亂，百家無所竄。」

18 《荀子·榮辱》：「堯禹者，非生而具者也，夫起於變故，成乎脩為，待盡而後備者也。」

19 《荀子·正名》：「欲不待可得，所受乎天也；求者從所可，所受乎心也。〔……〕故欲過之而動不及，心止之也。心之所可中理，則欲雖多，奚傷於治？欲不及而動過之，心使之也。心之所可失理，則欲雖寡，奚止於亂？故治亂在於心之所可，亡於情之所欲。」

焉。是故眾異不得相蔽以亂其倫也。何謂衡？曰：道。(〈解
蔽〉)

由此可看出，「心合於道」的特性是不偏限於特定觀點，而能以「道」
來兼陳萬物。換句話說，便是以禮之理來貫通對事物的理解與判斷。要
能達到這種智慧而能作出適當的判斷，荀子特別強調了「虛壹而靜」的
重要能力。荀子言：

> 人何以知道？曰：心。心何以知？曰：虛壹而靜。心未嘗不臧
> 也，然而有所謂虛；心未嘗不兩也，然而有所謂壹；心未嘗不
> 動也，然而有所謂靜。人生而有知，知而有志；志也者，臧
> 也；然而有所謂虛；不以所已臧害所將受謂之虛。心生而有
> 知，知而有異；異也者，同時兼知之；同時兼知之，兩也；然
> 而有所謂一；不以夫一害此一謂之壹。心臥則夢，偷則自行，
> 使之則謀；故心未嘗不動也；然而有所謂靜；不以夢劇亂知謂
> 之靜。未得道而求道者，謂之虛壹而靜。作之：則將須道者之
> 虛則人，將事道者之壹則盡，盡將思道者靜則察。知道察，知
> 道行，體道者也。虛壹而靜，謂之大清明。萬物莫形而不見，
> 莫見而不論，莫論而失位。坐於室而見四海，處於今而論久
> 遠。疏觀萬物而知其情，參稽治亂而通其度，經緯天地而材官
> 萬物，制割大理而宇宙裡矣。(〈解蔽〉)

從這段說法看來，「虛壹而靜」在修養功夫中扮演著調整、平衡心原本
就具有傾向所需的能力（或準則），以形成道德之智。「虛」、「壹」、
「靜」的能力分別是在導正心原本就有的「藏」、「兩」、「動」的能力，
而使心的運作能具有以不同眼光看待事物的開放性、能注意到兩個看來
相異之事物有其相似性而可以一以貫之的統合性、以及在活動中也能靜
定得智慧的能力。這些能力皆是針對心固有能力轉化調整而來，為使人
能從已知對新事物作出判斷，並在這個過程中明察道、盡道、體道。

另外，心的主宰地位不但是在透過思慮和選擇牽引行動這上面表現出來，也在於能生制禮義以「理天地」，建立社會之統類秩序，而禮義提供給人們一個轉化倚重的憑藉與方向。唐君毅即指出：「在荀子言心之知，不只是一知類心，而兼是一明統心。荀子言心，亦不只為一理智心及有實行理智所知者之志之心，如墨子之所說；而實兼為一能自作主宰心。荀子言心之『虛靜』之功夫，必與『壹』之功夫相連。而荀子之虛壹而靜之功夫，則又不只成就一個靈臺之光耀，且為本身能持統類秩序，以建立社會之統類秩序，以成文理之心。」（1986：132-3）唐先生注意到荀子特別強調聖人之心的統類能力，極有洞見。而我們可以進一步釐清：心能理天地的統類能力來自於長時間實踐與修養的積累，在此心之體道與性的轉化較適合理解為是同時迭代發生，而不必然如唐先生所說是「〔心〕上體道而使之下貫於性，以矯性化性」（唐君毅 1986：140）。誠然，對荀子來說，思慮的累積以及積習而能有適當的注錯與判斷，有可能達至理想的智慧、具有正確的判斷能力。這個過程，牽涉到對心的判斷的矯正、對五官感應傾向的調整、以及對感性傾向的調養等等，[20] 是一種治氣養心的整體性轉化。荀子有言：

> 凡治氣養心之術，莫徑由禮，莫要得師，莫神一好。夫是之謂
> 治氣養心之術也。（〈修身〉）

從這段話中我們可以看到禮樂的調養在這個過程扮演首要角色，而老師在學習的帶領也不可或缺。對此，荀子有進一步解釋：禮的作用在

20　《荀子‧天論》：「天職既立，天功既成，形具而神生，好惡喜怒哀樂臧焉，夫是之謂天情。耳目鼻口形能各有接而不相能也，夫是之謂天官。心居中虛，以治五官，夫是之謂天君。財非其類以養其類，夫是之謂天養。順其類者謂之福，逆其類者謂之禍，夫是之謂天政。暗其天君，亂其天官，棄其天養，逆其天政，背其天情，以喪天功，夫是之謂大凶。聖人清其天君，正其天官，備其天養，順其天政，養其天情，以全其天功。如是，則知其所為，知其所不為矣；則天地官而萬物役矣。其行曲治，其養曲適，其生不傷，夫是之謂知天。」

於「正身」，老師的作用則是在「正禮」。21 透過正確的禮的實踐，人能獲得具身性的道德知識。我們可以說，道德養成的一部分是透過禮的實踐來進行概念混成，讓人知道如何感受，進而知道如何判斷。因此，這道德之智的養成過程，僅達至聞見之知、僅是「知道一些事實」是不夠的，更重要的是實踐禮義這個行動所能帶來的「端正身心」的理解，才能達至「聖人之明」的狀態。22 此外，禮在具體情境中如何實踐、其意義又為何，尚且需要有智慧的人引導，並非自己有樣學樣就可以領會的。荀子認為，尤其是那些尚未領會禮的意涵的初學者，僅憑自己的直覺行事，就會像是「以盲辨色，以聾辨聲」一樣，是沒有辦法作出正確判斷的。

統倫類最終是希望能治、能群、能行道。倫類的產生、制定與統一必須有共通的經驗——這是來自天官反應的相似與社會與文化中共通的約定，最終則是以辨實、行道為目的，在於明貴賤、同異別。因此，一方面這裡的制名必然具有規範性，一方面又不會是任意的，而是由共通經驗的可能作為支持。這裡應該注意的是，此一共通的經驗不會僅限於視覺、聽覺等感官經驗，而會包括來自禮的實踐、富含意義與感性面向的、同時具有脈絡性與具身性的「體知」、與其所形成的「仁的視野」。禮不僅只是表達仁，更在於促成仁，這是因為禮能促成人的認知、感性與行動的轉化。在這個意義下，禮適合被理解為一種技藝——一種透過自身轉化來接受並回應人的處境所發展出的技能。

這裡我們可以應用前面所談到福科尼耶和透納的概念混成理論中的

---

21 《荀子·修身》：「禮者、所以正身也，師者、所以正禮也。無禮何以正身？無師吾安知禮之為是也？〔……〕不是師法，而好自用，譬之猶以盲辨色，以聾辨聲也，舍亂妄無為也。」
22 《荀子·儒效》：「不聞不若聞之，聞之不若見之，見之不若知之，知之不若行之。學至於行之而止矣。行之，明也；明之為聖人。聖人也者，本仁義，當是非，齊言行，不失豪釐，無他道焉，已乎行之矣。故聞之而不見，雖博必謬；見之而不知，雖識必妄；知之而不行，雖敦必困。不聞不見，則雖當，非仁也。其道百舉而百陷也。」

「人的尺度」概念，以及森舸瀾所談到在概念混成過程中藉由譬喻來引導感受的機制，來進一步思考荀子道德之智的內涵。福科尼耶和透納在理論中並未討論混成過程中的「來源域」中的概念來源，而根據以上對荀子主張的理解，我們可以將禮理解為一整套配合著具身性實踐的概念系統。聖王藉由禮的生制、引導人民實踐禮來傳達辨別、分類與判斷的智慧——這是一種與引用譬喻方式類似，但是更直接將身體經驗納入概念混成、引導人民思考與感受、建立新的「人的尺度」的過程。這又可以分為社會和個人兩個層面來理解：一方面，禮作為一種社會共通實踐的心理科技，它塑造並規範了人們對自身行止的要求，以及對彼此的期待與理解，可謂建立了社會共通的「人的尺度」。另一方面，荀子對禮治氣養心這種個人轉化功能的強調也不應輕忽。我們可以注意到，這類改變不是只是改變人心的判斷，也改變判斷的依據，亦即人的天官與感性反應。[23]

　　因此，禮的實踐很重要的面向是對人我關係與對自我的認識達至關係性、主體際性、脈絡性、具身性、動態性、語詞指涉範圍模糊的體知。在這個視野下對事物與關係的分類也難以分析、定律方式掌握。在這個意義上禮的學習與實踐將作為一種技藝對人整體狀態——包括認知結構與感性結構——進行轉化，使得「清其天君」、「正其天官」、「養其天情」成為可能，而能「辨異而不過，推類而不悖」。而因為禮的實踐對個人與對社會帶來的改變，以禮作為技藝所形成的「適當的經驗世界的推類感通」因此可以成為倫類的基礎，能促進各種物類之間關係網絡

---

23 《荀子・修身》：「治氣養心之術：血氣剛強，則柔之以調和；知慮漸深，則一之以易良；勇膽猛戾，則輔之以道順；齊給便利，則節之以動止；狹隘褊小，則廓之以廣大；卑濕重遲貪利，則抗之以高志；庸眾駑散，則劫之以師友；怠慢僄棄，則炤之以禍災；愚款端愨，則合之以禮樂，通之以思索。凡治氣養心之術，莫徑由禮，莫要得師，莫神一好。夫是之謂治氣養心之術也。〔……〕禮者、所以正身也，師者、所以正禮也。無禮何以正身？無師吾安知禮之為是也？禮然而然，則是情安禮也；師云而云，則是知若師也。情安禮，知若師，則是聖人也。」

的和諧關係。[24] 在這個理解下，儒家價值如倫類的區分，雖是（在自然限制下）透過約定成俗所形成，卻同時能讓人們共享道德判斷背後的價值。與此同時，以禮帶來的轉化經驗為根據的儒家價值判斷便可能超越文化與習俗本身，而能達到一種以天生人成實現天人合一的可能。[25] 這種將道德之智理解為技藝性存有所展現的辨別與推類能力的看法，充分展現了類思維方式的特色，而與當代將道德知識理解為命題性知識、根據原則作推理的看法相當不同，也讓我們重新思考道德知識的屬性與內涵。

24　此言出自周志煌：「荀子對於『類』的劃分，所建立的自然與社會意義，包含了對於天地自然的觀物分類知識，以及經驗世界中的推類感通形式。」(2013：28)

25　本論文匿名審查人鼓勵筆者也針對以下兩個議題作進一步思考：「壹」的能力如何能使我們在辨識到兩物之相異時同時也能統合、一以貫之？以及，禮的轉化經驗具體來說如何能使我們超越習俗與文化而掌握儒家核心價值？的確，對這兩個議題的研究，不論是對於荀子思想的進一步發展，以及對於我們身處當代多元處境下的價值確立，都相當重要。筆者目前也開始投入對這兩個議題更深入的探究。

參考文獻

中文：

周志煌，2013，《物類與倫類：荀學觀念與近現代中國學術話語》，臺北：洪葉出版社。

唐君毅，1986，《中國哲學原論：導論篇》，臺北：學生書局。

荀況，2005，《荀子校釋》，下冊，王天海校釋，上海：上海古籍出版社。

張曉芒，2010，〈中國古代從「類」範疇到「類」法式的發展演進過程〉，《邏輯學研究》，1：89-113。

陳秋宏，2018，〈「類思維」與「感應」之聯繫——西漢以前，以「類」為關鍵字的文化考察〉，《文與哲》，32：55-104。

黃俊傑，2004，《東亞儒學史的新視野》，臺北：臺大出版中心。

鄧育仁，2008，〈隱喻與情理——孟學論辯放到當代西方哲學時〉，《清華學報》，38：485-504。

鄭毓瑜，2012，《引譬連類：文學研究的關鍵詞》，臺北：聯經出版。

謝國榮，2004，〈類比：解讀中國傳統文化的鑰匙〉，《東方叢刊》，49：102-116。

西文：

Fraser, C. 2020. Mohist Canons. In *Stanford Encyclopedia of Philosophy* (Winter 2020 Edition). Ed. by Edward N. Zalta, available from https://plato.stanford.edu/archives/win2020/entries/mohist-canons。最後查閱日期：2022 年 10 月 31 日。

Lloyd, G. E. R. 1996. *Polarity and Analogy: Two Types of Argumentation in Early Greek Thought*. Cambridge: Cambridge University Press.

——. 2015. *Analogical Investigations: Historical and Cross-cultural Perspectives on Human Reasoning*. Cambridge: Cambridge University Press.

——. 2017a. Fortunes of Analogy. *Australasian Philosophical Review*, 1: 236-249.

——. 2017b. Fortunes of Analogy: Replies to Commentators. *Australasian Philosophical Review*, 1: 336-345.

Needham, J. 1956. *History of Scientific Thought*. In: *Science and Civilisation in China*, 2. Ed. by Joseph Needham. Cambridge: Cambridge University Press.

Slingerland, E. 2005. Conceptual Blending, Somatic Marking, and Normativity: A Case Example from Ancient Chinese. *Cognitive Linguistics*, 16: 557-584.

——. 2011. Metaphor and Meaning in Early China. *Dao*, 10: 1-30.

Turner, M. 1997. *The Literary Mind*. New York: Oxford University Press.

Turner, M. & Fauconnier, G. 2002. *The Way We Think. Conceptual Blending and the Mind's Hidden Complexities*. New York: Basic Books.

Volkov, A. 1992. Analogical Reasoning in Ancient China: Some Examples. *Extrême-Orient, Extrême-Occident*, 14: 15-48.

Wittgenstein, L. *Philosophical Investigations* (online text), available from http://fs2.american.edu/dfagel/www/Class%20Readings/Wittgenstein/Philosophical%20Investigations%20(1st%20100).html#60。最後查閱日期：2022 年 10 月 31 日。

朱子「類推」工夫的反思

駱俊廷

壹、前言

　　在宋明理學中，朱熹對於「類推」概念的強調以及運用可謂是最複雜與精微的。具體而言，朱子將「類推」轉化為一種修養工夫，同時，「類推」也被發展為一種進學致知的手段，雖然修養工夫與進學致知是密切相連的，不過，「類推」卻為學界的研究所忽略。[1] 因此，首先我們必須提問，作為一種致知的手段，朱子的「類推」是否可以理解為類比思維（analogical reasoning）？所謂類比思維，即運用相似性原則從某事物身上「凸顯」（包含肯定或包含否定）另一事物的特性，或透過相似的現象針對不同事物的進行「歸類」。舉例而言，張三選擇相信某品牌的新產品更耐用，因為他曾經使用過這個品牌。李四和王五具有相似性格，因為我們發現他們對於很多事情的看法和反應是一致的。上述兩個例子符合我們一般常識中所說的類比或類推原則。誠然，這些例子也顯示了這種推理方式並不具備證成的有效性和普遍性，且容易出現失誤。關於類比推理，亞里斯多德在《前分析篇》第 2 卷第 24 章中也給出一個非常具體的案例：

　　例如，假設 A 表示「壞」，B 表示「對鄰邦發動戰爭」，C 表

1　如同金永植所言：「朱熹方法論的研究主要集中在修身與讀書方法上，通常忽略了『類推』方法。」（Kim 2004: 42）

示「雅典對底比斯發動戰爭」，D 表示「底比斯對福西斯發動
戰爭」。那麼，如果我們要證明對底比斯發動戰爭是壞的，我
們也必須證明對鄰邦發動戰爭是壞的，而且其證據可以從類似
的例證中得出：比如，底比斯對福西斯的戰爭是壞的。那麼，
既然對鄰邦的戰爭是壞的，而對底比斯的戰爭就是對鄰邦的
戰爭，因此，對底比斯的戰爭是壞的。現在很明顯，B 適用於
C 和 D（因為它們都是與鄰國開戰的例子），以及 A 適用於 D
（因為與福西斯的戰爭對底比斯沒有好處）；但是 A 適用於 B
將通過 D 來證明。（Aristotle, *Prior Analytics* 69a1-12）[2]

上述的案例可以還原為三段論的推論形式：

B 是 A（對鄰邦發動戰爭是壞的）

C 是 B（對底比斯的戰爭就是對鄰邦的戰爭）

C 是 A（對底比斯的戰爭是壞的）[3]

亞里斯多德在前面已經指出「A 屬於 B 將通過 D 來證明」，根據亞里斯
多德 A 是大詞，B 是中詞，C 是小詞，而類比推理的例證源自於：「當
大詞通過一個相似於小詞的詞項而被證明屬於中詞時，我們就獲得了例
證。」（Aristotle, *Prior Analytics* 69a14-5）所以，對於類比思維，亞氏
得出一個結論：「當兩者屬於同一個詞項，其中一個被知道時，則一個
例證所代表的不是部分與整體，或整體與部分的關係，而是部分與部分
的關係。」簡而言之，亞氏認為類比思維只屬於「相似性原則」之間
的推衍，因此相比起演繹推理或歸類推理，類比思維並不具備普遍有效
性。換句話說，類比思維的可靠性依賴於「兩個事物所具有的相同屬性
越多，則類比推理的結論的可靠性越大」以及「相同屬性與推出屬性的
聯繫越緊密，則類比推理結論的可靠性就越大」（劉培育 1984：255）。

2　譯文有改動，參見苗力田編 1996：235-6。

3　參見倪鼎夫 1984：240。

　　回到中國傳統，《說文解字》「類」字有「種類相佀」之意，即相類似事物之間的綜合（許慎 1978：205）。同時，在先秦典籍之中如《墨子》之中也不乏針對類比推理的專門討論（陳榮灼 1988）。然而，「類推」之「推」在古文的用法中顯然無法直接與「類比」（analogy）等同，作為動詞之「推」字經常被引申為具有推廣、開展之意。先秦儒家的脈絡中，「推」字包含了豐富的修養色彩，如《論語》所主張的「推己及人」，《孟子》強調「推恩足以保四海」，即是明證。金永植將朱子「類推」譯為 Analogical Extension，即有強調其中所具有的擴充、推展的意義（Kim 2004: 42）。同時，回到朱子的思想脈絡中看待「類推」，顯然與《大學》所謂「格物致知」相關聯，換句話，若說格物的宗旨在於「窮至其極」，則「類推」的目的則在於「豁然貫通」，兩者乃是相輔相成的。因此，除了將「推」理解為包含擴展與朝某個方向或目的前進之意，「推」是否還具備推理與比較之意，值得我們深究。

　　綜上所述，本文主要試圖透過朱熹哲學中有關「類推」的段落進行分析，以闡明朱子格物工夫中所包含的「類推」之思想。本文主要指出，一般對於朱子「類推」的理解，即強調吾人可以透過已知之事物去推衍未知（因此而明彼）以達到「貫通」的境界。顯然，對此通論性的解釋難免引起我們更多的追問，比如朱子實際上如何看待「知識」之間的推衍問題？從熟知的事物推出未知之事，其推衍之可靠性問題值得我們考究，再者，朱子所謂「未知之知」是否如同宇航員探索浩瀚寰宇，是為了發現未知的新天地？抑或只為單純從本心上講德性的體證與落實？此外，從「已知」出發的致知方法，在詮釋上，似乎與強調「以經驗事物為依據，尋找共同規律」的「歸納法」若合符節。凡此種種，有待我們回到朱熹的文本中進一步說明。

貳、「類推」與「貫通」

　　綜上所言，我們可以先在此歸結出幾個觀點，類比與「類推」是否

可直接相提並論？顯然，從部分（已知）出發去探索、擴充未知的領域可以既是類比的（相似性的東西相互啟發）亦同時具備歸納法則（從部分總結出全體），對此，在中國邏輯史相關論著中，也有學者在朱子文本中找到形式邏輯的蛛絲馬跡，主張朱子「理一分殊」思想中蘊含了演繹法與歸納法的因素。4

　　無疑，作為認知手段，朱子所謂的「類推」需要滿足「知識論」上的有效性、合理性的條件。然而，以「類推」作為手段，朱子工夫的宗旨終究而言是指向全體的「豁然貫通」，這點與從「部分到部分之間推衍」的類比思維不能等同而論。此外，作為格物工夫的「類推─貫通」所直接涉及的乃是吾人「知」（knowing）相關的問題。換言之，如何「貫通」的問題總是牽涉到吾人如何去推展吾人之知（類）。有鑑於此，本文旨在說明，朱子的「類推」雖與致知窮理有關，同時，我們也不應忽略「類推」作為一種工夫論，是「豁然貫通」的手段之一，可以說「類推」是達成「貫通」的必經之路。

參、「類推」與知的問題

　　關於「知」的問題，根據吉爾伯特・賴爾（Gilbert Ryle）的兩種區分，即分成「知道是什麼」（knowing-that）與「知道怎麼做」（knowing-how）的區分，根據賴爾，前者是屬於理智的（intellectual）涉及的是一種描述性、命題的知識，即我們能夠將所知轉化為命題表

4　相關的學者指出「這是說，不僅天地間萬物『各自個道理』，而且整體的道理在各部分（如房屋中有廳有堂）有其特殊性，類屬（一般）的理在各個種（特殊，如木有桃有李）、各個個體（個別，如眾人有張三有李四）也有特殊性。這樣講『理一分殊』，就把天地分化為萬物、整體為部分、類屬分為種或個體等都包含在『分殊』意義之內〔……〕正是在這個意義上說，朱熹的『理一分殊』說中的這種合理的因素，是他闡述的歸納法和演繹法的理論依據。」（溫公頤、崔清田編2001：257）這些說法在論證上似乎過於簡略，且往往失之武斷。

達，如指出椅子有四條腿；而後者屬於智能的（intelligent），即是一種實踐性知識，其未能夠直接轉化為命題知識，如操作複雜的器械。賴爾表示，我們不能不經反思就以『『理智的』來定義『智能的』或者用『知道什麼』來定義『知道怎麼做』。『思考我所做的事』並不意指『既思考做什麼，又真正去做它』。」（'Intelligent' cannot be defined in terms of 'intellectual' or 'knowing how' in terms of 'knowing that'; 'thinking what I am doing' does not connote both 'both thinking what to do and doing it'.）（Ryle 2009: 20）[5]

賴爾舉出生活中的例子來說明實踐並非是理論的屬從，首先，智能的實踐往往還未具有對於規則的反思，比如一個機智幽默的人雖然懂得說笑話，但卻無法告訴人們說笑話的秘訣或總結出如何說笑的法門（Ryle 2009: 20）。準此而論，根據賴爾兩種關於「知」的區分，我們首先可以問的是，朱子「類推」中的「知」究竟為何？對此，我們不妨先初步考察一下朱子對於「類推」的說法：

> 若其用力之方，則或考之事為之著，或察之念慮之微，或求之文字之中，或索之講論之際，使於身正性情之德，人倫日用之常，以至天地鬼神之變，鳥獸草木之宜，自其一物之中，莫不有以見其所以然而不容已，與其所以然而不可易者，必其表裏精粗無所不盡，而又益推其類以通之，至於一旦脫然而貫通焉，則於天下之物皆有窮其義理精微之所極，而吾之聰明睿智亦皆有以極其正之本體而無不盡矣。[6]

上述這段引文，有幾個要點值得注意，其一，引文的宗旨，顯然符合朱子所謂「理一分殊」的立場。其二，朱子所謂「推其類以通之」實際上屬於格物（必其表裏精粗無所不盡）以後的步驟，具體而言，朱子認為

5　中譯參見吉爾伯特・萊爾 1993：28
6　《朱子語類》，卷18，《朱子全書》，第14冊，頁618。

同一類的事物首先具備了「表裏精粗」可以去辨別或認知，首先在事事
物物皆有理的觀念中，朱子認為吾人應該先從事物中分辨其「所以然」
之理，而對於不同「類」事物之所以然之理之掌握，則能有益於「推其
類而貫通」。[7] 對此，朱子很明顯扣緊《大學》所謂「物格而後知致」的
步驟而言。此外，我們也可見朱子時時以「類推—貫通」為一組而論，
無疑「類推」是達到「貫通」的必要手段而已。

　　此外，雖然上述引文中涉及的「類」之內容非常廣泛，包含了文
字講論、人倫日用、天地鬼神、鳥獸草木等，然而，不難發現，朱子所
引的眾多事物雖然包含了我們所知的自然領域、人文（文化與語言）領
域中的事物，但對朱子而言，它們都是以「理」作為其根源，因此，只
有在吾人的工夫實踐中才能將其統攝為一理之中。我們可以說，在這裡
「類」似乎不是一種抽象地命題化的類別，換句話說，朱子關注的焦點
並非分辨或尋找「屬加種差」特殊的「類」，比如先找出人的屬概念，
如動物，再加上種差，如具備德性能夠推己及人。相反，朱子的「類」
依據的是當時的生活世界的區分，相當程度上，朱子真正關心的並非是
「類」之別，而是「理」之同，也因此，我們可以說朱子所主張的「類
推」也由始至終都沒有發展出任何形式邏輯。

　　換言之，朱子並未要將「類推」變成一種歸納法則來認識理，如同
我們說明冰是冷的，則能夠試圖「推出」所有的冰都是冷的這一普遍命
題。事實上，朱子在許多地方都表明從本體論而言萬物無不由「理」構
成，因此吾人可以在事事物物中辨識其所以然，然而，為了避免「理」
淪為空洞的概念，朱子則又強調在修養活動之中也要能察識到事物的殊
別性、多樣性與差異性，不能硬要捏合其為一，他指出「但求眾物比類

7　實際上，朱子並沒有在概念上嚴格區分「格物」和「類推」的異同，然而，我們
　可以指出，格物和類推在工夫論上乃是相輔相成，格物在運用上強調的是針對單
　一對象或某一類事物之具體展開，而類推往往涉及兩樣（不同類之間）以及整體
　面的展開。

之同，而不究一物性情之異，則於理之精微者有不察矣。不欲其異，而不免乎四說之異。必欲其同，而未極乎一原之同，則徒有牽合之勞，而不睹貫通之妙。」[8] 這一句話表明朱子所持「中庸」的立場，既避免過度理性化分辨，而忽視德性（性情之異），同時，也要避免淪為化約主義的弊病。其三，「類推—貫通」涉及外在眾理（天下之物）與內在價值（本體）之間的辯證關係，換言之，在朱子而言，「理」無法離開具體的現實事物而能顯現其真實性，因此，對朱子而言，對於事物的「仔細分辨」是必要的，且其與對本心的覺察並行無礙。如朱子自己所強調「一旦豁然貫通焉，則眾物之表裏精粗無不到，而吾心之全體大用無不明矣」。

　　在這個意義上，雖然朱子「類推」包含了「知」或「覺」的層面，但首先，它並非是一種命題的知識，即知道什麼（knowing-that）之知，朱子強調所謂「推其類以通之」更重視一種「了解同時也是轉化行為」（knowing as a transformative act）的「體知」（杜維明 2002：371）。如同金永植所指出「人在格物中所獲得的結果並不是關於理的知識，而是對它的一種洞察。在這個意義上，心得到諸物之理是心之理與物之理的一種『共鳴』。」（2014：35；Kim 2004: 44）

　　在朱子而言，這種「共鳴」絕非一種大徹大悟的體驗，朱子嚴厲反對將「豁然貫通」視為悟，他指出：「看來所謂『豁然頓悟』者，乃是當時略有所見，覺得果是淨潔快活。然稍久，則卻漸漸淡去了，何嘗倚靠得！」[9] 可見，朱子所謂豁然貫通絕非瞬間性（suddenly）而是如同陳榮捷所指出意指開大、開明之意（1988：341）。準此而論，我們在此可以先做出一個小結，即就「類推—貫通」而言，「貫通」並非頓悟，而是「類推」之有助於吾人之「知」之延展與深化，同時也能產生使心靈之開闊、光明之功效。對此，接下來是，我們將繼續說明朱子思想中

8　《大學或問（下）》，《朱子全書》，第 6 冊，頁 530。
9　《朱子語類》，卷 114，《朱子全書》，第 18 冊，頁 3619。

「知」的問題，以及朱子如何看待具體的「類推」活動？怎麼樣的「類推」才能夠達至「豁然貫通」的境界？

肆、朱子對於「知」的相關學術討論

顯而易見，上述種種問題都涉及到朱子的格物窮理工夫中「知」的問題。然而，在「知」的問題上，學界的見解並不一致。對此，牟宗三指出，朱子的格物致知是一種外在的「橫攝」關係，即主張朱子是以認識知識的方式去認識道德，由此，其採取的工夫乃「順取」的方式，即著眼於外在世界去獲取客觀的理，而忽略了源自本心的道德價值，故只能屬於他律道德（2008〔1969〕：391-2）。

與牟氏不同，楊祖漢重新借用了康德哲學的理論資源，認為程伊川與朱子重視格物致知是為了要克服「自然的辯證」（人欲）以確保常知進入「真知」（2011：190-1）。與此同時，賴柯助也主張朱子的格物工夫並非向外認識道德，而所謂「致知」其實是致「已知之理」，由此說明朱子的格物工夫的內涵屬於反省型態。故能從道德的「常知」推出「真知」。[10] 上述三位學者傾向於從知識論的層面入手，闡明朱子「知」的條件，其中他們質問道德（本心）是本具或從經驗習得，其是否能成為主體實踐時的保證（牟氏認為不能，後二者認為可以）。此外，也有學者從「貫通」本體論、工夫論的層面切入，如楊儒賓研究強調格物窮理工夫所具備感悟的一面，其中朱子的豁然貫通其實是一種「本體的追求以及有限的人可以體證無限」，這種本體的特殊體驗是透過日常格物

---

10 「朱子認為行動者必作『格物工夫』，使其對道德的實踐理解從『常知』上升至『真知』。『常知』與『真知』的區分是：常知：行動者對道德的實踐理解是未經道德反省的一般理解，僅能在無實踐衝突的道德處境中給出一般的『常知義行動理由』，具實踐的局限性；真知：行動者對道德的實踐理解是經道德反省的真切理解，能給出『知行一致的行動理由』，即『真知義行動理由』，以回應道德抉擇。」參見賴柯助 2016：72。

工夫的持續而達到一種「異質的跳躍」（2002：223）。換言之，楊儒賓將朱子的豁然貫通理解為一種儒門的悟道經驗。

另外，陳來則仔細區分了「貫通」與「眾表裡精粗無不到」，他指出前者是透過反復格窮才能從一般個別的殊相上升到普遍之理，而後者則是在貫通之後，仍有未盡眾理需要進一步「類推」的累積，再度貫通，如此反復才算完成知致物格的境界（1993：230）。與陳來不同，唐君毅認為格物旨在將抽象普遍之善道落實在具體情境之中，再者，「貫通」是物格後的一種實感（真實感受）「有此豁然貫通之實感，而知及此善道，而吾得循此道心盡心，即心之全體大用之明」（1984：394）。顯然，唐氏的說法兼顧了對於格物窮理過程中對理的反省層面與道德主體在現實活動中轉化與實踐的層面。同時，也有論者指出，朱子的豁然貫通，雖然是對超越而非現成內在於吾人心中之理之體會，然而，透過思慮所得於吾人心知之中，亦可以「由知之真而達行之切」（楊得煜2012：11）。

綜合而言，學界關於朱子格物窮理方面的探究，主要從兩個方面切入，一者，主要從知識論方面來反省朱子「知」的形態；一方面則傾向從本體—工夫論層面探究朱子「貫通」的具體內涵。然而，我們也不應忽略朱子「類推」的複雜性，「類推」在朱子思想中的運用往往兼具知識論和本體論的層面。

伍、「類推」的應用

接下來，我們進一步探究朱子文本中「類推」的具體用例。深入文本用例，我們發現，朱子的「類推」主要涉及幾層面：首先，關於「類推」的用例中，可以用朱子自己的話作為概括：「問以類而推之說。曰：『是從已理會得處推將去。如此，便不隔越。若遠去尋討，則不切

於己』。」[11] 這段話的關鍵在於如何從「切己」之處出發去「擴充」其知，此一目的乃為了熟能生巧，換言之，為了獲得工夫，主體必須投入不斷的練習之中，在實踐中不斷累積經驗以臻於完善。

對此，我們認為這種「類推」實際上乃是一種「知道如何」（knowing-how）之實踐知識。[12] 再者，從朱子生動的例子中，我們將看見工夫主體如何在實踐活動之中一步步摸清事物的理路和來龍去脈，且能夠透過不斷練習達到臻善的地步：

> 正如入仕之初看公案，初看時自是未相諳，較難理會。須著些心力，如法考究。若如此看得三五項了，自然便熟；向後看時，更不似初間難，亦可類推也。又如人要知得輕重，須用稱方得。有拈弄得熟底，只把在手上，便知是若干斤兩，更不用稱。此無他，只是熟。今日也拈弄，明日也拈弄，久久自熟。也如百工技藝做得精者，亦是熟後便精。[13]

公案的案例說明了工夫由「生」到「熟」的轉換。值得玩味的是，引文中朱子一再強調「熟」字，朱子也具象地指出，我們要「把在手上，便知是若干斤兩」，即從身體力行中一步步去發展、把握才能有所收穫。事實上，朱子所謂「熟後便精」之意無它，正是積習之結果，朱子在其他地方也強調積習的重要性，「『積習既多，自然脫然有貫通處』，乃是零零碎碎湊合將來，不知不覺，自然醒悟。其始固須用力，及其得之也，又却不假用力。此個事不可欲速，『欲速則不達』，須是慢慢做

11　《朱子語類》，卷18，頁627。

12　關於實踐知識，賴爾一再提醒我們切勿陷入一種理性主義的謬誤，即認為在任何行為以前總是以一項某個規範性命題為先導。換言之，實踐知識更多的是一種做事的智慧而非反思得來的命題知識或規範原則（Ryle 2009: 19）。

13　《朱子語類》，卷118，《朱子全書》，第18冊，頁3729。底線強調為筆者所加，下同。

去。」[14] 顯然，朱子一再地指出所謂開始費力，而後則能在「不知不覺」間領悟箇中妙趣。事實上，這個「由生轉熟」的工夫乃是朱子成聖之學的關鍵，藤井倫明認為「經過『熟』，常人方可『化』為聖人。由此看來，『聖人』與『常人』的差異也可以說就是在於『熟』與否，以及『熟』與『生』（不熟，未熟）的差別」（2011：15）。此外，這種「成熟」工夫時常被朱子比擬為一種植物的栽培，因此其內部的發展和成熟條件往往需要等候以及耐心，如同藤井倫明指出此一工夫不是「單純的『意識性』行為；而是以『自然』為志向的『意識性』行為—此種具有非常複雜且微妙性質之概念」（2011：53）。

　　事實上，筆者認為透過英國哲學家麥可・波蘭尼（Michael Polanyi）所謂「意會知識」（tacit knowledge）有助於我們理解朱子類推工夫中藤井氏所謂「複雜微妙」的概念。[15] 波蘭尼指出一個基本的事實，即「我們所知道的比吾人所能說出的更多，這過於明顯的事實並不容易精準說出其意涵，舉例而言，我們認識一張臉孔，我們可以在一千人，甚至一百萬人之中辨識出這張臉孔，然而，我們通常無法知道我們究竟是如何識別這張臉的。」[16] 顯而易見，「意會知識」即建立在我們所知道、所熟知的事物比我們實際能說出的更多（只能意會不能言傳），

14　《朱子語類》，卷18，頁601。

15　關於 tacit knowledge 一般翻譯成「意會知識」強調其默示、不明言、不可言傳的面向。筆者在此參考張一兵的翻譯，認為「意會」一詞較能突出其「只可意會不可言傳」、「心領神會」的意涵，在詮釋上也更接近中國傳統工夫論的主張。張一兵指出：「Tacit 一詞的具體在場，遠遠走出了非言傳的認知活動，它可以是行為中的慣性技能、藝術創造中的靈感和科學研究中的創造性直覺，更重要，Tacit 是一種場境突顯中呈現的心領神會，所以，考慮再三，我還是將其譯為『意會』」（2021：11）。

16　Polanyi 1966: 4。原文如下："We can know more than we can tell. This fact seems obvious enough; but it is not easy to say exactly what it means. Take an example. We know a person's face, and can recognize it among a thousand, indeed among a million. Yet we usually cannot tell how we recognize a face we know."

而這些熟知往往來源自積累與涵養的過程。[17] 雖然，在某種程度上，這些「熟知」無法直接轉化為命題知識或抽象原則，而在實際運作中卻能卓有成效地表現出來，對朱子而言，這種意會知識使得「類推」得以展開。[18]

對此，我們可以再看一個朱子關於「類推」的用例：

「既是教類推，不是窮盡一事便了。且如孝，盡得箇孝底道理，故忠可移於君，又須去盡得忠。以至於兄弟、夫婦、朋友，從此推之無不盡窮，始得。且如炭，又有白底，又有黑底。只窮得黑，不窮得白，亦不得。且如水雖是冷而濕者，然亦有許多樣，只認冷濕一件也不是格。但如今下手，且須從近處做去。若幽奧紛拏，卻留向後面做。所以先要讀書，理會道理。蓋先學得在這裏，到臨時應事接物，撞著便有用處。且如火爐，理會得一角了，又須都理會得三角，又須都理會得上下四邊，方是物格。若一處不通，便非物格也。」又曰：「格物不可只理會文義，須實下工夫格將去，始得。」[19]

17　波蘭尼在其巨著《個人知識》中再度說明了類似的例子：「我可以騎上自行車且一言不發，或在二十件雨衣中挑出我自己的那一件且一言不發。雖然我無法清楚地說出如何騎自行車，也不能清楚地說出我如何認出自己的雨衣（因為我並不清楚地知道），然而這並不妨礙我說我知道如何騎自行車，如何認出自己的雨衣，因為我知道我完全清楚地懂得如何做這樣的事情，雖然我對我知道的東西的細節只按工具的方式知道並在焦點上忽視了這些細節。所以，我可以說：**我知道這些東西，儘管我無法清楚地說出或幾乎無法說出我知道的是什麼。**」（粗體為筆者所加）參見邁克爾·波蘭尼 2000：131。

18　公案的例子很可能源自於朱子個人擔任地方官的經驗，然而，我們必須注意，朱子運用類似案例時，並不是強調吾人如何運用推理邏輯去獲得真正的知識或某些事物的法則，朱子類似的案例都在強調如何透過積累，從中轉化出更完善的工夫：「如一百件事，理會得五六十件了，這三四十件雖未理會，也大概是如此。向來某在某處，有訟田者，契數十本，中間一段作偽。自崇寧、政和間，至今不決。將正契及公案藏匿，皆不可考。某只索四畔眾契比驗，前後所斷情偽更不能逃者，窮理亦只是如此。」（《朱子語類》，卷 18，頁 602-3）

19　《朱子語類》，卷 18，頁 604。

上述引文的案例，我們發現，其一，「類」並不是吾人透過理智自由予於命題化的「類」，換句話說，根據朱子，「類」主要是按照儒家經典（如《四書》）中的德目，如忠孝仁愛，修身齊家治國等。[20] 引文中的「類推」即要求我們從一給定的「類」（孝）之中擴展到另一者（忠），顯然，上文所指涉的如君臣、父子、兄弟、夫婦、朋友都是儒學核心倫理關懷，並非朱子之創新，朱子的洞見在於，按照這一德目（「類」）發展出一個有步驟的工夫論，且指出「類」與「類」之間可以透過「推」至「貫通」，簡而言之，朱子所謂「類推」在此既包含了道德實踐行為本身以及在不同的道德實踐活動中產生新的領悟與省思，根據安靖如（Stephen C. Angle）所區分朱子關於「知」的三種形態，有助於我們理解實踐主體在活動中逐漸產生理解的過程：

類型一，知道事物應遵循的規則。

類型二，知曉孤例應當如何，並且不由自主地遵循它。

類型三，覺察到事物現狀根本原因與基礎，並且對任何狀況都做出反應。[21]

顯而易見，安靖如所區分的三種類型的「知」都屬於「知道如何做」（know-how）的範疇。[22] 首先，若將「孝」作為一可「窮」之「類」，在

20　朱子在其他地方也一再強調這些德目作為類推的重要性：「『比類，莫是比這一簡意思推去否？』曰：『固是。如為子則當止於孝，為臣當止於忠，自此節節推去。然只一愛字雖出於孝，畢竟千頭萬緒，皆當推去須得。』」（《朱子語類》，卷49，《朱子全書》，第 15 冊，頁 1659-60）。

21　Angle 2018: 176。原文如下："Type one: One knows a rule to which things should confirm. Type two: One sees an isolated instance of how things should be and cannot help but follow it. Type three: One awakens into the underlying reason or basis why things are as they are and responds apply to whatever situation one encounters."

22　值得留意陳榮灼對朱子認識論的區分與安靖如不同：「K1：當看到一個所當為的具體的情況時，即『不容已』地立刻行動。K2：人之掌握事物的『本質』

盡孝之時，有許多具體的、實踐上的細目和面向，如同火爐有不同的角度可以採取不同的觀察視角，這一具體的細目可以按照一定的步驟進行（格物），換言之，此時實踐主體的認知形態乃仍屬於「類型一」與「類型二」的階段。同時，朱子反對「窮一事便了」，即只針對某一事物深入實踐而造成有所偏的情況，因此，朱子在重視針對個別「類」的實踐當中，又強調吾人要能往「類」與「類」之間「移」。

由此可見，「類推」的宗旨有於幫助實踐主體從實際的道德行為中去掌握整體的面貌（理）或把握實踐活動中之整體意涵，而這一「整體的把握」又能夠在行動得到落實，如同「類型三」所指出：「察覺事物現狀根本原因與基礎，並且對任何情況都做出反應」，而且吾人對此一整體之呈現往往離不開具體事物的各種「表裏精粗」。朱子說「且如炭，又有白底，又有黑底。只窮得黑，不窮得白，亦不得。且如水雖是冷而濕者，然亦有許多樣，只認冷濕一件也不是格。」在上述的譬喻中，朱子明顯重視吾人如何對具體事物能夠仔細地「辨別」（如水有濕冷，如炭有黑白）之重要性。

對此，從波蘭尼「意會哲學」來反思，他指出我們並非純粹地感知或學習，而是在某個背景和某脈絡底下去感知、學習，我們的知識往往是透過「非明示的知」（non-explicit knowing）為基礎。換言之，在實踐之中我們具備了兩種意識：支援意識（subsidiary awareness）和焦點意識（focal awareness），我們必須依靠另一物的支援意識來意識某一物。支援與焦點意識的功能關係，波蘭尼稱之為「轉悟知識」（from to-knowledge）（1984：36-8）。波蘭尼關於盲杖探路的例子，很好的說明了這點，盲人以杖探路一開始感受到的是手杖把握在手上的感覺，再由探

<hr />

（essence／Eidos）（物理、事理）。K3：人能夠發現事物背後的『所以然之故』，因而能夠終極地說明整個世界的可能性之基礎。K4：人知道『所當然之則』，從而使得一己的行為能夠合理，而在不同的特殊環境中真正落實其用。」陳榮灼認為我們應該關注朱子格物工夫中更根源性的乃是先於反思（pre-reflective）不容已的面向。參見陳榮灼 2021：12。

路之中由手杖另一端接觸外在事物，將傳到手上的以及傳到握杖之掌心肌肉上的震動再度轉變成對杖尖所觸物的意識。誠然，這一過程少不了「支援意識」對於「焦點意識」的輔助與轉換。

換句話說，所謂「轉悟知識」即是在「支援—焦點」的互補之中從「局部」摸索出「整體」的意義。這一「整體的把握」，如朱子所言，常常是在「不知不覺」中領悟的。波蘭尼也印證了這一見解，他指出「人們經常能在注意力從未聚焦細部的前提下理解整體。我們僅是從這些細節結合之後所具備的意義着手，附帶地體知到這些細節，但並不知道這些細節本身究竟是甚麼」（李白鶴 2009：41-2）。舉例而言，如學習外語，吾人一開始面對的只是書本上陌生的文字符號，透過學習（如查字典）吾人初步掌握了單詞的含義，然後經過學習與累積，這些符號和單個字義才從「焦點」轉為輔助，而最終在閱讀的當下，印刷的符號和單個字義對我們而言不再重要，我們的「焦點意識」轉為對文義的理解。

準此而論，朱子「類推」的案例中之所以認為在「窮盡」一事理（如盡孝）後有助於其他德目之間的推移，其用意即在此，對於更多細節的熟知則能夠援助我們對於「整體」更豐富的掌握。所以，朱子認為，我們對於孝的掌握越深，則越能輔助我們對於「盡忠」之功效。我們不妨再看一個「類推」的案例。朱子說：

> 直卿問：「是理會得孝，便推去理會得弟否？」曰：「只是傍易曉底挨將去。如理會得親親，便推類去仁民，仁民是親親之類。理會得仁民，便推類去愛物，愛物是仁民之類。如『刑于寡妻』，便推類去『至于兄弟』；『至于兄弟』，便推類去『御于家邦』。如修身，便推去齊家；齊家，便推去治國。只是一步了，又一步。」[23]

23　《朱子語類》，卷49，頁1661。

朱子這段話和前面的引文所指達到相似，即強調從「熟知」出發，一步步推出去。值得注意的是，朱子在這裡面也有強調「相似性」的「類推」：如親親是仁民之「類」，愛物是仁民之「類」等等。然而，我們可以追問這裡的「類推」是否為一種類比思維？或者類比推理？

對此，我們的答覆如下：其一，朱子的目的不在於透過類比思維得出新知，如指出：親親是善的，所以與親親有著「相似」屬性的仁民也是善的，朱子在此並不是要追問何謂善，因此他並沒有發展出類似亞里斯多德的三段論的推理形式。其二，對朱子而言，雖然我們可以說「兩個事物所具有的相同屬性越多」則表示它們在「類推」之時的成效越好，然而，從「意會哲學」的觀點出發，事物之間的「類推」乃是建立於支援與焦點意識的「轉換過程」。綜合而言，對朱子而言「類」與「類」的關係並非單純能夠在一「邏輯關係」中獲得，相反，朱子從存有論（ontology）出發，要求「類推」能夠「即事窮理」且能達成「理事無礙」之境。因此，「類推」之「相似性」只是就工夫論步驟而言之，從存有形態而論，則事事物物無不在「理一分殊」之中。

陸、類推的方法：
自上面做下去，自下面做上來

雖然朱子「類推」具有實踐上的有效性，但是對於天地萬物全體之間，尤其涉及到不同「類」之間是否可以推演的問題，值得進一步探究。首先，上文已經交代了「類」與「類」推移的可能性，然而，對於不同「類」之間對朱子而言都包含在「理」的範疇之下，從「類推」工夫而言，我們如何從一「類」如齊家治國到另一「類」如草木鳥獸之間推出？再者，朱子前面所舉的例，如火炭、水、火爐這三種不同的「類」之間是否也能夠「推」呢？

對此，楊得煜進一步區分「類推」和「積累」之不同，值得我們參考：「類推是一縱貫式的、層層進升的推進，其推進是『限定在同一類』

的事物之中；然而，積累是水平式的、橫面的工夫，其對象是『類上的不同』。朱子同這種縱貫與橫面，經緯交涉的工夫，最終達到豁然貫通境界」（楊得煜 2012：11）。顯然，朱子實際上並沒有很嚴格區分這兩種概念，實際上，朱子並不真正關注不同「類」事物能不能「推」，雖然，按照楊氏的說法，不同類別的事物，吾人可以分別格之，再一一「積累」，最終方能獲得全體的貫通。對此，筆者大抵表示贊同。除此之外，我們也應該注意，在方法論上，朱子也將「類推」分為「從上做下來」與「從下做上去」兩種方法：

> 大凡為學有兩樣：一者是自下面做上去，一者是自上面做下來。自下面做上者，便是就事上旋尋箇道理湊合將去，得到上面極處，亦只一理。自上面做下者，先見得箇大體，卻自此而觀事物，見其莫不有箇當然之理，此所謂自大本而推之達道也。若會做工夫者，須從大本上理會將去，便好。[24]

上文可見，前者強調「具體的展開」，而後者則傾向於「抽象的展開」，換言之，「自下做上」的方法屬於我們前一節所說的「類推」，即要求吾人從殊相入手，從近處做出去，日格一物，透過積累進而熟能生巧，使得工夫的主體達成轉化。至於「自上做下」則主張吾人要能夠「自大本而推達道」，這裡的「大本」乃意指「天理」而言，某種意義上，後一種方法，強調從「抽象」（大本—天理）處展開，並且落實於「具體」事物之中。[25]

顯而易見，朱子這兩種「類推」方法的描述似乎有辯證法的色彩，

24　《朱子語類》，卷 114，頁 3618。
25　上述兩者方法與林維杰對於朱子「格物」和「致知」的區分相類似：「致知並不只是格物過程的一個結果，它可以意指兩者：作為結果，它是格物過程的目的；作為工夫，它與格物過程站在不同的兩端，格物是探究事物以獲得知識並進而反明本心，致知則是把本心所具（已知）之理推展到事物上而體會事物之理。」（2008：19）在這裡，格物符合自下而上的方法，而致知則傾向於從大本推出。

然而，這裡牽涉到的乃是「類推―貫通」的過程中，外在眾理（天下之物）與內在價值（本體）之間的辯證關係，換言之，在朱子而言，「理」無法離開具體的現實事物而能顯現其真實性，因此，對朱子而言，對於事物的「仔細分辨」是必要的，且其與對本心的覺察並行無礙。如朱子自己所強調「心與理一，不是理在前面為一物。理便在心之中，心包蓄不住，隨事而發。」[26] 此外，朱子強調格物之時必保持心之靈明，千萬不能在這一過程中使得心靈昏了，所以朱子一再指明「然或不知此心之靈，而無以存之，則昏昧雜擾，而無以窮眾理之妙，則偏狹固滯，而無以盡此心之全。」[27] 接下來，我們將說明「貫通」與「理」之間的關係。

柒、如何「貫通」：
「類推」與「理」的融貫性

朱子哲學中預設了所謂「理一分殊」的架構，其中萬事萬物無不蘊含一普遍的「理」，安靖如指出「理」一概念所具備的豐富面貌之一，即有所謂聯結性或貫通性（coherence）的特點，因此，他將「理一分殊」之意涵理解為 "coherence is one and distinguished into many"，意即「天地萬物之間或意義價值之間可以相互融貫或連結為一和諧有機整體，且能被理解，而且有價值的形式或特性」。[28]

安靖如的說法可以在朱子在《大學或問》中一段話獲得佐證：

問：「格物當窮究萬物之理令歸一，如何？」曰：「<u>事事物物各自有理，如何硬要捏合得</u>！只是才遇一事，即就一事究竟其理，<u>少間多了，自然會貫通</u>。如一案有許多器用，逐一理會

---

26 《朱子語類》，卷5，《朱子全書》，第14冊，頁219。

27 《大學或問（下）》，頁528。

28 Angle 2009: 44；另外參見陳振崑 2013：32。

得，少間便自見得都是案上合有底物事。若是要看一件曉未得，又去看一樣，看那箇未了，又看一樣，到後一齊都曉不得。」[29]

上述可見，朱子舉桌子作為譬喻來說明他對於「理一分殊」的理解。試析如下：其一，朱子在文中非常強調直觀（看）的重要性。[30] 其二，作為案上的事物，如筆、墨硯、書本都是「個別事物」，當我們一一去理解，則會發現這些器用都為案上所有，換言之，它們都可以融貫為一整體。我們可以從分疏的層面來理解個別事物的特殊性，如筆之為筆，紙之為紙，然而桌子上所陳列的器用實際上都包含在整體的意義的連貫性之中，都是作為整體的部分。

事實上，正如蔡美麗所指出，朱子的「格物致知」和胡塞爾的「本質直觀」（eidetic seeing）有不少可以相提並論之處。所謂本質直觀，強調的是一種「對普遍之物的感知」。[31] 首先，朱子和胡塞爾都旨在尋找事物的「本質結構」。同時，如同前面所說，這一「本質結構」乃是從具體事物中「類推」，且不期然而然掌握的。上述引文朱子所謂「少間多

29　《大學或問（下）》，頁 525。

30　馬愷之的研究也指出了直觀在朱子哲學中的重要性：「細讀相關的文獻，我們也不難發現，朱熹根本不預設或探索說明『反覆辯證的理性』（discursive reason），反而強調直觀的作用：他討論『存心』、『格物窮理』等工夫時喜歡用『觀』、『看』、『見』等視覺方面的動詞，有如『見得道理分明』、『徹骨都見得透』等說法。〔……〕『觀』、『看』、『見』等動詞指向實踐主體的直觀功能，也指向一種內在體驗。」參見馬愷之 2019：136。

31　關於本質直觀，請參見倪梁康所編寫的條目：「現象學的本質直觀（觀念直觀）概念起源於對胡塞爾在《邏輯研究》中所採用的直觀概念的擴展。在個體直觀的基礎上，一個普遍性意識在『觀念化的抽象』中構造起自身，在這個普遍性意識中，這個個體之物的『觀念』，它的『普遍之物成為現時的被給予』。在這個普遍性意識中，相對於同一種類個別因素之雜多性，這個種類本身被看到，並且是作為同一種類被看到。這種觀念、種類——胡塞爾後來也說，這種本質——的被給予不是一種『符號性思維』，而是一種『直觀』，一種『對普遍之物的感知』。就其起源而言，本質是一個新型的對象，它的存在方式被規定為觀念性（全時性）。」（2016：563）

了，自然會貫通」，直觀的重要性在此也表露無疑。蔡美麗認為，若將朱子格物工夫置放在胡塞爾「本質還原」（eidetic reduction）的立場來詮釋，我們將發現：

> 通過格物，就是說通過對意識對象種種本質的研探，人類所求獲的事物的「型相」、「理由」，而這些「型相」,「理由」所彰顯出來的，其實不外乎是我們認知主體詮釋組織對象的理路，或者說，認知主體通過認知作用而投播在對象之上的心中之理。[32]

在胡塞爾「能識—所識」（Noesis-Noema）的結構中，事物的結構以及意義，不外乎是認知主體組合架構事物、詮解事物、解釋活動的「客觀化呈現」，也因此「萬物之理的太極，亦不外是認知主體將萬物以單一，基本理念統合為一圓融體系的至高統合作用之客觀化呈出」（蔡美麗 1991：319）。換言之，朱子所謂心之理與眾物之理實際上只是一體兩面，在這個意義上，我們也不難理解朱子對於《大學》格物的宗旨：「一旦豁然貫通焉，則眾物之表裏精粗無不到，而吾心之全體大用無不明矣。」[33]具體而言，貫通乃是指心之理與物之理的「共鳴」（金永植語）。

　　綜上所述，從知識論的角度而言，套用胡塞爾的「本質還原法」有助於我們釐清朱子心之理與物之理之間的辯證關係，同時也有助於說明，朱子格物致知中所謂「類推」並非一經驗科學或形式邏輯中的類比推理。無論如何，後者的目的，更多的是要從推論中獲得假說或經驗，而朱子「類推→貫通」所指涉的乃是價值層面的，即對於「理」的領悟。同樣的，從「類推→貫通」的工夫論模式而言，朱子始終傾向「具

32　值得留意，朱子所謂「所覺著心之理，能覺者氣之靈」與胡塞爾「能識—所識」有不少相應之處。參考蔡美麗 1991：316。
33　《大學或問（下）》，頁20。

體性思維」的立場，同時也反對對於理的空洞抽象的理解。[34] 朱子與強調「知識如何可能」的胡塞爾不同，朱子重視的是如何在事物之中實踐和印證「心之理」與「物之理」的「貫通」。

捌、小結

綜合而言，對朱子而言「類推」顯然不同「類比推理」，後者所著重的乃是修辭學上的論證力量（argumentative power）或言效力（performative effect），而「類推」重視的是吾人在具體事物中「覺知」（awareness）到整體（吳展良編 2010：70）。對此，本文透過賴爾與波蘭尼的分析，我們可以更清楚的把握朱子思想中「類推」工夫所蘊含在「實踐之知」上的用意。同時，胡塞爾的「本質還原法」也給予我們全新的視野釐清朱子「豁然貫通」的意涵。簡而言之，朱子「類推」在方法論上可謂是相當完備，尤其兼顧了細節和整體，具體和抽象的層面。

總之，「類推」是進入儒家經典與個人德行生活的必要手段，同時「類推」與體證吾人本心也具備「相互因果性」，換言之，「類推」與德行生活是相連的，朱子相信以「類推」作為橋樑，則眾物與本心可以相互印證和啟發，「類推」不能脫離體證本心；同時，本心之體證也依賴於「類推」之展開。[35]

34　有關「具體思維」筆者根據林啟屏的定義：「此種『道德主體』之所以真實，即是由於『道德情感』與『道德法則』合一在『具體經驗』中，方可證成。任何捨棄『具體情境的臨在感』，均容易割裂『主體』，使之成為『客體化』的對象，進而喪失真實性。」（2004：8）

35　皮埃爾・阿多（Pierre Hadot）關於古希臘羅馬哲學的研究給予我們不少啟發，阿多指出，雖然「哲學生活」和「哲學論辯」不具備可通約性，然而，對古希臘羅馬哲學家而言，這兩者卻有著「相互因果性」，他說：「沒有配得上哲學的論辯，如果它脫離生活的話；除非直接與生活論辯相連，才會有哲學生活」。對阿多而言，一個哲學家需要為自己的生活選擇做出論辯；論辯也決定了其生活選擇。另外，古希臘羅馬哲學家也進一步將論辯作為一種自我教育、心靈治療的手段，其

　　此外，「類推」具備了豐富的「方法論」色彩，作為一種致知方法，朱子認為「類推」有助於推展不同的德目。同時，也能夠落實吾人之心性，從功效而言，「類推」也避免了格物工夫流於瑣碎，今日格一物，明日格一物的無止境的地步。雖然，放在今天的角度看，朱子的「類推」工夫或許仍囿於儒家傳統及經典的框架（framework）之中，然而，我們也不應忽略朱子「類推」工夫所具備的價值，其中「類推」所具備的「將兩個不同事物之間發生相互貫通或轉化」可為給予當代人不少的啟發。好比一位書法家，此前已經從創作實踐和理論方面掌握了「力」是什麼，然而，透過學習武術，他能夠更深刻地領悟力的變化、輕重等等，透過向不同、更多的「類」推展，其對於「理」（力）的掌握則更豐富更深刻。準此而論，朱子的「類推」強調了吾人如何從眾事物中窮理之可能，同時在方法論上也避免了吾人「理論與經驗」孰輕孰重的困局。總之，「類推」工夫給予當代人如何獲得更協調、更完滿的生活一個值得借鑒之處。

真正的目的在於：「造成靈魂的一種體征，或引起自我的一種轉變」。顯然，「類推」與「哲學論辯」有所不同，但是，作為一種在實際中轉化自我的方法卻有異曲同工之妙！對於朱子而言，其所論的格物致知總是圍繞讀書、做人、做事等具體德行生活的內容展開。對此，我們可以說，朱子之「類推」始終是為更好的德行生活而準備的，故「類推」不會淪為向外求而喪失本心之地步；同時，「類推」也避免了囿於內在良知體證忽略外在事物的封閉性。皮埃爾・阿多 2017：240。

參考文獻

中文：

皮埃爾・阿多，2017，《古代哲學的智慧》，張憲譯，上海：上海譯文出版社。

吉爾伯特・萊爾，1994，《心的概念》，劉建榮譯，臺北：桂冠圖書。

牟宗三，2008（1969），《心體與性體》，第3冊，臺北：正中書局。

朱熹，2010，《朱子語類》，載於《朱子全書》（修訂本），第14、15、18冊，朱杰人、嚴佐之、劉永翔編，上海：上海古籍出版社。

吳展良編，2010，《傳統思維方式與學術語言的基本特性論集》，臺北：臺大出版中心。

李白鶴，2009，《默會維度上認識理想的重建：波蘭尼默會認識論研究》，北京：中國社會科學出版社。

杜維明，2002，《杜維明文集・第伍卷》，郭齊勇、鄭文龍編，武漢：武漢出版社。

林啟屏，2004，《儒家思想中的具體性思維》，臺北：學生書局。

林維杰，2008，《朱熹與經典詮釋》，臺北：臺大出版中心。

金永植，2014，《科學與東亞儒家傳統》，臺北：臺大出版中心。

苗力田編，1996，《亞里斯多德全集》，北京：中國人民大學出版社。

倪梁康，2016，《胡塞爾現象學概念通釋》（增補版），北京：商務印書館。

倪鼎夫，1984，〈關於類比推理及其形式的探討〉，載於《形式邏輯研究》，中國邏輯學會形式邏輯研究會編，235-254，北平：北京師範大學出版社。

唐君毅，1984，《中國哲學原論：原教篇》，臺北：學生書局。

馬愷之，2019，〈自我、規範以及情境：談朱熹的倫理思維〉，載於《主體工夫與行動：朱熹哲學的新探索》，馬愷之、林維杰編，111-140，臺北：政大出版社。

張一兵，2021，《神會波蘭尼》，上海：上海人民出版社。

張亨，2019，〈朱子格物說試釋〉，《中國文哲研究集刊》，55：1-39。

許慎，1978，《說文解字》，北京，中華書局。

陳來，1993，《朱熹哲學研究》，北京：中國社會科學出版社。

陳振崑，2013，〈朱子所論「理」的融貫性與殊別性〉，《中國文哲所研究通訊》，23，3：29-47。

陳榮灼，1988，〈作為類比推理的墨辯〉，《鵝湖學誌》，2：1-26。

——，2021，〈朱熹的孟子學：從詮釋到發展的進路〉，《當代儒學研究》，30：1-39。

陳榮捷，1988，《朱子新探索》，臺北：學生書局。

楊祖漢，2011，〈程伊川、朱子「真知」說新詮：從康德道德哲學的觀點看〉，《臺灣東亞文明研究學刊》，8，2：177-203。

楊得煜，2012，《朱熹大學中「豁然貫通」問題研究：一個工夫歷程考察》，東海大學哲學研究所碩士論文。

楊儒賓，2002，〈格物與豁然貫通：朱子格物補傳的詮釋問題〉，載於《朱子學的開展：學術篇》，鐘彩鈞編，219-246，臺北：漢學研究中心。

溫公頤、崔清田編，2001，《中國邏輯史教程》，天津：南開大學出版社。

蔡美麗，1991，〈朱子「格物致知」的現象學式解讀〉，載於《當代新儒學論文集・內聖篇》，周羣振等著，293-321，臺北：文津出版社。

賴柯助，2016，〈從「常知」進至「真知」證朱子「格物致知」是「反省型態」的實踐工夫〉，《中正漢學研究》，28：49-76。

邁克爾・波蘭尼，1984，《意義》，彭淮棟譯，臺北：聯經出版。

——，2000，《個人知識：邁向後批判哲學》，許澤民譯，貴州：貴州人民出版社。

藤井倫明，2011，《朱熹思想結構探索：以「理」為考察中心》，臺北：臺大出版中心。

西文：

Angle, S. C. 2009. *Sagehood. The Contemporary Significance of Neo-Confucian Philosophy*. New York: Oxford University Press.

———. 2018. Buddhism and Zhu Xi's Epistemology of Discernment. In *The Buddhist Roots of Zhu Xi's Philosophical Thought*. Ed.by John Makeham. 156-192. New York: Oxford University Press.

Aristotle. 1957. *The Categories. On Interpretation. Prior Analytics*. Trans. by Harold P. Cook and Hugh Tredennick. Cambridge, MA: Harvard University Press.

Kim, Y. S. 2004. 'Analogical Extension' ('*leitui*') in Zhu Xi's Methodology of 'Investigation of Things' ('*gewu*') and 'Extension of Knowledge' ('*zhizhi*'). *Journal of Song-Yuan Studies*, 34: 41-57.

Polanyi, M. 1966. *The Tacit Dimension*. Chicago, London: University of Chicago Press.

Ryle, G. 2009. *The Concept of Mind. 60th anniversary edition*. London, New York: Routledge.

「我們自身的異域風情」：
以德斯科拉重看華人社會的類思維 *

馬愷之（Kai Marchal）

壹、前言

　　人喜歡看到相似的東西。在這個世界中，如果兩個現象有相似之
處，那麼這兩者之間可能有某種關聯。而且，人能夠用語言來標出這個
被觀察到的關聯，也能夠進一步描述它，說明它。在古代社會，人看到
天空中星星的變化，很容易就認為這些與國王運勢有關聯，或者人會自
然地認為，具有某種特質的生物能夠療癒人的某些具類似特質的疾病。
還有，如著名的人類學家克勞德・李維—史陀（Claude Lévi-Strauss）
所指出，許多古代社會在關於食物的禁令以及關於婚姻（即性行為）的
規定之間產生連結，並且透過譬喻和類比來理解兩者的關係。[1] 在不同
文明中，相關的記載十分普遍。值得注意的是，在現代社會，很多人已
經不再願意相信這種相似性關係的存在。近兩百年以來，自然科學逐漸
在全球盛行，現代人有許多好理由懷疑這種相似性的真實性。「現代主
體」（modern subject）一旦誕生了，現代的知識框架同時也誕生了，而
且這意味著，人們認為自己是獨立的、具有理性與自由意志的生命個
體，已經不相信上帝或神等超自然能力的存在，反而處於一個陌生的、

*　　筆者收到許多老師的寶貴意見，特別是傅大為、王華、林維杰等教授以及兩位匿
　　名審查人，在此表達謝意。
1　　參考 Lévi-Strauss 1990 (1962): 129-30。

不和諧的，甚至對他們有敵意的宇宙之中。[2] 這當然也是為什麼現代時期依舊認為上帝長得像一個白種男人一樣的人愈來愈少，人們通常也無法再將《聖經》中關於猶太人之神聖歷史敘事視為真實的歷史，而且國家領導人極少根據算命師的說法做出決定（美國前第一夫人南西・雷根是一個有名的例外，但她也只是試圖用占星術來安排她丈夫的行程，並沒有直接影響他的政治決策）。

　　然而，在日常經驗中識別相似性仍然是非常重要的，特別是當涉及到理解新現象和巧妙地應對它們時。而且，在當今愈來愈複雜的生活裡，自然科學的嚴謹方法不一定能夠幫助我們正確地掌握現象的多層意涵，反而用或大或小的相似性原則可以將乍看無關的，甚至將最遙遠的事物聯繫起來。而且，有些哲學家認為，與科學思維不同，類思維或「類比推理」（analogical thinking）也能夠包括矛盾、矛盾性和多價性。例如，個體早已無法掌握不同學科領域所生產的，日益複雜的知識，但類思維可能使得我們更容易察覺到世界中的某些關聯，即有一位德國哲學家稱之為「質量層次的分層〔……〕，這些層次呈現在不同的感知世界中，對於這些層次，我們能夠區分出肉體的、感官的、情感的、神聖的─宗教的等等，它們就像包裹在物體周圍的洋蔥皮，或多或少地吸引著我們所有人，但在科學文化的進程中，只有理性層次和在某種意義上的感官層次被賦予特權，而其他層次則被視為不科學和被壓制。」[3]

2　可以參考查爾斯・泰勒（Charles Taylor）*A Secular Age* (2007) 的相關論述。

3　筆者譯，原文如下："[...] die Schichtung qualitativer Ebenen [...], die sich in verschiedenen Wahrnehmungswelten dokumentieren, bezüglich deren wir die leibliche, die sinnliche, die emotionale, die numinos-religiöse usw. unterscheiden, die sich Zwiebelschalen gleich um den Gegenstand legen, die uns alle mehr oder weniger ansprechen, von denen aber im Zuge der wissenschaftlichen Kultur allein die rationale Ebene und in gewissem Sinne die sinnliche privilegiert wurden, während die anderen für unwissenschaftlich gehalten und verdrängt wurden."（參 Karen Gloy, Komplexitätsbewältigung als Grund für das Wiedererstarken des Analogiedenkens, https://www.academia.edu/41640272/Komplexitätsbewältigung_als_Grund_für_das_Wiedererstarken_des_Analogiedenkens,

進而言之，我們在做夢、經歷幻覺、幻想等時，會連結一些科學理性不視為相關聯的現象。心理學研究經常也會探討這種關聯，並不認為這種關聯是完全主觀的或偶然的；在藝術和文學領域裡我們也能夠觀察到很多相似性連結（比如，畫家會重複使用同一個母題或透過自然現象的某些相似性關係突顯人間世界的若干特徵），但連在分形數學也是如此，因為分形幾何學的基本原則是定性測量，它並不表示一個純粹的數量，而是數量和質量的結合，因此預設重複出現的相似性或類似性關聯，從而解釋了世界的複雜性。[4] 在科學式自然主義盛行的時代，大學的知識生產模式會給我們提供理由來質疑這種關聯性連結的客觀存在，而且很多人可能會強調，一旦自然科學的方法論被地球上大部分社會所接受，類比主義的時代已經過去了。不過，科學方法論比我們通常想得複雜許多，在許多領域裡分析式的或邏輯式的思維無疑扮演重要角色，但「嘗試錯誤法」（trial-and-error）同樣地重要（在具體研究中可能更重要），而且如在合成生物學這個領域，類比的主要作用不是構建單獨的類比論證，而是發展諸如「噪音」（noise）和「反饋環」（feedback loops）等概念，而且這些概念在與工程和物理系統中的類似物的正向和反向類比的指導下，不斷得到完善。[5]

　　在自然科學的語言和認識論實踐之外，在生活世界中，人們以非常不同的方式談論自身的經驗；而且，如德國哲學家邁克爾・韓佩（Michael Hampe）所強調，「人們的大部分辨別習慣來自於非科學的實踐，並沒有通過商討性的話語建立起來」。[6] 現代人在生活世界裡做抉擇

---

p. 22）。另外也可參考 Gloy 2011。

4　參考 Gloy, Komplexitätsbewältigung, p. 21。

5　參 Knuuttila & Loettgers 2014。關於科學（科學史）與類比的關係，有非常多的研究，最著名的有如：Hesse 1966; Leatherdale 1974; Kuhn 1979; 以及 Pickering 1982。

6　筆者譯，原文如下："Most habits of differentiation that humans have at their disposal are derived from nonscientific practices and have not been established through carefully deliberating discourses."（Hampe 2018: 143）把概念理解為「辨別習慣」（Unterscheidungsgewohnheiten）是韓佩的一個基本觀點，可以參考 Hampe 2007:

時，無疑也受到自然科學之思維方式的影響，但儘管如此，生活仍然不是實驗室，人的個別經驗也是無法重複或複製的，而且人的許多面向在生活中自然被傳統、歷史所塑造或者至少被影響。[7]在生活的許多層面，如何將特殊的東西歸入一般的東西，這個抽象的問題不容易回答。

　　以上這些觀察可以成為一個機會，讓我們更仔細地思考相似性關聯，或者所謂類思維或類比推理的意義和具體操作方式。我們能夠給「基於類比的論證」（argument from analogy）一個暫時的定義：由兩個事物、情況或領域在某些方面相同或相似而推斷它們在另些方面也相同或同樣相似。[8]還有，這種類比論證可以予以形式化：

S 在某些（已知）方面與 T 相似。

S 另有一個特徵 Q。

因此，T 也具有特徵 Q，或一個類似於 Q 的特徵 Q*。[9]

值得留意的是，類比論證容易出錯。換言之，二個真前提無法保障結論必然為真。而且，這些類似關係經常是臨時被某個人所察覺到的，因而也經常屬於特殊脈絡，甚至只成為某些個別經驗的內容。

　　然而，很早就有人指出，廣義的類思維方式在中國傳統文化中發揮了特殊作用，宛如張東蓀所區別西方與東方兩種思維方式：

這兩種思想在用於推論亦大有不同。西方的同一律名學用所謂三段論法就是推論。而中國人卻不用這樣的推論，只用「比附」（analogy）。如云「仁者人也」，就是一種比附的想法。

14-5, 158-60。

7　文化差異和人類不同族群的多元性也逐漸受到心理學研究的重視，比如：Bond (ed.) 2012。

8　比如：Gentner & Smith 2012。

9　參考 Bartha 2019 (2013): 2.2。

（1974〔1946〕：190）

張東蓀在《知識與文化》中再三強調東西方思維方式的根本差異，並突顯中國人之類思維的獨特性。他從《中庸》所選的例子顯然包括兩個事物（「仁者」和「人」），而且，以他之見，我們能夠從兩者在文字結構上的相似性推斷它們在另些方面也相同或同樣相似（仁就是人所以為人之道理）。

不過，我們在這裡容易產生一個疑問：類比推論不就是一個非常基本的思維方式，在任何文化、任何時代應該都可以找到相關的例子，因此怎麼可以說它構成中國思維的獨特性呢？而且，張東蓀的文化對比似乎忽略（東西方）傳統文化的內在多元性，就像過往的學者曾經把西方思維視為邏輯、理性以及抽象的，而把東方思維視為非邏輯、非理性以及具體的一樣，這樣不僅僅替某種文化本質主義做辯護，而且難免也陷入「概念相對論」（conceptual relativism）的窘境。在這，有兩點需要留意：

第一，歐洲的精神遺產在當今極為激烈的「文化戰爭」（culture wars）中經常被視為帝國主義、殖民主義、工具理性等的溫床，有如核武、氣候暖化、職場中的異化勞動等負面現象也被追溯到西方現代性的誕生。因此，有些學者和知識分子希望恢復或還原一個原始的東方文化或哲學精神。無疑，批評西方現代性的種種弊病是有必要的，不過，現代價值和西方的民主政治文化之間有緊密關聯，因而我們不應該輕易把兩者切開，而且也不應該輕易地將某種在歷史中形成的思維方式化約為一種永恆不變的、超歷史的「西方」或「東方」。

第二，即使在一個基本的存有論層面（什麼是物體？什麼是物體的存在？），在古希臘和古中國內部都可以找到非常不同的立場，這使得任何簡單的文化對比或比較都成問題，而且我們也應該足夠注意到概

念變遷的現象。[10] 換言之，在對前現代中國文化的語義景觀進行哲學思考時，必須考慮橫向和縱向的差異。譬如，既然古希臘哲學的理性主義傳統欲建構一套依賴以「實體」（substance）和「普遍定義」（general definition）為基礎的形上學，但古希臘也有如赫拉克利特等哲學家根本不符實體形上學的型態，許多哲學家也相當欣賞類比和譬喻，尤其是亞里斯多德雖在討論三段論時批評類比推理，但在生物學探究中卻經常用到類比論證。[11] 更甚者，漢學和歷史學的許多新研究成果突顯前現代（尤其是明清時期的）中國文化視野下之思維方式的多樣性，有關宗教、思想、科學實作、數學、法律等領域的詳細研究已經很豐富。[12] 因此，關於中國思想的特點是比較強調類比推論的說法，必須非常謹慎地

10　杰弗里・恩尼斯特・理查・勞埃德（G. E. R. Lloyd）這樣總結中國文化中的存有論式的論述："Yet once again very different pronounciations on the question of what is can be found in other Chinese texts, which illustrates how mistaken it would be to attempt to generalise about the Chinese view of what there is, let alone about any such view to which some feature of their language committed them. "（Lloyd 2015: 98）與此相反，根據法國漢學家兼哲學家弗朗索瓦・朱利安（François Jullien）的一個基本預設，中國文化只蘊含著一種存有論方案，而且這個方案可以直接與歐洲存有論做對比。以筆者來看，朱利安的預設是不成立的，因此他的對比性研究也有嚴重的缺陷。

11　參 Lloyd 2015: 79。「類比」（analogy）和「譬喻」（metaphor）往往無法確切地區分開來。在英文語境裡，它們是說話和寫作中用來進行比較的兩種文學手段。根據亞里斯多德，好的譬喻需要對異體的相似性有一個直觀的感知（Poetics 1459a3-8; Rhetoric 1412a10）。粗糙地說，譬喻是一種為了達到某種修辭效果而將一個事物直接比作另一個事物的工具；而類比的目的與譬喻相似，即展示兩件事物的相似性，但最終目的是為了說明這種比較的意義。換句話說，類比的意義不僅在於**展示**，還在於**解釋**。顯然，中文語境不太一樣，而且修辭學的實踐也有不一樣的背景，但是我們可以暫時用這個方式來理解兩者的不同。

12　感興趣的讀者不妨參閱歐美漢學最新研究成果：Hofmann, Kurtz & Levine (eds.) 2020。這本書顯示，傳統中國的數學宛如很多其他學科一樣非常重視「類推」（2020: 260-4）；除此之外，明清中國社會的士大夫們還用到許多其他論證方式，比如訴諸「人身論證」（ad hominem arguments；2020: 539）、「圖案式」或「視覺式的論證」（visual arguments；2020: 194 等）、基於經驗研究的論證（2020: 440-8）、「演繹推理」（deductive reasoning；2020: 239-43）等等。亦可以參考 Furth, Zeitlin & Hsiung (eds.) 2007。

對待。不過，既然中國文化並不只有一種型態，就像（個別人們的）思維永遠不會完全由一種文化或語言所決定一樣，但許多研究也表明，在現代時代之前，東亞尤其是中國存在著與歐洲不同的「語義景觀」，有如哲學家路德維克‧弗萊克（Ludwig Fleck）所說的「思想風格」（Denkstil）。[13] 譬如，古代希臘人也經常用到類比論證或廣義的類思維方式，但反過來說，歷代中國士大夫似乎從未欣賞過「死板的理性主義」（rigid rationalism），[14] 而且我們沒有理由忽視「思想風格」上的差異。

　　在本文中，筆者顯然無法考慮到所有這些語言和歷史脈絡方面的差異。因此，本文的目的並不是要對東西方不同的文化和語言實踐進行完整的概述或詳盡的比較（這也需要比這裡的篇幅多得多）。相反，筆者想做一些觀察，並提出一些初步的想法，希望能對人類實踐和類思維之間的聯繫有所啟發。本文的目的與其說是提供對歷史背景的詳細回顧，不如說是理解對這些思想形式的更廣泛的意義。為此，筆者所特別關注的是法國人類學家菲利普‧德斯科拉（Philippe Descola）對於類比主義的新探討模式，筆者將先釐清這個模式的若干重要理論意涵，然後把焦點轉到東亞文化圈，特別是傳統中國的朱子學，即「朱子世界觀體系」（吳展良之語），繼續與德斯科拉關於類比主義的敘事進行商榷。最後，筆者又回到當代臺灣，並提出一些衍生的想法。

13　可以參考 Fleck 2011。德國漢學家顧有信（Joachim Kurtz）也曾經用弗萊克的問題意識來談論晚清中國的思維方式，參 Kurtz 2020。

14　此為挪威漢學家何莫邪（Christoph Harbsmeier）的用詞，參 Harbsmeier 1998: 266。根據何莫邪的分析，古代中國文人有時候也用到類似三段論的推理方式，但並沒有特別提倡形式化方法，也不太欣賞演繹推理："In general, the early Chinese, and particularly the Confucians, were not much given to deductive reasoning."（1998: 269）

貳、重新思考類比主義

　　廣義的類思維方式或類比論證是一個老研究議題，但近幾年，德斯科拉對於類思維提出了新的論述，並在許多學科中引起了熱烈討論。筆者的假設是，從對他的中心論點的討論中，我們可以瞭解一些關於類思維和類比論證在全球時代之重要性的主要面向。

　　自艾彌爾・涂爾幹（Émile Durkheim）以來，民族學和社會學都用社會範疇來解釋宗教實踐方式、宇宙論信念、人際關係（包括自然關係）等。與此不同，德斯科拉的出發點不是人為的社會或社會制度，反而是想先將社會加以問題化，也可以說他想將社會視角先擱置起來。顯然，德斯科拉繼承李維—史陀對於結構概念的重視與特殊使用，而且這個理論構造方面的抉擇就造成了某些緊張，筆者將在後面還會再談及若干相關疑問。進而言之，德斯科拉用人類學和民族學之田野調查所累積的結果來突顯地球上不同文化的內在邏輯，特別是這些文化（即不同的結構）給行為者們提供某些圖式來理解這個世界的真實，尤其是文化與自然的關係。處於不同文化的行為者用不同的方式理解他們所經驗的世界，而這個世界不只指外在世界，而且包涵內在世界；如此，這個理論框架的一個根本預設乃是，每個文化有一種獨特的劃分內在和外在世界的方式。德斯科拉在《超越文化與自然》（*Par-delà nature et culture*）前半這樣說明他的研究目的：

> 本書的其餘部分將專門闡述這一觀點，它建立在這樣的猜想之上：人類用來規定自身內部以及與外部世界關系的所有圖式，實際上是以傾向性的形式存在的，其中一些是先天的，而另一些則源於社區生活的特性——換句話說，源於確保自我和他人在特定環境中融合的不同實際方式。15

15　筆者譯。為了讀者方便，筆者在本文中參考了英文版，原文如下："The rest of

由此可知，對德斯科拉而言，通往世界的方式從來不是純粹理論性的或知識論式的，而是依賴與日常經驗和社會關係所展開的實踐方式。社會關係是一種存有論式的「社會現實」（social reality），而且，就如很多人類學研究成果所表示，不同社會的比較讓這些所謂存有論的真實喪失其理所當然的意涵（順便一提，許多哲學家已經用強而有力的理由來質疑所謂「自然種類」〔natural kinds〕的存在）。[16] 換言之，任何一個社會制度屬於某一種地理環境和特定歷史脈絡，因此，沒有一個社會制度（和其所伴隨的社會現實）是普遍的。如果我們可以接受這些想法，我們很可能也會接受德斯科拉書中的另外一個重要的預設：我們當今視為理所當然的自然與文化之間的劃分也是相對的，偶然的，並且屬於一種特殊的歷史脈絡。

　　德斯科拉之《超越文化與自然》一本所代表的是一種諸多可能的世界觀的類型學，即一種「關於諸多世界圖像之結構式的元素週期表」（strukturales Periodensystem der Weltverhältnisse）。[17] 他關注世界七個大洲的不同文化系統和生活方式，有的已經經歷了現代化的陶冶，有的還沒有或者只有局部地，而且根據這樣一個類型學，德思科拉歸納出四種存有論模式，即「自然主義」（naturalisme）、「圖騰主義」（totemisme）、「泛靈主義」（animisme）以及「類比主義」（analogisme）。這四種模式根據它們在「內在性」（interiorité，即自我

---

the present book will be devoted to elaborating this idea, which is founded upon the conjecture that all the schemas at the disposition of humanity for specifying its relations within itself and with the outside world in fact exist in the form of predispositions, some of which are innate while others stem from the very properties of communal life—in other words, from the different practical ways of ensuring the integration of both the self and Others in a given environment."（Descola 2013: 110-1）法文原版為：Philippe Descola, 2005, *Par-delà nature et culture*. Paris: Gallimard。

16　前幾年，科學哲學家伊恩・哈金（Ian Hacking）對於所謂的「自然種類」進行了徹底的批判，參 Hacking 2007。

17　此為德文譯本之編者的說法，即 Kauppert 2013: 623。

的構成）和「物質性」（physicalité，即構成生命體的物質成分）方面的
連續性或不連續性的程度而有所不同。世界各地不同社會中人們的經驗
可以歸於這四種存有論的世界觀之一，並在這基礎上分析了六組基本關
係模式，即交換、掠奪、贈予、生產、保護以及傳承。在此，我們無需
進一步關注相關細節，暫且只注意第四種模式，即「類比主義」。以德
斯科拉來看，「類比主義」乃是：

〔……〕一種識別模式，它將存在者的整體分割成多種本質、
形式和實體，這些本質、形式和實體以微小的偏差分開，有時
排列成階梯狀，以便使得重新組合初始對比系統成為可能，也
讓初始對比系統變成一個濃厚的、連接不同存有物之內在屬性
的類比網路。（Descola 2013: 201）[18]

類比主義預設了內在性和物理性的不連續性。世界被想像得支離破碎，
是一個充滿「奇異性」（singularités）的世界，或者說是幾乎無數的
（有生命的、無生命的）「物」之間不連續的積累，而這些「物」後來通
過類比關系重新連接起來。換句話說，類比主義預設了人類和其他生物
在這兩個領域的對應網路。

　　根據德斯科拉，類比存有論對中世紀和文藝復興時期的歐洲思想
產生了深遠的影響，而且它幫助許多思想家解決了人類與宇宙之間如何
有某種連續性的問題，最終也有助於釐清在神聖計劃框架內的事物的多
樣性。他特別提起米歇爾・傅柯（Michel Foucault）在其《詞與物：人
類科學的考古學》（*Les Mots et les Choses: Une archéologie des sciences*

18　筆者譯，原文如下：“By this I mean a mode of identification that divides up the
whole collection of existing beings into a multiplicity of essences, forms, and substances
separated by small distinctions and sometimes arranged on a graduated scale so that it
becomes possible to recompose the system of initial contrasts into a dense network of
analogies that link together the intrinsic properties of the entities that are distinguished in
it.”

humaines）中所展開的類似的想法，但沒有進一步討論這個龐大的歷史敘事。[19] 德斯科拉繼續解釋說，類比主義雖然在文藝復興時期的影響特別大，人們經常透過「微觀世界」（le microcosme）而獲得關於「宏觀世界」（le macrocosme）的認識，然而，在現代時代中，歐洲、北美等社會都已經接受了一種不同的結構，即自然科學所代表的「自然主義」。與類比主義不同，根據自然主義的觀點，內在性是分裂和不連續的（只有人類擁有內在性和文化，但所有其他生物都沒有），而且，人類和其他生物是通過共同的物理性聯繫起來的，因此也不再需要作為媒介的、能夠解消萬物之「奇異性」的類比關係。

　　德斯科拉的理論架構關係到哲學家和其他理論家長期爭論的許多問題。值得留意的是，作為兩種不同的現代科學的哲學和人類學，在問題意識和思維方式有許多不同處。人類學家所說的「宇宙論」或「存有論」是建立一些共同假設的某些規律性，但很少以明確的論證形式表達，而且總是與具體的實踐（習俗、禮儀等）、關係系統和話語形式有關。德斯科拉在該書中再三回到李維—史陀的論述，並對該論述進行詳細的爬梳和批判性的討論；如他在前言所表示，他不同意「歷史主義」（historicism）的一個核心假設，即一個現象可以透過參考之前的原因來解釋；相反，學者必須找出這個現象的結構，據此，任何分析都必須從現在開始，因為只有這樣才能充分解釋過去（Descola 2013: xviii）。無疑，德斯科拉也認同結構主義的另一個核心假設，即任何意義或意涵只能在特定結構中形成。[20]

19　關於傅柯有關文藝復興類比主義思維之詮釋和重建的得失，可以參考 Albertini 2000: 194-8。根據 Albertini 的分析，傅柯不僅忽略了非語言學上的操作性排列組合或相似性關係（特別是圖像式的學說），而且在極力突顯話語形態的匿名性時輕視歷史中行為者之主體性所扮演的角色。Aleida Assmann 對於傅柯的歷史研究也有一些精彩分析和批評，參 Assmann 2015：12-6。

20　關於結構主義「結構」概念的比較清晰分析，亦可參考德國哲學家曼弗雷德‧弗蘭克（Manfred Frank）的 Frank 1984: 33-4, 49-65。簡而言之，人們和其經驗是由結構（神話、語言、文本等）所構成的，不是相反；但這也意味著：這些結構的

從哲學的角度看，德斯科拉的許多理論預設仍待釐清，尤其是他的終極目標（即建立一套「一元論式的人類學」）（Descola 2013: xix）遠遠超出經驗研究能夠證明的範圍，甚至是純粹推測性的，甚至充滿玄想，因而容易令讀者產生疑竇。許多問題超出本文的範圍，筆者只好擱置一邊，但我們還是得回到一個最關鍵的問題，即我們究竟該如何理解德斯科拉的「存有論」模式？如前所述，人類學研究期待回到具體實踐，有明顯的實踐向度，而且人類學所累積的知識從未是純粹命題式的或由概念分析獲得的知識，而德斯科拉作為人類學近幾年之「存有論轉向」（ontological turn）的主角非常關注有關存有的問題、世界觀與存在方式的緊密關聯以及不同世界的可能性。[21] 宛如德斯科拉在討論李維—史陀之「結構」概念時所表示，我們能夠預設任何社會具有一種結構潛意識，而且這個結構潛意識發揮著一種符號功能，並且將給社會現象以及人類理念賦予普遍法則（Descola 2013: 96）。德斯科拉的核心觀點似乎是，存有論結構在很深的層次上塑造了人類的經驗（和人類的行為），亦即：在語言化和反思的能力之下，在一個更根本的層次上。對現象進行分類，從而建立相似性或類似性關系，無疑發生在所有的人類語言中；許多人類學家強調這是一種社會行為，但哲學家要指出能夠克服文化和語言差異的認知層面。然而，德斯科拉就像文化研究（尤其是人類學和民族學等學科）領域的許多學者一樣，似乎理所當然地認為不同的文化可以被賦予不同的區域性的存有論，或者更精確地說：人們的思維被其個別文化所蘊含的存有論模式所塑造出來，既然能夠學習其他文化（和語言等），但仍然無法完全脫離原先的存有論模式。德斯科拉

始作俑者不可能是某種許多追隨康德和德國觀念論的理論家仍然假設的那樣的超驗主體（Frank 1984: 71）。

21 在英語世界裡，關於「存有論轉向」的討論十分熱烈，相關研究著作早已汗牛充棟。就哲學向度而言，比較值得閱讀的有以下三篇：Palecek & Risjord 2012；Heywood 2012；以及 Jensen, Ballestero, de la Cadena, Fisch & Ishii 2017。另有一本論文集：*Comparative Metaphysics. Ontology After Anthropology* (2016)。

所描述的類比主義思維方式的功能相當特殊，需要建立在特定宇宙論的形上學基礎上，因此，這種思維方式當然與一般意義的類比論證的一定的距離。

《超越文化與自然》的概念架構複雜，其所參考的經驗研究涉及全球各地，但是筆者認為，從東亞文化或中國文化的視角看，我們有理由仔細閱讀德斯科拉，並且將他的許多理論洞見納入我們自身的研究計畫。在本論文集裏，傅大為教授已經借用這位法國人類學家來重新思考宋代思想史中的核心課題，即文化與自然的關係。德斯科拉並未真正參考有關中國哲學或思想史的研究，反而主要依據朱利安關於明清之際的儒者王夫之（1619-1692）的研究。在談論類比主義的第九章裡，他提了中國哲學「物」和「萬物」等觀念，引用《易經・繫辭傳》中的一段話：「物」由「情」和「氣」所組成。[22] 根據傳統易學的一個基本預設，有四千零九十六種可能狀態（甚至更多），對應著同樣多的情況和事物，構成一種世界觀或一種秩序化的，同時也充滿著變動性的圖式。德斯科拉還提到構成「性」的五個元素（即「五行」），而且強調，世界「基本元素之不可估量的增殖」（immeasurable multiplication of the elementary parts）（Descola 2013: 207）是類比存有論的一個明顯特徵，亦即（如上所述）世界被想像得支離破碎，是一個充滿「奇異性」的世界。最後，他對自己的類比定義進行了相對化：在他將類比定義為「內在性差異和物理性差異的結合」的地方，在中國出現了一個更為複雜的畫面：「內在性」和「物理性」以一種極其靈活的方式被理解，而且「或多或少統一的奇異性的繁衍」（teeming host of more or less harmonious singularities）（Descola 2013: 207）是中國類比主義的核心，微觀世界和宏觀世界相互滲透，而在這種情況下，意向性和肉體性很少作為「自主實體」發揮作用。

22　筆者在此總結德斯科拉的原意（Descola 2013: 206-7）。中文原文如下：「故知死生之說；精氣為物，遊魂為變，是故知鬼神之情狀。」（〈繫辭上傳〉，第四章）

參、傳統中國文化視野下的類思維方式

前現代東亞社會的世界觀是由許多學科用不同方法所探討的研究議題，做科學史、文學理論、法律思想、政治思想、數學史或哲學史研究的學者都在探討此世界觀的不同的面向。思維方式與世界觀有一定的關聯，不同記載（史書、文學作品、書法理論、宗教經典、哲學著作等）亦彰顯中國文化視野下的思維方式的不同特徵。

如上所述，學者很早就發現，廣義的類思維方式在中國傳統文化中發揮了特殊作用。例如，在20世紀後半美國哲學家安樂哲（Roger T. Ames）和郝大維（David L. Hall）寫道：

> 以分析、辯證和類比論證為基礎的理性或邏輯思維，強調物理因果關系的解釋力。與此相反，中國人的思維依賴於一種類比，可稱為「關聯性思維」。關聯性思維在古代中國的許多「宇宙論」（《易經》、道教、陰陽學派）中都可以找到，而且在古代希臘人中也可以找到（只是沒有那麼重要）；這種思維涉及到由有意義的處置而非物理因果關系所關聯的圖像或概念群。關聯性思維是一種自發的思維，以非正式和臨時的類比程式為基礎，以關聯和區分為前提。這種思維模式的調節因素是文化和傳統的共用模式，而不是關於因果必然性的共同假設。[23]

23　筆者譯，原文如下："Rational or logical thinking, grounded in analytic, dialectical and analogical argumentation, stresses the explanatory power of physical causation. In contrast, Chinese thinking depends upon a species of analogy which may be called 'correlative thinking.' Correlative thinking, as it is found both in classical Chinese 'cosmologies' (the Yijing [易經] (*Book of Changes*), Daoism, the Yin-Yang School) and, less importantly, among the classical Greeks involves the association of image or concept-clusters related by meaningful disposition rather than physical causation. Correlative thinking is a species of spontaneous thinking grounded in informal and ad hoc

　　20 世紀前半著名的法國漢學家馬賽勒・葛蘭言（Marcel Granet）則在談到《易經》時便寫道，傳統中國幾乎所有形式的知識都來自這本書：「這門科學適用於宏觀世界和嵌套在其中的所有微觀世界，完全基於類比推理的應用。」[24] 這個觀察具有很強的啟示性，它包含了一個重要的指針，即《易經》是傳統中國思考事物之間的關係及其異同的重要，甚至最重要的資源。學者也經常將所謂「相關性思維」（correlative thinking）、「有機的」（organismic）、「整體論式的世界觀」（holistic worldview）等追溯到《易經》。至於陰陽、五行、道、無極、太極、氣化、天命、數、聖人、鬼神、感應等觀念，其內涵被傳統注釋家和思想家也經常透過對於《易經》的解釋而展開。[25] 而且，廣義的類思維方式無疑在這個世界觀中扮演者關鍵性的角色，直接影響人們如何分類物體，如何構思物與物之間的連結，並且提供線索確定一個物的同一性和兩件物的差異。在前現代中國，「類」的觀念特別重要，而這個「類」觀念並不指向固定而不變的「種類」（species）或某種存有論式的相似性，反而往往以「感應」，即一種「有效的對應性」（effective correspondence）為內涵。[26] 這個關係顯然不能化約為一個單一的因果關係，反而應該用「類比連結」來加以理解（佐藤將之 2016：150-62）。

　　現代中國世界觀的一個主要的面向是，物與物之間可以有許多超乎日常經驗的關聯，而且，這些關聯超出現代人所理解之因果律的範圍，反而指向一種更廣闊的、非單向的關聯網絡。我們在哲學史以及宗教史

---

analogical procedures presupposing both association and differentiation. The regulative element in this modality of thinking is shared patterns of culture and tradition rather than common assumptions about causal necessity." (Hall & Ames 1998)

24　"Valable pour le macrocosme et pour tous les microcosmes qui s'emboîtent en lui, ce savoir se constitue par le seul usage de l'analogie." (Granet 1934: 361)

25　最出名的是英國學者李約瑟（Joseph Needham），可以參考其《中國古代科學思想史》（1999）。另外值得參考：楊儒賓、黃俊傑 1996。

26　可以參考 Munakata 1983。不過，在這裡我們也應該強調，「類」既然非固定不變，但這不意味著人們可以自由製造出新的「類」。

上能看到許多用較為特殊的方式構思同一性和差異性的論述和敘事，比如《道德經》第八章中「上善若水。水善利萬物而不爭，處眾人之所惡，故幾於道。」而《孟子・告子上》有「人之性善也，猶水之就下也。」還有，《莊子・齊物論》有「天地，一指也；萬物，一馬也」一句，而漢代《春秋繁露・同類相動》有這麼一段：

> 今平地注水，去燥就濕，均薪施火，去濕就燥。百物去其所與異，而從其所與同，故氣同則會，聲比則應，其驗皦然也。[27]

這等段落都用屬於特定領域的現象來描述屬於另一個領域的現象，在屬於「同類」的現象之間產生比較反映出一種在古代中國十分普遍的書寫和思維方式。傳統中國的文學技法有「賦」、「比」、「興」，而許多學者透過嚴密分析已經證成了，古代中國人的思維方式以類比為思維活動以及論證方式的基礎，亦即他們的推理活動基本上是從一個相似性辨別到另一個相似性的過程（儒家和墨家都有「類推」觀念）。[28] 值得留意的是，除了《易經》以外還有許多其他文本對人類世界和宇宙中的相似性關係進行了仔細的分類，特別可以想到《淮南子》以及董仲舒的相關著作。無論如何，歸類和類比論證為最常見的思維方式，而演繹性等論證為極少。

在古希臘，亞里斯多德很早對於「類比」、「隱喻」（metaphor）、「明喻」（simile）、「諷喻」（allegory）、「比較」（comparison）等修辭學概念做了比較系統性的檢視，而且也區別了兩種涉及到今天所謂的類比論證，即「基於例子的論證」（the argument from example；paradeigma）以及「基於類似性的論證」（the argument from likeness；homoiotes）。同時，亞里斯多德也認識到類思維方式的若干弱點；雖然他承認譬喻

27　蘇輿，《春秋繁露義證》，頁 358。
28　比如：黃俊傑 1991；Volkov 1992；崔清田 2004；以及 Fraser 2013。關於古代中國修辭學的術語，可以參考高辛勇的 Kao 1986。

對於詩人而言是不可或缺的，但譬喻不足以把握一個事物的核心或本質，因此，不應該被用在普遍定義。[29] 在前現代中國文化圈裡，鍾嶸（？-518）的《詩品》和劉勰（約465-523）的《文心雕龍》首次比較系統性地反思了「比」、「興」以及各種譬喻性的表達方式（Yu 1987: 164-7；亦參Saussy 1993）。而且，古代中國文人當然也意識到類思維會出錯這個可能性。英國哲學家勞埃德在討論《荀子・性惡》篇時指出，「枸木」、「鈍金」、「器」等類比的使用顯然證明荀子把它們視為「不具決定性」（inconclusive），即這些類比不是全面性的對應，甚至是暫定的。[30] 這個觀察或許有道理，但是古代中國人從未全面檢討過類思維方式的合理性，也並沒有發展出一套更嚴謹的思維方式，就像古希臘哲學家所發展的「公理—演繹式證明」（axiomatic-deductive proof）（Lloyd 2015: 51）。針對亞里斯多德的詳細分類法，有些人可能傾向直接把類思維等同於傳統的、前現代的思維方式；然而，我們當今對於類思維的觀點早已不像之前那麼刻板，絕對沒有必要把這種思維視為非邏輯的，與分析思維絕對對比的。[31]

　　在這裡需要注意許多古代哲學家的說話方式和修辭學策略。很多例子證明，他們的確沒有尋求能夠連結兩個事物或情境的一種物理學因果

29　*Posterior Analytics* 97b37-9。有趣的是，根據亞里斯多德的觀點，倫理學的領域（與科學不同）直接涉及到人的行為而充滿著變數，因此，倫理學知識與科學的精確性有差異。不過，他仍然主張，有實踐智慧的人必須使用三段論（Lloyd 2015: 55）。

30　Lloyd 2015: 48；王先謙，《荀子集解》，頁513-31。

31　馮耀明這樣寫："Similarly, even though thinking in correlation or association, like the Chinese thinking in the pattern with the pair of yin-yang and the model of wu-xing, may not be fully grounded on the empirical evidence of the physical world, it should not be understood as illogical (or irrational) or non-logical (or non-rational). In other words, thinking from a non-factual or non-physical perspective, such as a moral or aesthetic, metaphysical or religious perspective, or thinking not fully based on factual evidence, should not be understood as thinking other than analytic thinking or beyond the rational space." (Fung 2010: 304)

關係，反而通常以「非正式和臨時的類比」試圖說服觀眾，而且，他們的觀眾經常是君主或官員（而非其他哲學家）。《說苑・善說》有一段非常有啟發的對話：

> 客謂梁王曰：「惠子之言事也善譬，王使無譬，則不能言矣。」
> 王曰：「諾！」明日見，謂惠子曰：「願先生言事則直言耳，無
> 譬也。」惠子曰：「今有人於此而不知彈者，曰：『彈之狀何
> 若？』應曰：『彈之狀如彈。』則諭乎？」王曰：「未諭也。」
> 「於是，更應曰：『彈之狀如弓，而以竹為弦。』則知乎？」王
> 曰：「可知矣。」惠子曰：「夫說者，固以其所知諭其所不知，
> 而使人知之。今王曰『無譬』，則不可矣。」王曰：「善！」[32]

古代漢語「譬」的意思是「例子」或「類比」。由此可知，用比較、譬喻或類比來說服對方在古代中國是很重要的活動，而且很多人也堅信，譬喻式的表達是最有效的溝通方式。

瑞士漢學家尚・保羅・雷丁（Jean-Paul Reding）仔細分析古代中國思想家和哲學家對於譬喻和類比的使用，也突顯古代中國與古代希臘的異同。針對孟子與告子以「湍水」討論人性的著名對話（《孟子・告子上》），他指出，古代譬喻的目的：

> 〔……〕並非在兩個領域之間建立一種平行關係（parallelism），
> 而是想表明它們之間存在著一種**趨同**（convergence）：水的本性
> 與人的本性呈現得完全相同。[33]

這顯然不是我們日常所理解的譬喻，而更相似於德斯科拉心目中的類

32　劉向，《說苑校證》，頁272。亦看 Reding 2004: 142 以及 Harbsmeier 1998: 291-2。
33　筆者譯，原文如下："[...] not try to establish a parallelism between two domains, but rather wants to show that there is a *convergence* between them: the nature of water behaves in exactly the same way as the nature of man." (Reding 2004: 136)

比：水的本性與人的本性是連續的，甚至可以說是同一個本性，而且組裝「一個濃厚的，連接不同存有物之內在屬性的類比網路」。[34] 換言之，文化與自然這兩個領域在這裏無法（像當代科學式自然主義所主張）簡單地分開來看。[35] 這恰好符合德斯科拉所刻劃出來的存有論模式。而且，我們可以進一步思考，前現代中國（甚至東亞）的文人是否基於某種特定原因而採取這種樂觀態度：他們似乎都認為，千變萬化的宇宙背後有一個不容質疑的統一性。

　　古代的人對於同一性之信任還有另外一個涵義，這就是主體和客體的連續性。就基本型態而言，在前現代中國的世界觀中，自我從未被視為一個獨立的存有者或實體，先秦時期的諸子百家也沒有一個思想家將自我完全從宇宙整體、政治或社會社群抽離出來，或者將自我視為一個能夠獨存的、單一的實體。[36] 古代的人有時也能夠注意到精神和物質、靈魂（魂魄）和身體兩個面向，其論述內部偶爾充滿矛盾，但我們必須強調，他們從未把自己（自我）視為獨立恆存之物，反而一向持有「萬物本為一體」這個基本預設（或至少沒有直接駁斥過這個預設）。因此，人是政治社會的一部分，是宇宙中的一個渺小的生命，而宇宙是從混沌而複雜分殊，從一正一反的力量來生出萬物，此過程為演化而非創造。因此，與猶太基督教文化《聖經・創世紀》中的創造理念不同，前現代中國人並沒有將一種神靈或精神力量視為創造者，或者把人描述為這種創造者的一個肖像，即一個有意圖、個別化的行為者。德斯科拉

34　與雷丁不同，勞埃德將孟子這個用法視為一種類比（Lloyd 2015: 47）。根據高辛勇的分析，在傳統詩歌創作中「興」的修辭手法也指向兩種現象或情況的「共同存在」（co-presence），而不是被視為單純的品質或屬性的彰顯（Kao 1986: 127）。

35　"Indeed, from early times onwards 'body' and 'world' in China were seen as versions of the same cosmic schema, differing mainly in magnitude." (Sivin 1995: 14)

36　連續性的信念也曾經直接決定不同學科之間的關係，比如天文學和地理學："Astrological predictions based on this theory of the continuity between the astronomical and geographical realms remained a common feature in official astronomy through the late Ming and early Qing [...]." (Elman 2005: 196)

當然也注意到這個差異（Descola 2013: 323）。在《莊子》、《道德經》、
《呂氏春秋》、《淮南子》等書籍中，我們看到諸多關於自然氣化和陰陽
五行的宇宙論敘事，而且，根據這些敘事，主體（人、自我、靈魂等）
和客體（世界、宇宙等）之間存在著一種穩定的連續性。換句話說，前
現代中國人很難，甚至幾乎不可能把世界完全看作是外部的，甚至更難
把人的思想看作是根本性的內部和自主的東西。泰勒為這種有界限的現
代內部性創造了一個術語，即「緩衝的自我」（buffered self），並將其
與前現代西方的「多孔的、能滲透的自我」（porous self）進行對比：在
前現代西方，外部世界可以對我們施加其自身的意義，但處於現代時期
的人們不再能夠直接與世界具有這種連結。我們有理由認為，在前現代
中國文化中內部性的形式與前現代西方一樣是「多孔的、能滲透的」，
換言之，一個身體的內部向其他身體（甚至整個宇宙）的內部開放。[37]

　　針對此背景，我們能夠進一步理解為何類思維方式在古代中國扮演
者如此重要的角色。《淮南子‧天文訓》曰：

> 物類相動，本標相應，故陽燧見日則燃而為火，方諸見月則津
> 而為水，虎嘯而穀風至，龍舉而景雲屬，麒麟鬭而日月食，鯨
> 魚死而彗星出，蠶珥絲而商弦絕，貴星墜而勃海決。[38]

古代的人相信天人相通，天地之氣的升降往來，就好比人和國的一升
一降，因此各種「物」之間能夠有「相應」關係或「類比連結」。換言
之，廣義的類思維需要在中國關聯性宇宙論的形上學基礎上被理解。而
且，這種想法顯然接近德斯科拉在《超越自然和文化》一書中所分析的
內在與外在連續性。根據現代時期之科學式自然主義的世界觀，兩個事
件之間必須有物質關係，才能夠有因果關係（Descola 2013: 189），但傳
統中國宇宙論則強調，在許多沒有被一個物質關係所連結的現象之間能

37　參 Taylor 2007；另參考馬愷之 2014。
38　何寧，《淮南子集釋》，頁 172-7。

夠存在著「相應」關係。物質和精神的二元劃分，深植於（歐洲）近代時期的哲學，卻無一見於前現代中國世界觀。[39] 這等說法今天很容易被誤解為一種文化決定論，仔細看相關文獻，我們不難發現，古代的人有時候也會提出質疑，並不一定都被感應說所說服。比如，魏晉時期《世說新語》中有這麼一段：

> 殷荊州曾問遠公：「易以何為體？」答曰：「易以感為體。」殷曰：「銅山西崩，靈鐘東應，便是易耶？」遠公笑而不答。[40]

殷仲堪（？-399／400）和釋慧遠（334-416／7）討論《易經》的意義和作用。顯然，二人認同或至少非常十分了解一個觀點，即這本經典以感應論為基礎，但至於感應論的具體解釋效力，二人的觀點似乎有些不同。針對對方的問題，慧遠僅笑了一下，並不多說，而我們可以推斷，他可能沒有辦法進一步解釋這種「相應」關係，或者他認為這種「相應」關係本來就超越語言和理性的範圍。即使在古代中國，人們也能夠意識到基於「同類」或「相應」關係的判斷可能有誤。儘管如此，作為一種「思想風格」的類思維依然有相當大的影響力。

　　在狹義哲學史以外有天文學、科學史、數學等領域，而在這些領域都可以看到《易經》之許多借用與發揮的例子（前現代中國數學家特別喜歡研究這本書）（Morgan 2022: 172-3）。古代哲人有時候還直接說，人不應該試圖解釋所有自然現象，或者不應該直接找出「因果性解釋」（causal explanation），宛如《莊子・天下》一段所表示：

> 南方有倚人焉曰黃繚，問天地所以不墜不陷，風雨雷霆之故。

39　笛卡兒式的二元論以兩種具有不同屬性的實體為基礎，兩者既然不能完全獨立存在（因為只有一個完全獨立存在的實體，即上帝），但兩者為本質上不同的實體，而在東亞哲學世界中根本沒有這種實體概念。美國漢學最新相關研究為 Slingerland 2018。

40　參《世說新語・文學》，第 61 條。另外可以參考 Liu 2002: 131。

> 惠施不辭而應，不慮而對，徧為萬物說，說而不休，多而无
> 已，猶以為寡，益之以怪。以反人為實而欲以勝人為名，是以
> 與眾不適也。弱於德，強於物，其塗隩矣。[41]

莊子在此顯然諷刺他的友人惠施，而我們可以猜想，在前現代中國很多讀書人跟莊子一樣對於積極追求關於外在世界的知識（特別是探討事物原因，即「風雨雷霆之故」）的意圖嗤之以鼻。莊子的態度也符合安樂哲和郝大維對於古代中國思維的判斷，即萬物通常被視為「由有意義的處置而非物理因果關係所關聯的」（related by meaningful disposition rather than physical causation）。當然，歷代也有不少文人對於外在物的「因果性解釋」頗感興趣，特別值得一提有如沈括（1031-1095）、李時珍（1518-1593）、宋應星（1587-1666）等著名的博物學家；只是，他們所發展的諸多因果性模式無法脫離易學所奠基的典範，也經常遭到儒家主流文化的批評。從道家的角度看，任何因果鏈容易成為行為者精神自由的一個阻礙，宛如郭象（252-312）注《莊子》時提出「自生獨化」說所表示，而這種思維無疑也對於宋明理學產生了深遠影響（王曉毅2003：286-303）。

肆、宋代朱熹的思維方式

在東亞的語境中，在中國、日本、韓國、臺灣等地區和生活世界中，朱熹無疑占據了一個突出的位置。不過，要總結朱熹的「思想風格」（弗萊克）的特殊性並不容易：他沒有寫自己的獨立的論文或專書，而是始終把自己放在傳統的背景中，因為，根據他的觀點，儒者的任務只是重新解釋古代聖人所留下來的經典而已。當我們閱讀《朱子語類》或《朱子文集》時，我們發現只有少數明確的論證，朱熹往往只是

做某些宣稱，或在說理，並指出一個背景和角度，而且幾乎總是重複經典的文本段落來強調一個觀點或證明他自己的思想是正確的。在宋代士大夫文化裡，經典的巨大重要性是毋庸置疑的，因此在表達自己的觀點之前，人們必須引用它們。[42]

許多學者已經指出過，朱熹不只是喜歡譬喻，而且也善於製造譬喻來說服其聽眾。有些譬喻特別出名，比如「船」（用來說明「功夫」）、「扇子」（用來說明「體」、「用」關係）、「寶珠」（「理」、「氣」關係）、「老虎傷人」（「致知」）等。[43] 還有，在著名的〈仁說〉中，朱熹直接將四季與四德對應起來，用感應的思維方式來規定儒家傳統的最核心概念。而且，有時朱熹會用巧妙的類比來討論自然現象，比如在宋代讀書人熱烈討論的天空右行說與左旋說，他持左旋說，並用一個生動的類比（三個人以不同的速度圍繞著一個圓圈跑步）來說明他的觀點：

> 「天行至健，一日一夜一周，天必差過一度。日一日一夜一周恰好，月卻不及十三度有奇。只是天行極速，日稍遲一度，月又遲十三度有奇耳。」因舉陳元滂云：「只似在圓地上走，一人過急一步，一人差不及一步，又一人甚緩，差數步也。天行只管差過，故曆法亦只管差。堯時昏旦星中於午，月令差於未，漢晉以來又差，今比堯時似差及四分之一。古時冬至日在牽牛，今卻在斗。」德明。[44]

不過，也不能否認，這種例子在朱熹《文集》中並不常見。他相當欣賞北宋的沈括，但很少直接討論自然現象，反而通常回到經典文本所展開的世界裡，以古代聖人的道德視角（以及他們所留下來的諸多規定）來

42　可以參考吳展良 2008。
43　譬如，陳榮捷 1988：348-359；林維杰 2008。
44　《朱子語類》，卷2，《朱子全書》，第 14 冊，頁 129-30。也可以參考 Kim 2000: 257-8。亦看見張載，《正蒙‧參兩篇》，《張載集》，頁 11。

討論生活世界的種種現象。[45] 進而言之，筆者認為，當今所謂的「日常經驗」（ordinary experience）在朱熹的思維中不容易被題目化。他在跟弟子們討論議題時，確實經常用到人們在生活中容易觀察到的若干現象和事物，儘管如此，經典的內在邏輯是其所參考的主要標準，而且連關於「格物致知」的反覆討論都不能理解為一種經驗式的思維，反而應該放在工夫論中來加以理解。與北宋的沈括不同，朱熹從未直接用感官仔細觀察過經驗領域。這點可以透過一個例子來說明。在《朱子語類》中有這麼一段話：

> 子善問「知者樂水，仁者樂山」。曰：「看聖人言，須知其味。如今只看定『樂山』、『樂水』字，將仁知來比類，湊合聖言而不知味也。譬如喫饅頭，只喫些皮，元不曾喫餡，謂之知饅頭之味，可乎？今且以『知者樂水』言之，須要仔細看這水到隈深處時如何，到峻處時如何，到淺處時如何，到曲折處時如何。地有不同，而水隨之以為態度，必至於達而後已，此可見知者處事處。『仁者樂山』，亦以此推之。」洽。[46]

在這裡，朱熹的首要目標乃是解釋《論語・雍也》篇「子曰：『知者樂水，仁者樂山；知者動，仁者靜；知者樂，仁者壽』」的前兩句。根據他的解釋，如果我們想真正理解這句話的意義，則必須回到外在世界，仔細體會水的不同狀態，在觀看的具體實踐中慢慢摸索，並最終（如朱熹的「格物致知」模式所要求）體會到不同視角（部分）如何形構出一個全體（這並非一般意義的感官知覺所能夠做到的）。[47] 反之，如果我們

45　關於沈括可以參閱 Fu 2007；以及傅大為教授在本書中的論文。

46　《朱子語類》，卷32，《朱子全書》，第15冊，頁1159。另外，朱熹在一篇叫做〈雲谷記〉的文獻中詳細描述水的不同狀態，也頗值得參考，見《晦庵先生朱文公文集》，卷78，《朱子全書》，第24冊，頁3726-30。筆者受到蔣義斌相關分析的啟發，參其1997：249。

47　黃俊傑認為，在孟子類推思想中，部分與全體之間已經「有一種雙向溝通的關

只把儒家德目簡單「比類」為《論語》中「樂水、樂山」等文字，那就差得遠。換言之，只要我們能夠真正體會到其眼下自然現象所蘊涵的精神世界（即「知其味」），就會在文化與自然兩個領域之間發生雷丁所謂的「一種**趨同**」。

毫無疑問，朱熹的求知態度與近代科學家所依循的研究方法截然不同。關於朱熹的「類推」，學界已經累積了許多豐富的研究成果，在此不必多贅。[48] 其實，我們在朱熹的《文集》中似乎找不到朱熹和弟子們（或某些論敵）像孟子和告子一般檢驗不同類比的得失，甚至從不同的角度對於同一個類比進行分析。如果當代的人們在一個世俗社會裡進行類比論證，亦即由事物在某些方面相似而推論這些事物在另些方面也同樣相似，那麼他們的思維一定經常被以下三個預設所影響：（1）他們能夠透過感官直接認識到事物的特徵，並且進行比較；（2）兩個事物是獨立存在的，甚至具有某種實體性（真實性）；（3）兩個事物的特徵是不變的，或者至少是持續性地存在著。與此不同，朱熹恐怕不會肯定這三個預設，或者至少可以說，我們在他的《文集》中找不到反映著這三個預設的想法。進而言之，朱熹的思維符合宋代世界觀的基本類型，而且這個世界觀根據旅居美國的當代中國學者左婭（Ya Zuo）的分析有以下四個特徵：（1）在獲得知識的過程中，（個人的）感官經驗既然重要，但每件「物」並「不局限於其感官表象」（not limited to a sensory appearance），因為每件「物」也具有一個直接涉及到超越感官經驗之「道」（終極真實性）的面向；（2）「萬物」是由「道」而生的（換言之，我們可以預設一個完美的創生序列，即「道」-「神」-「陰陽」-「象」-「萬物」）；（3）每件「物」在「道」所反映的秩序中具有一個

係」，參其 1991：10-1。

48　最有代表性的研究大概為：Kim 2004。金永植（Yung Sik Kim）指出，「類推」活動在朱熹思想中與關聯性思維（「陰陽」和「五行」）有一種鬆散的關聯（Kim 2004: 48-9）。以筆者來看，朱熹的類推模式不容易從關聯性思維或傳統文化中抽離出來。

獨特的位置，而「萬物」中的每件「物」只不過是一個巨大網絡中無數網結之一而已，與其他網結結成千絲萬縷的關係（就像佛教「因陀羅網」的想法），它不可能獨立存在，也不可能不受到其他物的影響，甚至於，每件「物」主要是由它與其他「物」的關係所構成的；以及（4）一個具有真正智慧的人（即聖人）不太著重在「萬物」的感官表象上，反而努力探討「萬物」在秩序中的深層關係性（Zuo 2018: 40-4）。[49] 朱熹的思維主要由這些經典文本的概念所塑造，也主要在經典解釋的框架內移動。當他試圖理解具體的現象時，他藉助於「道」、「神」、「陰陽」、「象」、「萬物」等範疇，而這些範疇總是以德斯科拉說的「奇異性」為目標，將「奇異性」充分彰顯出來。因此，儘管朱熹有時寫到重物落地的現象，也意識到物體的「慣性」（inertia）現象，但他認為這些現象是特定對象的特定傾向，而且從未認識到這些單獨的觀察涉及到一般的規律（如牛頓的萬有引力定律）（Kim 2000: 298, 318-20）。不過，奇異性、具體性因此不簡單地被保留為奇異性、具體性，相反，它們總是根據《易經》中制定的知識標準來被解釋的。[50]

49　傅大為在一篇書評中對於左婭的沈括研究提出了一些批評，頗值得參考（Fu 2020）。以筆者看來，傅教授的兩點特別值得一提：（I）他認為，左婭沒有充分注意到《夢溪筆談》這本書的獨特組織方式，即沈括本人所使用的諸多範疇（即「類」）的作用與意義；（II）左婭也過分強調沈括思想中主體與客體的劃分，因此也誇大了經驗（experience）在其思想中所扮演的角色。

50　金永植這樣寫："He seemed to take two things or events to belong to a *lei* if any sort of similarity or analogy could be seen between them." (Kim 2004: 49) 不過，我們必須補充，哪兩個事情或事件之間可以看到某種相似性或類比，這還是主要由經典所提供的知識體系所決定。關於朱熹思想中具體和抽象之間的關係，一位美國學者這樣說："In the philosophy formulated by Zhu Xi, on the other hand, abstractions were created by the expansion of correlations. Entities were defined in terms of their interrelationships, more as verbs than as nouns. What something was, was the role it played in the complex fabric of interactions that was its setting. As a result, an abstraction had to embrace rather than exclude the particulars of the various ways it was manifest. Otherwise, defining features of its identity would be excluded." (Baker 2020: 792) 依筆者來看，「朱熹對於具體性或奇異性採取『擁抱』（embrace）而非『排斥』

　　朱熹跟很多其他宋代思想家一樣繼承傳統類思維，也預設宇宙中有無數的「類比連結」或「擴展的聯想鏈」（extended chains of associations）（Lloyd 2015: 76）；不過，對於這個「聯想鏈」的莫大信任也使得朱熹忽略許多自然現象，譬如，他從未對光和聲音的呈現方式或魚和鳥的運動形式之間的類似性感興趣。[51] 曾經受到儒家教育之塑造的人將以一種非常特殊的方式理解生活現象，並且對那些聯想是正確的，那些聯想是不正確的有一種精確的感覺。

伍、結論

　　德斯科拉曾經說過，亞馬遜雨林中的原住民「自發地」能夠成為「結構主義者」（spontanément structuralistes），因為他們非常善於用他們在自己的環境中所觀察到的具體屬性來建構複雜的概念網絡（宛如法國結構主義的理論家一樣）（Descola & Taylor 1993: 16）。筆者認為，似乎沒有人會這樣描述當代臺北、高雄、香港或上海的居民，他們恐怕也不願意這樣被描述，因為都市的生活方式已經與古代或前現代社會截然不同，都市人的思維方式也已經徹底被現代化了，而且，東亞世界的知識體系當然也早已吸收了歐洲「伽利略革命」（the Galilean Revolution）的無數結果。雖然不少臺灣人仍然信奉《易經》這本書或願意認真聆聽算命師的意見，但至少在社會專業分工化的諸多領域裡我們似乎找不到前現代世界觀的殘餘物。在當代知識社會，知識生產模式基本上符合科學式自然主義的世界觀（而非類比主義）。

　　（exclude）的態度」這個說法恐怕尚有不足，因為既然朱熹承認具體性和奇異性，他卻顯然不是唯名論者（nominalist），即他不認為世界僅僅為諸多個別事物的序列。反之，他也預設某些有效的一般性或普遍性（即規律）的存在，只是這些規律不是上帝所制定的法律，它們也不反映著外在於宇宙之上帝的某種意圖，反而是內在於宇宙萬物之中。

51　這兩個例子是筆者從陳瑞麟教授聽來的，在此表達謝意。

　　儘管如此，如果我們從詮釋學的角度來反思古典與現代之間的斷裂，我們也有理由認為，傳統的視野不可能完全消失。更甚者，就像德斯科拉要求我們正視「我們〔即居住已開發國家的人〕自身的異域風情」（our own exoticism）（Descola & Taylor 1993: 88），我們應該用迥異往昔的形式來重新理解自己的世界觀，甚至對於文化與自然之間的絕對劃分進行拆解與重組。這樣看來，以下兩點值得進一步省思：

　　第一：具有中國文化特色的類思維是否一定需要建立在前現代關聯性的基礎上，抑或也可以建立在一個科學式自然主義的基礎上呢？或者，我們究竟應該如何理解傳統與現代兩個不同世界觀之間的張力呢？有些學者認為，分析性思維未必斷然與傳統思維分離，關聯性思維也未必與分析型的思維有本質上的不同，因為兩者都是發生在同一個「理性空間」（rational space）之中的思維活動。[52] 然而，從德斯科拉的理論架構來看，我們似乎不能不看重類思維方式的一些更深層的預設，而這些預設直接涉及到人們如何理解「真實」（reality）這個問題。進而言之，筆者認為，如果我們想深入地了解前現代中國文化視野的類思維，我們似乎得放棄或至少修正我們作為現代人的一個根深蒂固的信念，即只有科學所描述的世界，才是真實的世界。[53]

　　第二：在 20 世紀中國哲學發展史上，很多哲學家極力弱化傳統關聯性思維的意義，甚至直接對此思維方式進行批判。比如，勞思光一律貶低傳統宇宙論和關聯性思維，就《淮南子》則曰「若作為一理論著作看，可取之處甚少」（1982：114），而對於董仲舒則評之「為陰陽五行觀所惑，不能承儒學真精神」（1982：29）。而且，新儒家也用一種理想的道德主體來重建傳統中國思維，為此也極力突顯心性論以及宇宙論的

52　這是馮耀明的觀點，譬如 Fung 2006。

53　勞埃德希望繞過實在論和非實在論之間的區別，並假定「真實的多重向度性」（multidimensionality of reality），參 Lloyd 2015: 9-10, 26-7。另外，休伯特・德雷福斯（Hubert Dreyfus）與泰勒前幾年提出了一種「多元實在論」的理論架構，可以參考 Dreyfus & Taylor 2015。

不同，甚至主張前者的獨立性。在東亞社會上制度化儒學已經不存在，而學者將儒學重新解釋為一種理論主張，提出新詮釋架構，並且建立龐大的學術論述，這個發展當然是頗有意義的，但同時也反映著儒學與生活世界的一種脫離。譬如，牟宗三強調中國人的思維方式是「具體的普遍」，而「具體的普遍性是精神實體的性質，而非可以用命題的形式表達的概念性原則的性質。」（史偉民 2019：145）這個說法具有黑格爾式辯證性思維的色彩，但也只是一個純粹的哲學論述，與華人的社會實踐或日常經驗似乎沒有直接關聯。不過，根據人類學的研究，兩岸三地的一貫道團體的信徒還繼承傳統的類思維方式，甚至仍然生活在一個由德斯科拉式的類比主義所塑造的世界中（Billioud 2020: 270-1）。由此看來，我們有理由重新思考「具體的普遍」等說法的當代意義；或許可以說，這等說法恰好也符合德斯科拉對於地球上的社會如何將個別經驗加以圖式化的說明：無數實踐方式都需要培養出一種非命題式的知識，很多圖式是集體的、前反思的，但只有這些圖式才能夠使得人類社會持續地存在。[54] 新儒家學者借用德國觀念論的「超驗主體性」（transcendental subjectivity）模式來重建中國哲學這個計畫已經遭到許多批評，也有不少學者替這個敘事做辯護，[55] 但或許可以換一個視角思考如何將這個模式放到德斯科拉全球性的、僅立足於一種**方法論奠基的自我關涉**（*methodisch* begründete Selbstbezüglichkeit）（Kauppert 2013: 620）的敘事之中，亦即將超驗主體性的視角放寬（甚至完全捨棄），這樣可能有一些新的意涵。

54　特別見 Descola 2013: 101-7。

55　吳展良持有這個觀點：「是以若用『道德主體』說來界定中國思想的基本特性，並以此區判伊川朱子、陸王與五峰蕺山三系，實為不當。」（吳展良 2008：147）關於牟宗三哲學思想的最全面的研究仍然為 Lehmann 2003。

參考文獻

中文：

王先謙，2013，《荀子集解》，沈嘯寰、王星賢點校，北京：中華書局。

王曉毅，2003，《儒釋道與魏晉玄學形成》，北京：中華書局。

史偉民，2019，〈牟宗三哲學中的具體的普遍〉，《清華學報》，49：127-149。

朱熹，2010，《朱子語類》，載於《朱子全書》（修訂本），第14、15冊，朱杰人、嚴佐之、劉永翔編，上海：上海古籍出版社。

——，2010，《晦庵先生朱文公文集》，載於《朱子全書》（修訂本），第24冊，朱杰人、嚴佐之、劉永翔編，上海：上海古籍出版社。

佐藤將之，2016，《參於天地之治：荀子禮治政治思想的起源與構造》，臺北：臺大出版中心。

何寧，2011，《淮南子集釋》，上冊，北京：中華書局。

吳展良，2008，〈朱熹世界觀體系的基本特質〉，《臺大文史哲學報》，68：135-167。

李約瑟，1999，《中國古代科學思想史》，陳立夫譯，南昌：江西人民出版社。

林維杰，2008，〈象徵與隱喻：儒學詮釋的兩條進路〉，《中央大學人文學報》，34：1-32。

馬愷之，2014，〈超出世俗理性：從泰勒（Charles Taylor）到朱熹以及牟宗三〉，載於《跨文化哲學中的當代儒學：工夫論與內在超越性》，林維杰、黃雅嫻編，340-362，臺北：中研院文哲所。

崔清田，2004，〈推類：中國邏輯的主導推類類型〉，《中州學刊》，3：136-141。

張東蓀，1974（1946），《知識與文化》，載於《東蓀哲學論著》，第1冊，臺北：廬山出版社。

張載，1978，《正蒙》，載於《張載集》，章錫琛點校，3-68，北京：中

華書局。

郭慶藩，2012，《莊子集釋》，下冊，王孝魚點校，北京：中華書局。

陳榮捷，1988，《朱子新探索》，台北：學生書局。

勞思光，1982，《中國哲學史》，臺北：三民書局。

黃俊傑，1991，《孟學思想史論》，第1卷，臺北：東大圖書。

楊儒賓、黃俊傑，1996，《中國古代思維方式探索》，臺北：正中書局。

劉向，2013，《說苑校證》，向宗魯校證，北京：中華書局。

蔣義斌，1997，《宋儒與佛教》，臺北：東大圖書。

蘇輿，2012，《春秋繁露義證》，鍾哲點校，北京：中華書局。

西文：

Albertini, T. 2000. Der Mikrokosmos-Topos als Denkfigur der Analogie in der Renaissance aufgezeigt an der Philosophie Charles de Bovelles'. In *Das Analogiedenken - Vorstöße in ein neues Gebiet der Rationalitätstheorie*. Ed. by Karen Gloy and Manuel Bachmann. 184-212. Bonn: Bouvier.

Assmann, A. 2015. *Im Dickicht der Zeichen*. Berlin: Suhrkamp.

Baker, D. 2020. Zhu Xi and Western Philosophy. In *Dao Companion to ZHU Xi's Philosophy*. Ed. by Kai-chiu Ng and Yong Huang. 785-806. Cham: Springer.

Bartha, P. 2019 (2013). Analogy and Analogical Reasoning. In *Stanford Encyclopedia of Philosophy* (Winter 2020 Edition), Ed. by Edward N. Zalta, available from https://plato.stanford.edu/entries/reasoning-analogy。最後查閱日期：2022年9月1日。

Billioud, S. 2020. *Reclaiming the Wilderness: Contemporary Dynamics of the Yiguandao*. New York: Oxford University Press.

Bond, M. H.(ed.) 2012. *Oxford Handbook of Chinese Psychology*. New York: Oxford University Press.

Charbonnier, P., Salmon, G. & Skafish, P. (eds.) 2016. *Comparative Metaphysics: Ontology After Anthropology.* Lanham: Rowman & Littlefield.

Descola, P. & Taylor, A. C. 1993. Introduction. *L'Homme*, 33, 126-128: 13-24.

Descola, P. 2005. *Par-delà nature et culture.* Paris: Gallimard.

———. 2013. *Beyond Nature and Culture.* Trans. by Janet Lloyd. Chicago: University of Chicago Press.

Dreyfus, H. & Taylor, C. 2015. *Retrieving Realism.* Cambridge, MA: Harvard University Press.

Elman, B. A. 2005. *On Their Own Terms: Science in China, 1550-1900.* Cambridge, MA: Harvard University Press.

Fleck, L. 2011. *Denkstile und Tatsachen: Gesammelte Schriften und Zeugnisse.* Ed. by Sylwia Werner and Claus Zittel. Frankfurt a.M.: Suhrkamp.

Frank, M. 1984. *Was ist Neostrukturalismus?* Frankfurt a.M.: Suhrkamp.

Fraser, C. 2013. Distinctions, Judgment, and Reasoning in Classical Chinese Thought. *History and Philosophy of Logic*, 34: 1-24.

Fu, D. 2007. The Flourishing of Biji or Pen-Notes Texts and its Relations to History of Knowledge in Song China (960-1279). *Extrême-Orient, Extrême-Occident*, 103-130.

———. 2020, Book Review: *Shen Gua's Empiricism. By Ya Zuo. Journal of Chinese Studies*, 70: 223-231.

Fung, Y.-m. 2006. Paradoxes and Parallelism in Ancient Chinese Philosophy. Topics in Comparative Ancient Philosophy: Greek and Chinese, June 22-24. Oxford, UK.

——— . 2010. On the Very Idea of Correlative Thinking. *Philosophy Compass*, 5: 296-306.

Furth, C., Zeitlin, J. T. & Hsiung, P.-c. (eds.) 2007. *Thinking with Cases: Specialist Knowledge in Chinese Cultural History*. Honolulu: University of Hawai'i Press.

Gentner, D. & Smith, L. 2012. Analogical Reasoning. In *Encyclopedia of Human Behavior* (Second Edition). Ed. by Vilayanur S Ramachandran. 130-136. Cambridge, MA: Academic Press.

Gloy, K. Komplexitätsbewältigung als Grund für das Wiedererstarken des Analogiedenkens, available from https://www.academia.edu/41640272/ Komplexitätsbewältigung_als_Grund_für_das_Wiedererstarken_des_Analogiedenkens。最後查閱日期：2022 年 9 月 1 日。

——. 2011. *Wahrnehmungswelten*. Freiburg: Verlag Karl Alber.

Granet, M. 34. *La pensée chinoise*. Paris: La Renaissance du Livre.

Hacking, I. 2007. Natural Kinds: Rosy Dawn, Scholastic Twilight. In *Philosophy of Science*. Ed. by Anthony O'Hear. 203-239. Cambridge: Cambridge University Press.

Hall, D. L. & Ames R. T. 1998. The dominance of correlative thinking. In Chinese Philosophy. In *Routledge Encyclopedia of Philosophy*, available from https://www.rep.routledge.com/articles/overview/chinese-philosophy/v-1/sections/the-dominance-of-correlative-thinking。最後查閱日期：2022 年 9 月 1 日。

Hampe, M. 2007. *Eine kleine Geschichte des Naturgesetzbegriffs*. Frankfurt a.M.: Suhrkamp.

——. 2018. *What Philosophy Is For*. Trans. by Michael Winkler. Chicago/, London: University of Chicago Press.

Harbsmeier, C. 1998. *Language and Logic in Traditional China*. In *Science and Civilisation in China*, 7:1. Ed. by Joseph Needham. Cambridge: Cambridge University Press.

Hesse, M. 1966. *Models and Analogies in Science*. Notre Dame: University of Notre Dame Press.

Heywood, P. 2012. Anthropology and What There Is: Reflections on 'Ontology'. *The Cambridge Journal of Anthropology*, 30, 1: 143-151.

Hofmann, M., Kurtz, J. & Levine, A. D. (eds.) 2020. *Powerful Arguments: Standards of Validity in Late Imperial China*. Leiden, Boston: Brill.

Jensen, C. B., Ballestero, A., de la Cadena, M., Fisch, M. & Ishii, M. 2017. New ontologies? Reflections on some recent 'turns' in STS, anthropology and philosophy. *Social Anthropology*, 25: 525-545.

Kao, K. S. Y. 1986. Rhetoric. In *The Indiana Companion to Traditional Chinese Literature*. Ed. by William H. Nienhauser, Jr. 121-137. Bloomington: Indiana University Press.

Kauppert, M. 2013. Nachwort: Entwurf einer anthropologischen Weltbeschreibung. In *Jenseits von Natur und Kultur*. Ed. by Philippe Descola. 611-625. Frankfurt a.M.: Suhrkamp.

Kim, Y. S. 2000. *The Natural Philosophy of Chu Hsi (1130-1200)*. Philadelphia: American Philosophical Society.

—— . 2004. 'Analogical Extension' ('*leitui*') in Zhu Xi's Methodology of 'Investigation of Things' ('*gewu*') and 'Extension of Knowledge' ('*zhizhi*'). *Journal of Song-Yuan Studies*, 34: 41-57.

Knuuttila, T. & Loettgers, A. 2014. Varieties of Noise: Analogical Reasoning in Synthetic Biology. *Studies in History and Philosopy of Science*, 48: 76-88.

Kuhn, T. S. 1979. Metaphor in Science. In *Metaphor and Thought*. Ed. by Andrew Ortony. 409-419. Cambridge: Cambridge University Press.

Kurtz, J. 2020. Reasoning in Style: The Formation of 'Logical Writing' in Late Qing China. In *Powerful Arguments: Standards of Validity in Late Imperial China*. Ed. by Martin Hofmann, Joachim Kurtz and Ari

Daniel Levine. 565-606. Leiden, Boston: Brill.

Leatherdale, W. H. 1974. *The Role of Analogy, Model and Metaphor in Science*. Amsterdam, New York: Elsevier.

Lehmann, O. 2003. *Zur moralmetaphysischen Grundlegung einer konfuzianischen Moderne: 'Philosophisierung' der Tradition und 'Konfuzianisierung' der Aufklärung bei Mou Zongsan*. Leipzig: Leipziger Universitätsverlag.

Lévi-Strauss, C. 1990 (1962). *La pensée sauvage*. Paris: Librairie Plon.

Liu, I-c. 2002. *A New Account of Tales of the World* (second edition). Trans. by Richard B. Mathers. Ann Arbor: University of Michigan.

Lloyd, G. E. R. 2015. *Analogical Investigations, Historical and Cross-cultural Perspectives on Human Reasoning*. Cambridge: Cambridge University Press.

Morgan, D. P. 2022. Remarks on the Mathematics and Philosophy of Space-time in Early Imperial China. In *The Exercise of the Spatial Imagination in Pre-Modern China: Shaping the Expanse*. Ed. by Garret P. Olberding. 149-188. Berlin, Boston: de Gruyter.

Munakata, K. 1983. Concepts of *Lei* and *Kan-lei* in Early Chinese Art Theory. In *Theories of the Arts in China*. Ed. by Susan Bush and Christian Murck. 105-131. Princeton, New York: Princeton University Press.

Palecek, M. & Risjord, M. 2012. Relativism and the Ontological Turn within Anthropology. *Philosophy of the Social Sciences*, 43, 3: 3-23.

Pickering, A. 1982. Interests and Analogies. In *Science in Context: Readings in the Sociology of Science*. Ed. by Barry Barnes and David O. Edge. 125-146. Cambridge, MA: MIT Press.

Reding, J.-P. 2004. *Comparative Essays in Early Greek and Chinese Rational Thinking*. Aldershot: Ashgate.

Saussy, H. 1993. *The Problem of a Chinese Aesthetic*. Stanford: Stanford University Press.

Sivin, N. 1995. State, Cosmos, and Body in the Last Three Centuries BCE. *Harvard Journal of Asiatic Studies*, 55: 5-37.

Slingerland, E. 2018. *Mind and Body in Early China: Beyond Orientalism and the Myth of Holism*. New York: Oxford University Press.

Taylor, C. 2007. *A Secular Age*. Cambridge, MA: Harvard University Press.

Volkov. A. 1992. Analogical Reasoning in Ancient China: Some Examples. *Extrême-Orient, Extrême-Occident*, 14: 15-48.

Yu, P. 1987. *The Reading of Imagery in the Chinese Poetic Tradition*. Princeton: Princeton University Press.

Zuo, Y. 2018. *Shen Gua's Empiricism*. Cambridge, MA: Harvard University Asia Center.

泛靈、類比、與對應：
以《酉陽雜俎》與《夢溪筆談》為例 *

傅大為

　　泛靈（animism）、類比、與對應這幾個概念，與當代人類學家 菲利普・德斯科拉（Philippe Descola）之研究拉丁美州原住民的宇宙論密切相關（Descola 2013）。後來我覺得他這幾個概念與我對古代中國筆記小說中的想像與敘事知識也頗為相關，遂也來嘗試作點當代學界的對應，或許透過德斯科拉的視角，可以對我過去熟悉的筆記小說發掘出一些新的詮釋。

　　筆者以唐代段成式的《酉陽雜俎》（後簡稱《酉陽》）中的一些條目為主，作為中國唐代形式的泛靈思維的例子，另外則找宋代沈括的《夢溪筆談》（後簡稱《夢溪》）中的許多著名的條目，作為宋代以類比、對應來追求知識的例子來討論。就沈括而言，除了他廣泛地使用類比思維外，我會比較仔細討論一下他在辯證門44 條著名的「陽燧照物皆倒」一條。至於沈括的對應思維，則會以他討論中虛與十二神將為例。最後，我重新回到《夢溪》有名的「異事」門，思考裡面的許多條目，沈括除了以類比與分類各種異事之外，也關連到這些異事條目，究竟是在什麼「自然主義」（naturalism）意義下的條目。筆者此文的嘗試，部分可說是中國科學史形式的討論，但同時也是關於唐宋知識史、思想文化

---

*　感謝：這篇文字的撰寫，主要來自政大「華人文化主體性」研究中心邀請我參與前後兩個研討會，特別是透過馬愷之、王華兩位教授的邀請。在此特別表示感謝。也要感謝在兩個研討會中許多參與者提出的好問題，包括祝平一教授的意見。另外，馬愷之教授熱心地和我討論研究《夢溪筆談》的方法，還鼓勵我也來閱讀德斯科拉的著作，這些都是筆者在這裡嘗試一個新方向的重要刺激。本文最後的完成，自然還要感謝兩位匿名審查人的寶貴意見。

史的多方面討論與嘗試。

　　本文的大綱，將以下五點來說明：

一，《酉陽》中，是否有個泛靈論向度？

二，《夢溪》的除魅（disenchantment）而企圖脫離泛靈論

三，《夢溪》中鬆動而多元的對應宇宙論（a loose analogism）

四，《夢溪》中非對應宇宙論的「概念／模型」類比

五，「異事」門中條目的相似性與「變化」的模型，泛靈論轉為無靈的
　　變化論，及其與自然主義的多元關係

壹、《酉陽》是否有個泛靈論的向度？

　　筆者容易想起的是書中〈諾皋（ㄍㄠ）記〉與〈支諾皋〉中各卷中的長鬚國、守宮小人國（太和末，荊南松滋縣南有士人）、花精大院（天寶中，處士崔玄微洛東有宅）、還有各種鬼魅類與人互動辯詰的故事（如龍興寺僧智圓為魅類求宿債）等等。[1]

　　舉一詳例，我們看長鬚國一則如何開頭：

　　大定初，有士人隨新羅使，風吹至一處，人皆長鬚，語與唐言
　　通，號長鬚國。人物茂盛，棟宇衣冠，稍異中國，地曰扶桑
　　洲。其署官品，有正長、戢波、目役，島避等號。士人歷謁數
　　處，其國皆敬之。忽一日，有車馬數十，言大王召客。行兩日
　　方至三大城，甲士守門焉。使者導士人入伏謁，殿宇高敞，儀
　　衛如王者。見士人拜伏，小起，乃拜士人為司風長，兼附馬。
　　其主甚美，有鬚數十根。士人威勢烜赫，富有珠玉，然每歸見
　　其妻則不悅。其王多月滿夜則大會，後遇會，士人見姬嬪悉有
　　鬚，因賦詩曰：「花無蕊不妍，女無鬚亦醜。丈人試遣總無，

1　參考〈諾皋記序〉：微祥變化，無日無之，在乎不傷人，不乏主而已。

未必不如總有。」王大笑曰：「駙馬竟未能忘情於小女頤頷間
乎？」經十餘年，士人有一兒二女〔……〕

當然可能更有名的，可說是《太平廣記》（昆蟲門）中的〈南柯太守傳〉
（檜安國・蟻穴），為唐代李公佐所作：

唐貞元七年九月，因沈醉致疾，時二友人於坐，扶生歸家，臥
於堂東廡之下。二友謂生曰：「子其寢矣，余將秣馬濯足，俟
子小愈而去。」生解巾就枕，昏然忽忽，仿佛若夢。見二紫衣
使者，跪拜生曰：「槐安國王遣小臣致命奉邀。」生不覺下榻
整衣，隨二使至門。見青油小車，駕以四牡，左右從者七八，
扶生上車，出大戶，指古槐穴而去，使者即驅入穴中。生意頗
甚異之，不敢致問。

忽見山川風候，草木道路，與人世甚殊。前行數十里，有郛郭
城堞，車輿人物，不絕於路。生左右傳車者傳呼甚嚴，行者亦
爭辟於左右。又入大城，朱門重樓，樓上有金書，題曰「大槐
安國」。執門者趨拜奔走，旋有一騎傳呼曰：「王以駙馬遠降，
令且息東華館。」因前導而去。

我們知道，透過拉美原住民的民族誌研究，從泛靈論的視角，可以看
到，所有人與非人（動植物、甚至包括鬼神），都有其相同的「內在性」
（interiority，包括了主體性、反思意識、意向性、普遍語言的溝通性）、
文化／社會性，但其外在性（包括物理性）、形式（forms）則有所不
同。故而在泛靈論的天地裡，看上面的例子，許多動植物中的王國、社
會與文化，與《酉陽》所呈現的社會其實十分類似。透過泛靈論，德斯
科拉還討論了超越自然與文化這種基本二分法之上的各種領域。[2] 也正

2　見 Descola 2013: ch.6 "Animism Restored"。

是因為有相同的內在性為基礎，所以泛靈論中萬物，都可能可以透過形式的轉變、變形（metamorphosis）、變化，動植物都可能變成人、或反之。這種變形的目的，常是在兩種不同形式的物種特別需要溝通的時刻才有的，為時短暫且有無法恢復原形的風險，如某些動植物變形為人來溝通或求助，或具有能力的通靈人（shaman）變形成要與之溝通或詢問的動物。我們知道，無論是《酉陽》，甚至是《夢溪》（例如異事門中的變化，但性質很不同，見後），都可以找到類似的故事，常透過記載、聽說、夢境等方式呈現，但常更為狂放而超過德斯科拉的描述，如上面筆者所引的一些例子。[3]

　　不過，或許我們可以問，《酉陽》中的故事，是否就可以反映這是唐代民間實存的感性世界？而德斯科拉民族誌中的泛靈世界，則確實是一些拉美原住民的感性世界，所以從唐代中國到拉美原住民，是兩個非常不同的指涉。但是筆者想，二者的指涉未必非常不同。《酉陽》中的故事，很多是聽說，或可能只是寓言，但聽說中也有隱藏的部分現實，甚至頗有些史料價值，[4] 也不能排斥一些唐代地方住民的確是活在泛靈的感性世界裡。反之，民族誌的世界，也常是故事、寓言與歷史的混同體，拉美原住民也是活在他們的感性世界裡，它當然與我們今天視為現實世界的距離也頗大。在這裡，古代小說故事與當今人類學的田野，常指涉到類似的對象。

　　甚至，不止動植物，在《酉陽》中充斥的鬼魅世界與社會中，是否也是種泛靈論涉及的範圍？可是鬼魅是否只有內在性而無如動植物一

3　祝平一在華人傳統類思維工作坊中對筆者的報告提出評論說，在中國獸醫、佛輪迴的概念系統裡，可以有身體甚至穴道一樣的外在性，但內在性卻不同的情況，這似乎不是指德斯科拉也討論過的附身（唐代也很多類似的故事，從《酉陽》到戴孚的《廣異記》等），而是一更根本的不同。

4　如《酉陽》中的〈廣動植〉一卷，多載來自中亞的奇花異草，而成為歷來植物史學家的重要研究對象，但其中也有似乎純為想像的植物，如「一木五香」，而為沈括所痛批。請參考筆者的 Fu 1993-4 對《酉陽》有更多細緻的討論，特別是那被鬼神所充斥的唐代感性世界。

樣常駐的外在性？如鬼魅雖可變化成人，但鬼魅的外形是什麼？不過，不少鬼魅大約仍有「原形」，可以與人類言語辯詰等的特性，如《酉陽》〈諾皋記上〉博士丘濡說的野叉、〈諾皋記下〉劉積中妻與妹遭逢飛天野叉等，我們看一下野叉的原形：

> 博士丘濡說：〔……〕村人失其女。數歲忽自歸，言初被物寐中牽去，倏止一處，及明，乃在古塔中。見美丈夫謂曰：「我天人，分合得汝為妻，自有年限，勿生疑懼。」且戒其不窺外也。〔……〕經年，女伺其去，竊窺之，見其騰空如飛，火髮藍膚，磔耳如驢，及地方乃復人焉，女驚怖汗洽。

所以，有了原形的鬼魅，似乎仍符合泛靈論的描述，只是德斯科拉似乎較少談到它們。沈括後來想要在論述中除掉鬼魅的世界，但他仍然在「異事」門中保留了某種變化的世界，而在「神奇」門中，則似乎是種拉遠距離的對神佛崇敬。[5]

貳、《夢溪》的除魅而企圖脫離泛靈論

筆者多年來研究《夢溪》與宋代筆記，就一直很注意過往筆記中的分類議題，[6] 也包括了類書等，作者們如何把眾多一條條的筆記（知識）做分門別類，這其實也是古代中國知識史中的分類。而認真看待這些分類及其意義——通常由一分類中所有條目的共通、或相似的意義而歸納得知，然後透過分類的意義作為重要參考，然後再去了解裡面的個別條目的細節意義。這個過程，十分重要。

我們知道，《夢溪》共17門26卷的分類（在這個連續的分類之流

5　見雷祥麟、傅大為 1993。
6　從 Fu 1993-4 一文開始，見本文末書目中筆者幾篇討論《夢溪》中某一門的論文，如 Fu 1999；2007。

裡，沒有自然與社會或自然與文化的大鴻溝存在），見圖1：

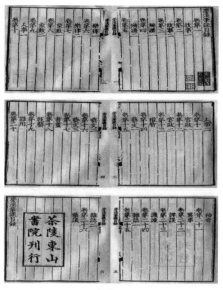

圖1

　　從段成式到沈括，此唐宋的兩位士大夫，都以博學而名於世，但是《酉陽》與《夢溪》的書寫風格卻大不同。特別就本文泛靈論的議題而言，《酉陽》是泛靈與眾鬼飛揚的世界，而《夢溪》卻是天地為之一清，鬼魅不再，而動植物雖然仍活躍其中，但已非泛靈而無言，原則上，它們無法與人類對談辯詰，人類也不再進入動植物的天地中。

　　《夢溪》中唯一談到鬼魅的例外，是一隻很特別的鬼，他出現在中國的文人意識中很晚，而在中國文人的書寫中，沈括幾乎算是最早、也最仔細地描寫到這一隻鬼的。那鬼就是鍾馗。在他的故事裡，鬼的社會世界已經逐步解體，鍾馗也不為鬼的社會服務（過去所謂人鬼殊途），而是自願為人間的帝王而服務。或許這是為什麼沈括願意讓這樣特別的一隻鬼記錄進夢溪之中。筆者過去曾用「除魅」來表示沈括的鬼魅調度策略，但這裡用的除魅，並沒有一般科技史常暗含的進步史觀意味，而只表示《酉陽》與《夢溪》的兩個相對的世界，筆者儘量中立描寫，而沒有高下與優劣之判。

　　《夢溪》總共609條中，唯一的鬼故事「吳道子畫鍾馗」是在〈補筆談〉卷3的雜誌門（第573條）。沈括是以談禁中過去的一幅吳道子的開頭，才來談鍾馗這隻鬼，並且將其文本放置在一條討論書畫、古董器用的脈絡裡，最後將之藏在〈補筆談〉的「雜誌門」裡，而該門類在沈括筆談的知識分類裡表示的是宋代社會與歷史的邊緣地帶（marginalities）。[7]總之，似乎可以看到沈括可說是對於廣大唐代鬼魅傳統的一種欲迎還拒的態度。

　　禁中舊有吳道子畫鍾馗，其卷首有唐人題記曰：「明皇開元講武驪山，歲〔□〕，翠華還宮，上不懌，因痁作，將踰月，巫醫殫伎不能致良。忽一夕，夢二鬼，一大、一小。其小者衣絳犢鼻，屨一足，跣一足，懸一屨，搢一大筤紙扇，竊太真紫香囊及上玉笛，遶殿而奔。其大者戴帽，衣藍裳，袒一臂，鞹雙足，乃捉其小者，刳其目，然後擘而啖之。上問大者曰：『爾何人也？』奏云：『臣鍾馗氏，即武舉不捷之士也。誓與陛下除天下之妖孽。』夢覺，痁若頓瘳，而體益壯。乃詔畫工吳道子，告之以夢，曰：『試為朕如夢圖之。』道子奉旨，恍若有覩，立筆圖訖以進，上瞠視久之，撫几曰：『是卿與朕同夢耳。何肖若此哉！』」

參、《夢溪》中鬆動而多元的對應宇宙論[8]

　　宋代博學士人所操作的對應宇宙論，較之漢代以陰陽五行天干地支所交織起來的那緊密而不透風的對應宇宙論，要鬆動很多。漢代的對應宇宙論，向來就被過去的科學史家所鄙夷，把它看成是一種「知性的緊

箍咒」，認為它一定曾對自由的經驗研究產生過極大的阻礙。[9]但是，中國科學史在宋代一個很有趣的發展，就是傳統對應宇宙論的「結構」，在宋代開始鬆動、鬆懈下來，從原來的緊箍咒，轉為一種多元的概念網絡。它可以作為經驗研究中的研究假設，或提供研究思考上的啟迪方向，但是它也能夠被很輕易的排開、存而不論，而不致造成任何不必要的阻礙。有時候，不同的宇宙論原則、還有一些相關的對應組合，可以成為某些領域中經驗研究可能的「理」，但它們不會成為一種先驗或必然的理，如有時漢代宇宙論給人的印象那樣。以《夢溪》為例，裡面有許多對五行、天干地支如何對應的研究，但是它們並沒有阻礙了沈括進行許多實質的經驗研究。對沈括而言，宇宙論原則的各種對應的「計算」（computation）之術，只是他許多解決問題、施展占卜的「術」中間的一種而已：例如他計算堆積酒瓶總數的隙積術、曆法計算中的圜法之術、預知天候的五運六氣之術、甚至在技藝中如彈棋的長斜術、四人共圍棋的鬥馬術、西戎占卜時的羊卜術等等。純粹看當時的機緣與脈絡，沈括會恰當地挑選一些術來解決當時面對的問題。

　　沈括用對應宇宙論的概念討論自然現象，大概最有名的，就是後來在醫家大為發展的五運六氣的理論，沈括將之用來預測雨期，極其驚人。[10]

> 醫家有五運六氣之術，大則候天地之變、寒暑風雨、水旱蝗蝗，率皆有法；小則人之眾疾，亦隨氣運盛衰。今人不知所用，而膠於定法，故其術皆不驗〔……〕熙寧中，京師久旱，

9　當然，究竟對應宇宙論是怎麼具體的阻礙的自由思維呢？通常倒沒有很深入的討論或舉例說明。對於過去科學史家的主流判斷，請參考 Henderson: 1984，大約同時，葛瑞漢（A. C. Graham）倒是對對應宇宙論（及其與科學的關係）有頗為同情與正面的看法，請參考 Graham 1986。

10　參考王琦、王樹芬、周銘心、閻豔麗 1989。另外 Zuo 2018 對沈括此條有仔細的說明。

祈禱備至，連日重陰，人謂必雨。一日驟晴，炎日赫然，予時
因事入對，上問雨期，予對曰：「雨候已見，期在明日。」眾
以謂頻日晦溽，尚且不雨，如此暘燥，豈復有望？次日，果大
雨。是時溼土用事，連日陰者，從氣已效，但為厥陰所勝，未
能成雨。後日驟晴者，燥金入候，厥陰當折，則太陰得伸，明
日運氣皆順，以是知其必雨。此亦當處所占也。若他處候別，
所占亦異。其造微之妙，間不容髮。推此而求，自臻至理。
（象數134）

同時，在此鬆動而多元的對應宇宙論類比脈絡下，沈括繼而發展了他從
天文觀測與經驗累積的路徑，進而透過他關於「**中虛**」（centrality in the
nothingness）**的類比**，修正了對應宇宙論中的六壬術。

　　我們知道，沈括在《夢溪》127 條曾記載他曾對北極星空，做了極
精密而繁複的觀察與紀錄，以定位出真正不動的北極位置，判定它離當
時所謂的北極星（應是天樞星）其實已經有幾度之遙。這在宋代是很重
要的觀察，但結果也令人不安：真正不動的北極位置上，空無一星。其
影響所及不只天文學上，也延伸到政治宇宙論和道教的人體觀。

〔……〕漢以前皆以北辰居天中，故謂之極星。自祖日亙以璣
衡考驗天極不動處，乃在極星之末猶一度有餘。熙寧中，予受
詔典領曆官，雜考星曆，以璣衡求極星，初夜在窺管中，少時
復出，以此知窺管小，不能容極星遊轉，乃稍稍展窺管候之，
凡歷三月，極星方遊於窺管之內，常見不隱，然後知天極不動
處，遠極星猶三度有餘。每極星入窺管，別畫為一圖。圖為一
圓規，乃畫極星於規中。具初夜、中夜、後夜所見各圖之，凡
為二百餘圖，極星方常循圓規之內，夜夜不差。予於熙寧曆奏
議中敘之甚詳。（象數127）

沈括在同一卷中，作了後續的精彩討論與類比思維：

〔……〕句陳者，天子之環衛也。居人之中，莫如君。何以不
取象於君？君之道無所不在，不可以方言也。環衛居人之中
央，而中虛者也。虛者，妙萬物之地也。在天文，星辰皆居四
傍而中虛，八卦分布八方而中虛，不虛不足以妙萬物。其在於
人，句陳之配，則脾也。句陳如環，環之中則所謂黃庭也。黃
者，中之色；庭者，宮之虛地也〔……〕養生家曰：「能守黃
庭，則能長生。」黃庭者，以無所守為守。唯無所守，乃可以
長生〔……〕（象數136）

顯然，沈括似乎從他的天文觀測，做了一個本體論的推論：中虛，並將
之推衍到帝王的政治本體論的領域。我們知道，在漢代以來，也許除了
《周髀》下卷特別談到「北極璿璣四游」之外，一般都認為北極星是天
上唯一不動之星，其他諸星則日夜環繞它一周，於是北極星在政治上被
認為是與皇帝對應的點。當後來祖暅精確地發現極星並不在天極不動之
處，還有虞喜也發現到春秋分點緩慢移動（precession of the equinoxes）
的驚人歲差現象時，傳統皇帝的政治中心，就失去了它在星空上與北極
星的對應。再加上沈括自己的重新觀察，沈括這裡重新詮釋政治權威為
「中虛」的作法就很值得注意。所以，從「虛」一字，我們就開始理解
政治權力為「君之道無所不在，不可以方言也」，而只有從這個再詮釋
方能拾回，原本失落的那介於天上人間最尊貴的對應。一旦這個新的對
應可以成立，那麼它所連結的，就不只是天文與帝王，還連結到八卦分
佈八方而中虛，以及人體的句陳（脾）與環中（黃庭）的關係。

六壬有十二神將，以義求之，止合有十一神將〔……〕唯貴人
對相無物，如日之在天，月對則虧，五星對則逆行避之，莫
敢當其對。貴人亦然，莫有對者，故謂之天空。空者，無所有
也，非神將也〔……〕以之占事，吉凶皆空。唯求對見及有所
伸理於君者，遇之乃吉〔……〕（這個來自經驗累積的類比，讓
沈括修正了六壬術，重新詮釋「天空」，非神將。）（象數119）

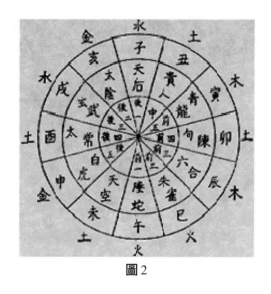

圖 2

　　總之，對這個帝王式的連結與對應，沈括顯然感到很新鮮而深奧，繼而積極地去找其他相關的對應與類比關係。在同一卷的 119 條中，當沈括在討論象數中重要的「六壬術」時，開始思考傳統對「十二神將」的詮釋（十二神將配對五行、十二地支，見圖 2）。[11] 結果，他認為其實只該有十一位神將。因為，最尊貴的「貴人」居中，左右各有五位神將隨侍。十二個中最後一個名字叫「天空」，位居貴人的正對面。因為沈括肯定「中虛」的概念，因而認定「天空」就是第十二位神將的名字。貴人所面對的應該是空無一物，不應有任何事物與第一神將「貴人」對立，所以「天空」就是天中空無一物的意思，所以只有十一位神將。最後，在天空的政治討論之後，沈括回到天文學的「證據」，以支持他「十一神將」的詮釋，所以在 119 條沈括再寫道：「唯貴人對相無物，如日之在天，月對則虧，五星對則逆行避之，莫敢當其對」。在這裡，天文現象與中虛、天空等想法，很有趣的再次連結。月對則虧，應指月蝕，五星對則逆行避之，也是很有趣的觀察：五星逆行，似乎不再只是

11　上圖來源，來自梅原郁譯註的《夢溪筆談》（1978：第 1 冊，167）。

純粹的天文現象而已了。但沈括這個想法，大致上只有外行星的逆行才的確如此（木、土、火三星），內行星如金、水二星，則應該沒有如此的現象。

肆、《夢溪》中非對應宇宙論的「概念／模型」類比：沈括談「礙」

除了前面討論的對應宇宙論式的類比之外，《夢溪》裡面也有以概念、模型為中心的類比思考。後面這種類比思考，比較接近近代科學式的類比，如光學以波動為模型、原子結構曾以太陽系為模型等，對近代科學的研究過程提供很大的助力。這一類型的類比，筆者舉沈括的兩個例子來討論，一個是關於凹面鏡與針孔成像（camera obscura）的類比思考，另一個，見本文下一節，則來自沈括對「變化、異事、與如何構成一類」的思考與經營。我們先來談沈括對針孔成像的研究，在科學史上很出名。

一般科普對於中國文化中討論針孔成像的文字，都說來自戰國時代的《墨經》，但其實其文字過簡而模糊，不見得能經得起科技史仔細的分析，[12]不若沈括在《夢溪》裡明白而細緻的討論，而且，沈括的討論，只是與近代科學有部分交疊而已，同時他卻更橫空生出另類思考，提出出更有趣、更可令我們反思的新方向——雖然近代光學會說沈括的類比所跨越的方向是錯的。

首先，在沈括之前，比較清楚地提到「倒影」的文字，仍然來自《酉陽》「諮議朱景玄見鮑容說，陳司徒在揚州時，東市塔影忽倒，老人

12　我對所謂的 "Mozi's discussion of camera obscura" 的知識，仍然來自 Graham & Sivin 1973。雖然二位作者在有些關鍵處無法取得同意（如墨經關於疑似針孔成像文字的詮釋），但我對他們討論的整體印象是墨子並沒有談及針孔成像。而且到現在我不知道有任何新的研究來反對上述那篇老文章。

言，海影翻則如此」。[13] 但此短文並不見得在談針孔成像，而更類似凹面鏡的成像，可能來自岸邊大海浪的弧面浪波，所形成類似凹面鏡的倒影效果。而沈括以一貫對《酉陽》的批判態度，就直接說此為「妄說」，見下文沈括最後的小注。注意在《夢溪》裡沈括的引文「海翻則塔影倒」，與前面《酉陽》的原文並不太一樣，更類似凹面鏡（海浪的大弧面）的現象。但是，沈括對此問題的思考範圍，仍然把凹面鏡的議題等同於針孔成像的議題來一起討論。

現在我們來看沈括《夢溪》著名的第 44 條「陽燧照物皆倒」。我們先要注意，沈括沒有把這一條放進「技藝」、「雜誌」或其他可能更合適「針孔成像」現象的門類，反而放在「辯證」門（"Criticism between Words and Things"），[14] 這是有意義的。透過格／礙的類比，沈括看到這個類比的廣泛意義，它涉及名與實，還有概念與人、事、物的彼此辯論與攻錯。

基本上，沈括是這樣來處理此條的核心概念「格／礙」及其類比——以礙的概念來類比四事：搖艣之礙、窗隙之礙、陽燧之礙、人之物礙：

> 陽燧照物皆倒，中間有礙故也。算家謂之「格術」。如人搖艣，臬為之礙故也。若鳶飛空中，其影隨鳶而移，或中間為窗隙所束，則影與鳶遂相違，鳶東則影西，鳶西則影東。又如窗隙中樓塔之影，中間為窗所束，亦皆倒垂，與陽燧一也。陽燧面窪，以一指迫而照之，則正；漸遠則無所見；過此，遂倒。

13　《酉陽》，卷 4、物革篇第一條（207）。

14　筆者這樣以英文翻譯「辯證」門的「辯證」一詞，是來自對筆者辯證門整體的掌握，進而回來理解辯證一門的意義。裡面的條目涉及很多名與實的往來辯證、對名與實的考證與彼此的攻錯。筆者研究《夢溪》的方式之一，就是很重視《夢溪》裡每一門的整體意義，並以此為輔助去理解該門裡面一些條目的意義。見我的 Fu 1993-4）討論異事門中類似的議題，下面會再提及。

其無所見處，正如窗隙。艣臬，腰鼓礙之，本末相格，遂成搖
艣之勢。故舉手則影愈下，下手則影愈上，此其可見。陽燧面
窪，向日照之，光皆聚向內。離鏡一二寸，光聚為一點，大如
麻菽，著物則火發，此則腰鼓最細處也。豈特物為然，人亦如
是，中間不為物礙者鮮矣。小則利害相易，是非相反；大則以
己為物，以物為己。不求去礙，而欲見不顛倒，難矣哉。西陽
雜俎謂：「海翻則塔影倒。」此妄說也。影入窗隙則倒，乃其常理。
（辯證44）

對於此條，筆者做下面的五點評論。

　　第一，沈括謂過去算家有「格術」，但歷來史家不知為何。科普有
猜測沈括可能讀了中世紀阿拉伯海什木（al-Haithan）著名光學著作的
翻譯，不知為何如此猜測，但筆者沒有看到任何證據。

　　第二，沈括描述陽燧聚火的道理。但注意在文字裡沈括並沒有說陽
光是先射向陽燧凹鏡面，然後才反射聚焦於焦點，那是近代幾何光學的
說法。但因此文並非中國光學史的專論，所以筆者並不欲在此深入此議
題。另外，沈括在寫陽燧成像的過程，雖然提到指頭、礙、與像三者的
關係，但寫得很簡略，且不涉及成像的大小問題，不過沈括後面談人之
物礙，卻預設了成像的大小，見後第五點。《墨經》的討論似乎反而比
較仔細，但筆者在此也不欲深入。

　　第三，就本文的主題而言，沈括此條最精彩的就是以礙的概念來類
比四事。但前面提過，沈括類比所跨越的方式，無論從近代光學來看，
如凹面鏡成像的幾何光學，與針孔成像的原理，二者乃基於不同的原
理，無法類比，或從近代科學的角度（科學之理／術，與人倫之礙，也
無法類比）來說，都是錯的。不過，沈括是一千多年前中國北宋一位對
自然人事物可說最博學、聰明精湛的士大夫，他為何會如此思考，反而
是比較重要的問題。

　　第四，《酉陽》說的「海翻」，可從高聳巨浪所形成類似的凹面鏡

（類似陽燧）效果中，遠處的塔影會倒來，這樣去理解。[15] 不一定要用沈括說的窗隙倒影的現象來理解。

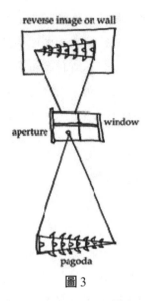

圖 3

　　第五，我們需要認真對待沈括「礙」類比例子的最後一個，人之物礙的問題（這種文句的類型，過去均無，只有如荀子「以己為物役」），過去的研究均忽略這一點，說此非「科學」史，但那只是 19 世紀以後的近代科學觀念。以下就其關鍵的兩句來解釋。

　　小則利害相易，是非相反：可從「過此遂倒」來理解。人指離開礙點漸遠則倒影漸小，就容易輕視它（此為實像，不清楚沈括如何來看它，可能需要從凹鏡反射到沈括身上的手指實像來看）。

　　大則以己為物、以物為己：可從人指「迫而照之，則正」來理解。鏡中（虛像）人指放大，容易以凹鏡中的手指以為是自己的手指（見圖4，筆者以近代幾何光學來勉強示意）。[16]

15　但此現象很少見，或許非常理。

16　前面提過，沈括並無近代幾何光學的概念，所以他理解的凹面鏡的成像，不是透過不同光線先射向凹面鏡然後反射回來成像（見 Graham & Sivin 1973: 138）。但

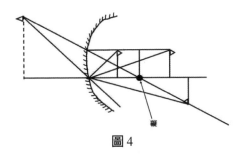

礙

圖4

　　所以，筆者以上以44條的陽燧成像的描述，來嵌合進後面沈括討
論人之礙於物的問題，基本上是完整配合無間的。但是，人之礙於物
的問題，在今天說是倫理學的問題，與光學無關，所以過去的研究均忽
略此條最後沈括的「教訓」。總之，沈括的四重類比：搖艣之礙、窗隙
之礙、陽燧之礙、人之物礙，所跨越的領域，我們今天看來，真是驚人
的，但反觀沈括的44條，文字平淡，並無自我得意的色彩，且此條的
文字長度，在辯證門中，只能算是中等，比此條長的條目很多，這就是
《夢溪》平淡中見深邃的特色。

　　最後，到了宋末趙友欽（趙真人）的分析與類比（見《革象新
書》）：將太陽類比為井中的一千支蠟燭，然後追溯每支蠟燭的景，經
過井上中間的小方孔，但最後整體疊合而成的大景，仍然是太陽的圓
形（見圖5）。如此，趙友欽終於大致預見了近代光學刻卜勒（Johannes
Kepler, 1571-1630）所言的針孔成像道理，而且他也把針孔成像與凹面
鏡成像的道理彼此分隔開了。[17]

　　　　筆者為了給當代讀者簡單示意，並顯示不同成像的大小與距離，仍以近代幾何光
　　　學的線條來畫圖。圖中右上兩面小旗者代表不同位置的手指。右下倒立小旗為實
　　　像，凹面鏡左後方的虛線小旗為虛像，而「礙」字所指為凹面鏡的焦點。筆者特
　　　別感謝王華老師的學生劉鎧銘幫忙繪製此圖。

17　見 Fu 1998。

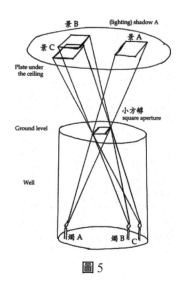

圖5

伍、以條目的「類似性」看「異事」門中的「變化」模型，並與自然主義的多元關係

接續上一節，現在我們來看《夢溪》中非對應宇宙論的「概念／模型」類比的第二個例子。

《夢溪》卷21的異事門，共30條條目，傳統上，被視為怪異之事的門類，通常的筆記中都會有此一門，與正統的天算技藝醫藥等知識之學相距甚遠，而不為科學史家所重視。但這些天地之間的怪異之事，究竟是什麼？博學者沈括是以什麼觀點來看它們？沈括如何來記載它們？筆者早年曾對此門的許多條目有所研究（Fu 1993-4）。簡言之，《夢溪》中「異事」一門對沈括而言，它們不是怪亂無法理解而丟棄的垃圾桶，反而是沈括觀察天地新奇萬事萬物的最前線。它們展現出與慣常或認知理解很不同甚至背反的現象，故它們通常都以「異」的型態呈現，有點像孔恩（T. Kuhn）說的「異常現象」（"anomaly"）。沈括雖然不能立即理解它們，但可以透過「異事」的相似性來分類，例如許多條目都顯示了「無靈的變化」。現在筆者很高興有機會，參考一點人類學的觀點，

重新來討論這個議題。

首先，異事門中約三分之二的條目（主要見下面相關條目，詳下），乍看怪奇而雜亂無章，但透過系統性的觀察，體會條目與條目之間的相似性，其實彼此有它們的類似性，筆者以為，可以用「變化」的概念來串連它們。這裡所謂物體的變化，泛指兩類：一是物體從天地人及其許多更細節（如鳥獸蟲魚草木等）的分類範疇中，從本來所處的一類跨越到另一類的情形，如從竹子變化成竹狀的石頭。另一是物體本身並未跨越範疇，而是在原範疇中做型態、大小、重量等特性上突然或非常態的變化，如人得到疾病而不斷縮小的現象。但所有這些變化，都沒有涉及變化物本身的內在性，包括它的靈、精神、或意識等。曾經在唐代泛靈天地中處處活躍的內在性，在《夢溪》中已經消失了。[18] 如此，我們看到即使在討論「異事」的門類中，沈括的類比視野，已經從傳統的泛靈論（見第一節）轉為幾乎純粹無靈的變化論。但這個幾乎無靈的變化論，是否可說是德斯科拉所說的自然主義呢？[19] 若真的是如此，則「異事門」是否可以說是一種從泛靈論到無靈的自然主義的過渡，從傳統的靈異鬼神，過渡到科學認識之基礎的自然主義？

但德斯科拉所說的自然主義，主要指歐洲 17 世紀以後的近代自然主義，泛靈論的消失（曾多少流行於歐洲文藝復興時期），所有物體的物理性都變成一樣，而除了人類之外，所有的生物不再有與人類類似的靈或靈魂，生物內在已經消失。從笛卡兒的機械論世界觀（包括心物二元論）以來，人的靈魂與智慧具有獨特的地位，而其他萬事萬物，率皆

18　雖然筆者透過「異事」條目的觀察與學習條目的語言，發現了「變化」的條目類似性、或說模型，但是這種變化，從人類學宇宙論來說，何以可能？從德斯科拉的泛靈論來說，變化之所以可能，是因為所有動植物有其共通的內在性或靈為基礎。就這一點而言，「無靈的變化」似乎是個自我矛盾的名詞。難道這種能力，是來自泛靈論的遺跡？或說因為沈括企圖除魅，但卻留下異事門中缺乏基礎的變化？或許，不再去操心這種基礎，也是走向自然主義的一種態度。

19　見 Descola 2013: ch.8 "The Certainties of Naturalism"。

為一樣的無靈自然萬物了，而在此等同的萬物自然之中，將是後來科學研究的基礎與對象。但是從 17 到 21 世紀，我們看到的是人獨特的靈魂、意識的地位，因為各種科學與人類學研究的發展，而岌岌可危，人的內在，最後似乎將逐漸化為無靈生物的一部分。[20] 不過，這不是本節的重點，本節要處理的是，從泛靈到無靈的轉化，在中世紀的中國，這個廣大而深邃的「變異」世界及其歷程。它甚至不是個暗含目的論式的「過渡」（從泛靈走到近代自然主義）。中世紀的中國「變異」，還是個自足的領域，其中我們還看到北宋無靈的變異與唐代泛靈這兩個大領域的彼此交涉與協商，看到人／社會與無靈的萬物這兩個範疇之間的跨越與穿梭。萬物雖然不再有靈，但對人／社會的內在世界，仍然會反應、甚至有些依依不捨的鄉愁。

我們現在來審視許多描述無靈的變化條目（見下面本節異事門 21 條相關條目）。在這些條目中，過去泛靈的內在已經無言，但物與物之間仍然產生變化，產生物種與萬物之間跨越範疇的變化。如 373 條的竹化為石，這是變化，也是植物的竹跨越到石頭的領域。[21] 如 364 條的鴨卵發光，這也是變化，也是生物性的鴨卵跨越到類似神祕明珠的領域。這條內容，展示沈括對這些變化的觀察與歸納，以及「物有相似者，必自是一類」的方法。但沈括排除靈異的內在，只說現象的變化，這是中國中世紀的某種自然主義。357 條，在空中移動的虹，能入澗飲水，沈括與他人經過反覆調查，然後說「信然」，這也是某種變化。363 條，木中有文，非偽。這也是樹木的紋路跨越進入世間書法的某種變化，365 條，鄉民咒語，能把牛做各種物體的變化（大小、生熟），這個無

20　當然德斯科拉在第八章也提到另外一種傾向，透過倫理學與政治哲學的發展，人的權利、倫理、甚至意識等特性，透過環境倫理、動物權等議題的發展，逐漸擴充到環境與動植物，也可說是逐漸讓後者恢復它們固有的靈。這是另一種讓歐洲近代自然主義崩壞的趨勢，不過這也非本文主要討論之處。

21　注意，此非近代科學所謂的「化石」，讀者可仔細觀察 373 條的文字，不要預設近代「化石」的概念。筆者在 Fu: 1993-4 中已經詳加討論。

靈的變化，起因於人的咒語，咒語（人的話語）也能跨越領域造成無靈生物領域的變化。366 條，泥化成金，沈未說如何形成，是不同物質間的變化。367 條「紫姑」，是異事門中唯一的變化，說來自紫姑神，所以靈以神的身分，附著在人身上，這是某種泛靈仍然寄存在人間的殘餘，待王倫家閨女出嫁後，「其神乃不至」，說明這是暫時寄住人間的靈異。368 條的奇疾，沒有靈異，是疾病所導致非常見奇特變化（大小）。369 條則是宋代的明珠描述，古今都著名。從今天的話來說則是看到古代的飛碟。這種生物大蚌，能跨越了普通生物的能耐，[22] 變化成能快速滑水「其行如飛」、能發強光，牠以明珠的形式，在人世間表演為樂。

370 條，海邊山的震動，這座山似乎跨越成某種動物或不是？地震怎可能不斷震動五十年？372 條，蛟蜃之氣變化為海市，海市，也是種從生物跨越到人世的變化現象。373 條，竹化為石，前已談過。374 條，蛇蜃化為石，只有生物與普通物體之間的變化。375 條，會增重的石頭，還能成藥，而來自道人，這中間也有跨越式的變化。378 條，寶劍，有屈舒無方的變化。沈括沒具體說此為「靈」寶，但是卻隱含其意，因為他引了神異的「七命」詩。這是居於有靈無靈之間的寶劍。379 條，寶鑑，也來自僧人，在鑑中可見未來，是跨越了物與人世未來的界線。381 條，鱷生魚，這是單純的跨越物種，也是變化，382 條亦如是。383 條，泥佛自動，這是跨越物與生物的界線，且是來自人世間的干擾（邕州新經兵亂）。385 條，旋風化為羊角插天，為害，無靈，似有跨越。386、387 條，屋瓦成百花狀，雖巧筆不能為。雨雹悉如人頭，沈括問說，難道為次年克勝之符預告？這兩則的自然變化，雖然看似無靈，但沈括很熱心的將之關連到人世間的繪畫巧筆、或克勝的符預

22　筆者曾搜尋這種生物的可能，如有「帛琉發光大貝」的報導，或稱硨磲。或許古代中國亦有此一類。但若古代真有此一生物種，如369所描述的神奇，就不再能說是「變化」了。

告。

　　所以，大致而言，我們可以把這些基本上屬無靈變化的條目（除了367、378比較靈異外），下面共列了19條，大分為兩種變化：一是純粹的變化，二是與人世密切關連的變化。後者涉入人世關係密切者，就不算是純粹自然主義式的變化，而是介於無靈的萬物與人／社會之間的跨越與穿梭，彼此可以有反應或符應，是一種與人／社會密切關連的無靈世界，共有9條：363、365、369、372、375、379、383、386、387。其他10條，則比較為純粹的自然主義描述。

　　最後筆者回到德斯科拉他在 *Beyond Nature and Culture* 書中，就 "Dispositions of Beings" 的四種存在的樣態中：泛靈、圖騰、自然主義、類比。其中與本節最相關者，則是泛靈與無靈自然主義之間的隔離或過渡。但從異事門前面所討論的條目中，中國中世紀《夢溪》的異事門，除了純粹的無靈變化外，還顯示出另一種介於泛靈與無靈之間的游離世界，它與人／社會密切相關。中國傳統常出現的異象符應，也該屬於這一種。這個游離的世界，就無法被德斯科拉的人類學分類所涵蓋，而似乎是中國類思維中的一種特別的思維模式？本節從討論「無靈的變化」開始，繼而導引出一個在唐宋之間穩定而自足的「游離世界」，它不是一個從德斯科拉分類中從泛靈到自然主義的「過渡」，也不是單純做為大分類之間的小小「重疊」（無規則、無特性、只有不同量的暫時混同，類似化學中的混合物），而是個穩定而有穿梭活力的世界，更類似化學中的一種新的化合物。不過，這個游離世界的特性，當然還需要進一步的研究與釐清。

本節異事門21條之相關條目

　　373條，近歲延州永寧關大河岸崩，入地數十尺，土下得竹筍一林，凡數百莖，根榦相連，悉化為石。適有中人過，亦取數莖去，云欲進呈。延郡素無竹，此入在數十尺土下，不知其何代物。無乃曠古以前，地卑氣溼而宜竹邪？婺州金華山有松石，又如桃核、蘆根、魚蟹之

類皆有成石者。然皆其地本有之物，不足深怪。此深地中所無，又非本土所有之物，特可異耳。

364 條，「鴨卵發光」五處不同士人均見到類似的現象。盧中甫家吳中，嘗未明而起，牆柱之下，有光熠然，就視之，似水而動，急以油紙扇挹之，其物在扇中漉漉，正如水銀，而光豔爛然，以火燭之，則了無一物。又魏國大主家亦嘗見此物。李團練評嘗（言予）〔與予言〕，與中甫所見無少異，不知何異也。予昔年在海州，曾夜煮鹽鴨卵，其間一卵，爛然通明如玉，熒熒然屋中盡明。置之器中十餘日，臭腐幾盡，愈明不已。蘇州錢僧孺家煮一鴨卵，亦如是。**物有相似者，必自是一類。**

357 條，世傳虹能入溪澗飲水，信然。（經過多人移動一起調查）。

363 條，木中有文，多是梅〔ㄕㄟ〕木，杭州南新縣民家析秫文，中有「上天大國」四字，書法類顏真卿〔……〕國字中間或字，仍起挑作尖口，全是顏筆，知其非偽者。（非靈，為異事）

364 條，鴨卵發光。（如前引文）

365 條，雷州鄉民能呪，熟牛肉變生牛肉、變小牛再變大牛。

366 條，淮南王藥金，傳者以謂泥之所化。

367 條，舊俗廁神紫姑（仙）。王倫家有神降其閨女，靈異顯著。

368 條，世有奇疾者，呂縉叔忽得疾，但縮小，臨終僅如小兒。

369 條，嘉祐中，揚州有一珠甚大，天晦多見〔……〕「一夜忽見其珠甚近，初微開其房，光自吻中出，如橫一金線；俄頃忽張殼，其大如半席，殼中白光如銀，珠大如拳，爛然不可正視，十餘里間林木皆有影，如初日所照，遠處但見天赤如野火；倏然遠去，其行如飛，浮於波中，杳杳如日」。崔伯易嘗為〈明珠賦〉。

370 條，登州巨嵎山，下臨大海，海邊山震動不已五十年。

372 條，登州海中各種蛟蜃之氣所為的「海市」？然歐陽文中曾出使河朔，過高唐縣，驛舍中夜亦有「鬼神自空中過，車馬人畜之聲、一一可辨」。

373 條，**竹化為石**。（如前引文）

374 條，蓋蛇蜃〔ㄕㄣˋ〕化為石，如石蟹之類。

375 條，（得之於道人，其上有兩三竅〔……〕出赤屑如丹砂，病心狂熱者，服麻子許即定）石斫兩歲息。

378 條，寶劍。〈七命〉論劍曰：「若其靈寶，則屈舒無方」。（二三劍均如此。自古有此一類，非常鐵能為。）

379 條，吳僧持一寶鑑「齋戒照之，當見前途吉凶」〔……〕「後乃知鑑之所卜，唯知近事耳」。

381 條，（嶺表異物誌）鱷生卵為魚、龜，其為鱷者不過一二。

382 條，（海州漁人獲）海蠻師，魚身而首如虎，亦作虎文，指爪皆虎。

383 條，（邕〔ㄩㄥ〕州交〔蠻〕寇，新經兵亂）泥佛自動搖，晝夜不息，如此逾月。

385 條，旋風望之如插天羊角。

386 條，盛冬濃霜，屋瓦皆成百花之狀。「細花如海棠，無毫髮不具，氣象生動，雖巧筆不能為」

387 條，雨雹〔ㄅㄠˊ〕，大小悉如人頭，耳目口鼻皆具。次年，王師平河州，番戎授首者甚眾，豈克勝之符預告耶？

陸、小結

近三十年前，筆者就曾仔細討論過《夢溪》的異事門，但當時並未（也無法）參考或對應人類學家 Descola 2013 的新觀點。所以那時我所討論的變化，並沒有對照德斯科拉所說的自然主義來立論，所以也沒有發現異事門中有不少的變化，並非純粹的、無靈的變化，而是與人／社會有千絲萬縷的聯繫的無靈變化：一個「游離的世界」，繼而讓筆者現在有機會形成不同於德斯科拉大分類的中國中世紀特殊的泛靈／自然主義觀點，也就是一個游離的觀點。其次，本文從討論《酉陽》開始，繼而深入著名的北宋筆記《夢溪》，從多個角度，以中國的古代文獻，來

豐富德斯科拉的拉美人類學視角，特別是關於「類比」的議題。從對應宇宙論式的類比（這點和德斯科拉的觀念比較接近），繼而討論到非對應宇宙論的類比，並把類比與模型二者結合，呈現出宋代中國已經優於為之的作法：把類比的思維精巧地使用在類似自然主義的世界中，並且做出很具想像力或很好的成果，如沈括之於陽燧、如趙有欽之於針孔成像。事實上，這也自然會聯繫上自然主義的近代科學，從科學史我們知道，其實近代科學大量地使用類比，一個具創意的類比，往往是一個新理論能夠成形的關鍵。在這裡，類比的範疇又與自然主義的範疇二者重疊，而二者有許多內在的元素作跨界結合，或許這也是德斯科拉可以多參考的地方。最後，若要明白地呼應本文集的主題，或許上面所說的，都可以看成在經過與德斯科拉的對話之後，所顯示的華人思維的一種特色。

參考文獻

中文：

王琦、王樹芬、周銘心、閻豔麗，1989，《運氣學說的研究與考察》，北京：知識出版社。

沈括，1987，《新校正夢溪筆談》（重印），胡道靜校正，609 條條目編號，香港：中華書局。

段成式，1983，《酉陽雜俎》，方南生點校，漢京文化。

梅原郁譯註，1978，《夢溪筆談》，第 1 冊，載於《東洋文庫》，第 344 冊，東京：平凡社。

傅大為，2010，〈從文藝復興到新視野──中國宋代的科技與《夢溪筆談》〉，載於《中國史新論──科技與中國社會分冊》，祝平一編，271-297，中研院、聯經出版。

雷祥麟、傅大為，1993，〈夢溪裡的語言與相似性 ── 對《夢溪筆談》「人命運之預知」及「神奇」、「異事」二門之研究〉，《清華學報》，23：31-60。

西文：

Descola, P. 2013. *Beyond Nature and Culture*. Chicago: University of Chicago Press.

Fu, D. 1993-1994. A Contextual and Taxonomic Study on the 'Divine Marvels' and 'Strange Occurrences' in 夢溪筆談 . *Chinese Science*, 11: 3-35.

——. 1998. On Crossing Taxonomies and Boundaries: A Critical Note on Comparative History of Science and Zhao Youqin's 'Optics'. *Taiwanese Journal for Philosophy and History of Science*, 8: 103-127.

——. 1999. On Mengxi Bitan's [夢 溪 筆 談] World of Marginalities and 'South-Pointing Needles': Fragment Translation vs. Contextual

Translation. In *De l'Un au Multiple. De la traduction du Chinois dans les langues Europeennes*. Ed. by Viviane Alleton and Michael Lackner. 175-201. Paris: Editions de la Maison de Sciences de l'Homme.

———. 2007. The Flourishing of Biji or Pen-Notes Texts and its Relations to History of Knowledge in Song China (960-1279). *Extrême-Orient, Extrême-Occident*, 103-130.

Graham, A. C. 1986. *Yin-Yang and the Nature of Correlative Thinking*. In *Occasional Paper and Monograph Series*, 6. Singapore: Institute of East Asian Philosophies.

Graham, A. C. & Sivin, N. 1973. A Systematic Approach to the Mohist Optics (ca. 300 B.C.). In *Chinese Science: Explorations of an Ancient Tradition*. Ed. by Shigeru Nakayama and Nathan Sivin. 105-152. Cambridge, MA: MIT Press.

Henderson, J. 1984. *The Development and Decline of Chinese Cosmology*. New York: Columbia University Press.

Zuo, Y. 2018. *Shen Gua's Empiricism*. Cambridge, MA: Harvard University Asia Center.

言說天主：
明、清之際天學脈絡中的邏輯與類比 *

祝平一

壹、引言

　　思維模式的研究起源於19世紀末人類學家與異文化的接觸。當時的人類學家如呂西安・列維—布留爾（Lucien Lévy-Bruhl, 1857-1939）思索為何原始部落人們的思考方式與「現代人」（即白種西方人）不同，完全不理會矛盾律，欠缺西方人的邏輯思維（列維—布留爾 1985）？思維模式因而不僅是人類學家關於理性的論辯（傅大為 2019：206-15），也是原始部落的人們作為「他者」與西方人作為「我群」的交會，野蠻與文明的分野。當時，作為「我群」的西方人正駕御著西方科技的堅船利炮，征服世界（Adas 1990）。思維模式因而和「他者」與「我群」、野蠻與文明、「理性」與「非理性」的區別，緊緊相繫，合理化了「我群」的優越地位。1

---
* 本文為中央研究院深耕計畫「連漪：西學與中國思想範疇的重構，1600-1800」的部分成果，特此申謝。本人亦感謝林勝彩與張邦彥提供相關研究資料。

1　列維—布留爾數度修訂《原始思維》，在俄文版的序言中，他對截然劃分的「我群」與「他者」的立場已有改變。另外，列維—布留爾的想法不宜簡單視為種族主義者。他對於「我群」與「他者」的分野，不在歧視後者；而重在「我群」與「他者」在思維模式上無法彼此溝通。說來，他可能是20世紀70年代以來，認識「絕對他者」之無法溝通的先驅。「絕對他者」之無法理解、「我群」與「他者」間的思維方法不可共量，因而無法經由其他方法馴服，而只能嚴肅地正視，並尊重其存在。「他者」的存在因而是「我群」的存在之鏡，不斷促使「我群」反省自己的思維方式。列維—布留爾因而不同於以同化、溝通、交流等為問題意識的在文化相遇研究範式。又，列維—布留爾之撰寫《原始思維》，乃因他駭異於讀到法譯

　　20 世紀初期，科學史剛成為一門正式學科之際，吸引學者們注目的課題之一是：「為何以歐美為主的西方世界，成為現代科學主要的奠基者？」對於這個複雜歷史問題的答案，有一部分來自希臘、羅馬傳統邏輯的思維模式。正是形式邏輯的以及歐幾里得的幾何證明模式，確保了科學推論的可靠性，而使得現代科學成為可能（Needham 1969: 14-54）。能正確無誤地推導論證，似乎也成了西方文明優越性的證明。這種西方理性優越論的想法，與人類學家的論述不謀而合。

　　現在學者無疑不會滿意這帶有西方中心主義的答案。尤其當李約瑟主編的套書《中國之科學與文明》（*Science and Civilisation in China*），以大量歷史證據展示前現代的中國亦不依據邏輯思考為前提，但科技發展並未裹足不前，甚且在人類文明史有巨大貢獻。那麼邏輯思維究竟在科學史中扮演何種角色？學者當然也發現了先秦時代的墨、法兩家，已有類似西方的形式邏輯，只是後來這一傳統並未在中國思想史中留下深刻的足跡（Needham 1956: 165-203; Harbsmeier 1998）。隨著學者反省以往以物理學為模式之科學史的不足，科學思維的模式，再度引發學者的興趣。例如熱衷於比較研究的著名科學史家杰弗里・恩尼斯特・理查・勞埃德（G. E. R. Lloyd）很早就對論證模式的問題感興趣，並且從思維模式的角度，分析前蘇格拉底哲人使用對立（polarity）與類比（analogy）的思維模式，以舖陳亞里斯多德有鑑於此兩種論證模式的缺失，進而開啟了形式邏輯（Lloyd 1966）。最近他又回到類比思維模式的探討，除了要破除長久以來，認為邏輯思維較為優越的西方中心主義外，也以中國的案例，為他山之石，說明類比思維的重要性（Lloyd 2015）。

　　如果我們暫時撇開差異，將西方視為一個文明，從希臘、羅馬以來，西方人便試圖透過邏輯形式來檢驗思維的可靠性，這的確構成了西

《史記》時之純然不可解，頗類傅柯讀到波赫士的《中國百科全書》時，那種驚異，想笑，又脊背發涼的感覺。筆者感謝戴麗娟提供列維—布留爾和法譯《史記》的資料。

方文明的特色。至於以類比思維，不論從歷史或人類學上的證據，則是人類思維的普遍模式。

本文不擬爭論二者孰優孰劣，或者哪類人群長於某類思維。本文感興趣的是，長於邏輯思維的西方文明，在文化接觸的過程中，如何看待其他文明的思維模式？本文以明清之際來華的傳教士為例，討論這個問題。明末入華的傳教士深受當時西方大學亞里斯多德的邏輯訓練，在引介天主教時，他們也介紹通往認神之路的西方大學課程，而七藝之一的絡日迦（*logica*）即為其一（艾儒略 1965〔1623〕）。為何傳教士需要引進西方的邏輯學？文藝復興時代晚期的邏輯學已成為相當複雜的系統，傳教士在譯介西方邏輯學時，做了何種選擇？邏輯與傳教之間有何關係？在傳教的過程中，傳教士常與中國士人往復辯難，那麼他們如何評價中國士人的思維與論辯方式？中國士人又以何種策略回應傳教士由邏輯推論而來的「真理」言說？除了邏輯學以外，傳教士也深諳西方的類比思維，並傳入了西方的「譬學」。那麼西方的類比思維，在傳教中有何功能？當時中國的天主教社群如何使用類比思維？

透過文化接觸時，不同思維模式的交會，本文指出：不論是邏輯或類比思維，並非某一文化之本質。人們在言辯交鋒時，很容易習得對方之思維模式，並思破解之道。而且思維模式的使用，應置於特定的時空脈絡。不論是邏輯或類比，雖有其哲學基礎，但在使用過程中，主要的目的仍在說服。在西方的學術傳統中邏輯是修辭學的一部分。然而傳教士的任務遠比一般說服複雜，他們主要閱聽的對象是異文化中的常民，但要宣說的道理卻是看不見、聽不聞的終極存有——天主，如何透過人類的語言，宣傳終極存有？其間邏輯與類比扮演了何種言說策略的角色？對於一般以文化調適為傳教策略的中西文化交流敘事，本文以言說為例，提供了文化調適中相應張力的敘事。如果言說的目標是唯一的真理和終極的存有，那麼真理和終極的存有如何在異文化中調適？邏輯和類比在言說上帝中有何功能，又如何扮演文化中介的角色？

在進一步討論之前，我們先確認西方的 analogical reasoning 確實和

中國的類比思維相當。

貳、Analogy 與類比

　　根據《牛津英文字典》（*OED*），analogy 在希臘文裡，原是數學名詞，意指比率（equality of ratios, proportion），後來亦用以指「等價關係或相似性」。由於兩物有「相似性」，因此借一物以言另一物，可以使閱聽者從已知之物，推知其他一物的性狀。中文「類」或「比」皆有相似之意。《說文解字》：「類，穜〔種〕類相佀〔似〕，唯犬為甚。」段玉裁謂：「類本謂犬相佀。引伸叚借為凡相佀之偁。〈釋詁〉、《毛傳》皆曰：『類、善也』。釋類為善，猶釋不肖為不善也。」（段玉裁 1981：476）因此，類（相似）在中文的語境中，指的不僅是物的關係，同時也具有道德意涵。至於「比」字，《說文解字》：「比，密也。二人為從，反從為比。」段玉裁謂：「其本義謂相親密。餘義佣也、及也、次也、校也、例也、類也、頻也、擇善而從之也、阿黨也。皆其所引伸。」（段玉裁 1981：386）「比」字以人之親密引伸為類，本身便是字義上「類比思維」的推衍。「類比」或「比類」是中國的古語，亦稱為「譬」或「喻」。《玉篇》云：「以類比況謂之譬。開曉令悟謂之喻。」中國古哲對於用譬說理並不陌生，甚至是先秦諸子政治與哲學說服主要的言說方式，難怪類比思維會被認為是中國文化的特色。其後以「故事」，或歷史教訓為比，在朝言政，也一直是中國政治的傳統（邢義田 1987；Hartwell 1971: 690-727）。類比思維常使用於中國的司法和醫學。因此，從字源上而言，「類比」的確是 analogy 恰當的對譯。

　　然而，何謂「相似性」？有任何判準可以斷定兩物之相似嗎？凱斯・桑思坦（Cass R. Sunstein）指出「類比思維」有以下結構：

　　（一）A 有某個特點 x，或某些特點 x、y、z。

　　（二）B 也有這個特點，或這些特點中的部分或全部。

（三）A 也有某個特點 Q。

（四）因為 A 或 B 共有某個或某些個特點，我們便給未知的事情下結論，說 B 也有 Q 這個特點。（凱斯・桑思坦 2001：132）

我們可以王充駁斥趙簡子昏迷七日，卻自謂上天庭，見上帝之例，說明類比的使用與誤用：

> 夢見帝，是魂之上天也。上天猶上山也。夢上山，足登山，手引木，然後能升。升天無所緣，何能得上？（黃暉 1990：918）

王充以魂之上天與登山類比，雖兩者皆有往上升之性質，但登山必須手足攀爬，而升天卻無任何憑依，因此趙簡子並未真的上天見帝。這個比喻，淺顯易懂，卻也足以說明類比思維的誤用及相似性的問題。形式上，魂之上天（A）如登山（B）兩者皆有上升（x）的共同點，因此類比二者，或可說明趙簡子真上了天。但王充卻又使用攀爬（y）為登山之必要條件，來反證趙簡子並未真的登上天庭（~y ⊢ ~B）。然而，由於兩個類比項之間只是相似性的關係，而不是同一性（A=B）或是附屬性（A∈B）關係，所以雖然 y∈A，卻不能以此推論 ~y ⊢ ~B。王充在此將類比式當成邏輯推理來使用，顯然有濫用類比之嫌。一般類比推論會援用相似的案例說明類比如何進行，但不能拿來做否證。因為，這恰好說明了兩個類比項並不相似，也因此無法援引。故王充不能以「登山需要攀爬」來否定趙簡子魂之升天與否。

　　王充的例子正好顯示出，相似性的判斷相當主觀。不相信王充的讀者會質疑，魂之上天真的能和爬山類比嗎？如果 A 和 B 有同一性或是附屬性關係，相似性很容易判斷；如果二者只是「猶如」的關係，那麼 A、B 間共同之處為何？是哪些性質可以據以判斷二者相似？這正是類比思維弔詭之處：人們缺乏一貫和清楚的標準去判定兩件事物的相似

與否，而必須在具體的情境中，透過具體案例的比較和爭論，才能夠同意類比是否能成立。在性命或財物交關的制度，人們可能立下比附的規則。例如，明、清的法律中，規定按比的標準是已有的律條。例如清代的《刑案匯覽》便謂：

> 凡直省題達各案，刑部詳加核議。苟有可疑，必援彼證此，稱物而類比之，剖析毫釐。律例之用於是乎盡，情與法皆兩得矣。（鮑書芸 1888：1）

指出刑部在判案時的思維模式，主要是援彼證此，以相類似的案件，援引合適的律條來解決有疑的案件。如製造偽幣為律中所無，故以「私煎銀兩及造銅錢之類，比依常人盜倉庫錢糧者律，絞。」（明太祖敕撰 1554：31:39b）將實際發生的製造偽幣行為比附為「盜倉庫錢糧」。這種類推關係，常見於法律和醫學推理中。因而類比思維的重點不是論點上的證明，而是提供說服別人，或合理化某些行動的理由。實際運作上，相似性的判定可能從主觀、依照標準，甚至像桑思坦所指出，由參與的雙方協商出處理相似性的原則，從而達到「理論不全的判斷」（incompletely theorized judgments）（凱斯‧桑思坦 2001：132）。

　　和希臘古哲一樣，中國哲人對於錯誤類比的問題也相當警醒。《莊子》有云：「夫兩喜必多溢美之言，兩怒必多溢惡之言，常過其當。」成玄英注云：「類，似也。似使人妄構。」（劉武 1987：104）提出了可類比之物間的「相似性」問題。當個人判斷過於強調物類之相似，易引喻失意，其類比近於妄而不可信。這個重要的提醒起了多大的作用，今難斷言。但中國古哲確實意及類之可比與否的問題。

　　類比除了比較以外，還和分類有關，因為「類」隱含著物與物之間的相似性。中國的本草學和類書，是分類的主要文本形式。例如邵晉涵序《本草經》時謂：「惟其瞻涉者博，故引類比方，悉符藥論。」（邵晉涵，〈神農本艸經‧序〉：1b）認為學者必須博學，才能從類比中，尋找合於方論的藥材。張文虎讀沈括的《夢溪筆談》時，「竊意當日隨筆

記述，略依類比，釐為三十卷，時自增刪，未有定本，故多寡不一。」（沈括 1959：1106）以分類作成筆記，整理知識。

除了與西方 analogy 建立在相似性的原則外，中式類比在戰國末年以後還因為陰陽五行宇宙觀的影響，形成「物類相感」與物可以幻化的文化特色（武田時昌 2003；杜正勝 2002a；2002b；2002c）。由於感應，不同的物可以互相召喚；由於幻化，物不見得會停留在原來的狀態。這兩個中國宇宙論的元素，深刻影響藥理與政治儀式的類比推理方式。在這樣的文化前提，中式的類比推論和西方的 analogy 會有什麼差異？即便中國物類相轉的觀念不一定會造成中、西類比推理的差異，但卻造成中、西文化相遇時，雙方對於「物」在存有論上的衝突。

參、作為分類萬物的薄斐略樹

明、清之際傳教士將西方邏輯學與類比之學（譬學）都傳入了中國。這些文本源自希、羅時期，經過中世紀的經院，流傳到文藝復興時代，成為大學中修辭學的教材，並深深地浸潤在教會文化中。對開創中國教區貢獻最大的利瑪竇（Matteo Ricci, 1552-1610），也是首位使用西方邏輯學辯駁中士的戰將。他利用了中世紀邏輯學者註解《（亞里斯多德邏輯學）導論》（*Isagoge*）所創的薄斐略樹（Porphyrian tree 或是 tree of Porphyry），將之譯為「物宗類圖」，以指出中土人士對物的理解完全錯誤。「物宗類圖」將「物」（being）分為「自立者」（substance）與「依賴者」（accident），「自立者」即「十倫」之首，其他九倫則為描述自立者之種種屬性，故屬「依賴者」。「十倫」即是亞里斯多德邏輯學的十種範疇。而「自立者」又可依「有形／無形、純／雜、能朽／不朽、成／不成、生／不生、知覺／不知覺、論理／不能論理」等，以分類萬物（圖一），如「人」便是「自立／有形／雜／能朽／成／生／知覺／論理」的存有。在此邏輯圖中對於「人」的表述，同時也是「人」在萬物中的位置，區分了「人」與它物間的差異和等級。如圖中天神

（angel）高於人；人高於動物等。

　　「物宗類圖」原本應只是用物之宗（genus）、類（species），以說解語句中主詞和謂詞間的關係。至於語句的內容是否與外界的存有對應，則一直是中世紀以來邏輯學者爭論不休的問題。值得注意的是利瑪竇的薄斐略樹是目前所見最複雜的一株，不但層次多，例子也多。一般的薄斐略樹由「自立者」開始分叉，多數至人而止，亦未附上「十倫」（Hacking 2007: 221-63; Verboon 2014: 95-116; O'Byrne 2017: 431-6）。但利瑪竇似乎有意以此作為萬物分類的架構，並介紹最高的存有——天主。當利瑪竇使用此邏輯工具與他的論敵辯駁時，「物宗類圖」成為萬物分類之圖譜。利氏不滿中國的分類方式，他尤其批評萬物有「靈」，甚或可以輪迴變質之說。利氏認為「靈」之屬（即有理性靈魂 anima 者）只有人以上之品類方有，鳥獸以下則否。而物之所以為物，與其本質（substance）相關。本質無法改變，定義了主詞與說明主詞性質的謂詞，使二者在形成命題時，有穩定的聯繫，方能進行邏輯推論或演算。利瑪竇以此反駁人死魂散、萬物有靈或共擁一氣、佛教之論性等中國有關物類及其性質的說法。物既為天主所造，各有其性，不能相轉，亦不能相合。人的本質乃其不朽的靈魂，因此，死後靈魂不滅（利瑪竇 1603：上卷，44a-53a）。

　　利瑪竇所採取的溫和實在論（moderate realism）立場，源自亞理斯多德，後來為阿奎那（Thomas Aquinas, c. 1225-1274）所接受，也成為高因盤利大學（Coimbra University）邏輯學講義主要編者塞巴斯蒂安・達・庫托（Sebastian da Couto, 1567-1639）所採取的立場（Voboda 2013: 135-50）。立足於這一基點，薄斐略樹在中國發展成複雜的「物宗類圖」，以論證存有之階序與物之間不可跨越的分野，並證實物之所以為類，及物間之品級差異，皆是真實存在，以此反駁中國的氣論與佛教的輪迴，凸顯只有唯一的天主乃是至高無上的造物主。

　　其後，艾儒略（1582-1649）的《西學凡》在介紹邏輯學時指它乃「明辯之道，以立諸學之根基。辯其是與非，虛與實，表與裏之諸法。」

（1965〔1623〕：31）而其名目有五公和十宗（即利瑪竇所稱的「十倫」）：

> 五公稱之論，即萬物之宗類，如生覺靈等；物之本類，如牛馬
> 人等；物之分類，如牛馬人所以相分之理；物類之所獨有，如
> 人能言、馬能嘶、鳥能啼、犬能吠、獅能吼等；物類聽所有，
> 無物體自若，如藝於人、色於馬等。（1965〔1623〕：32）

艾儒略以動物為例，解釋了動物在所有物類間的位置、動物之所以為
類、動物之個別分類、構成特定動物之本質、與偶附之其上的性質。
《西學凡》似乎更加深了邏輯學的存有論（ontology）面向，並應和了
中國傳統正名實的名理學傳統。雖然我們不清楚中國信徒如何了解〈範
疇論〉或「物宗類圖」，但中國天主教徒，如王宏翰與劉凝，都相當理
解萬有之層級且不可相轉化的教條，並以之批判佛教、道教和民間信仰
（祝平一 2006；2012）。

圖 1：「物宗類圖」

肆、推論天主之存在

　　或許是因為1616年南京教案的影響，傳教士更進一步引入西方的邏輯學，期待「開榛蕪，啟矇瞶」（李次霖 2017〔1631〕：13），將信仰奠基於理性之上，以邏輯學為辨教之用，《名理探》便是因之而譯。入清之後，南懷仁更纂輯之前傳教士所譯之書為《窮理學》，而他的目的則是希望打入中國的科舉教材，只是被康熙所拒（祝平一 2016）。目前《窮理學》只餘殘本，和邏輯相關的部分，採自傅泛際（Francisco Furtado, 1587-1653）「譯義」，李之藻（1569-1630）「達辭」的《名理探》，除修訂其中一些譯名，也有部分含有《名理探》當時未及出版的內容（Kurtz 2011: 69-81；南懷仁 2016）。《名理探》譯自葡萄牙訓練耶穌會士的大本營，高因盤利大學的邏輯學講義《亞里斯多德辯證法大全》（*In Universam Dialecticam Aristotelis*）。乃由佩德羅‧達‧馮希嘉（Pedro da Fonseca, 1528-1599）註疏中古以來最為流行的邏輯學教科書──薄斐略（Porphyry of Tyre, 234-305）所著之《（亞里斯多德邏輯學）導論》。書前並有塞巴斯蒂安所寫的引言，以說明邏輯在西方知識體系中的位置（Kurtz 2011: 45-6）。《名理探》的翻譯說明，即便中國語言的形式與西方如此不同，語言並不會成為中國人理解邏輯甚至科學的障礙（Wardy 2003）。

　　《名理探》今存10卷，據李之藻的兒子李次霖所言，李之藻原本希望能將全書譯出，但後來入京修曆，不久旋逝，當時所譯有30卷許，今存10卷之刻本（2017〔1631〕：12）。該書卷1為塞巴斯蒂安的引言，其後四卷為「五公」（five predicables）即宗、類、殊（difference）、獨（property）、依（accident），五種分類主詞和謂詞間的可能關係；後五卷為「十倫」，指可以作為主詞和謂詞出現的事物範疇。雖然《名理探》之譯文相當精彩，但由於書未譯全，亞氏的「細錄世斯模」（syllogism），即三段論法，並未出譯。《名理探》的首卷與五公、十倫之間沒有密切的關係；與中國的傳統思想連續性不強，結果全

書帶給讀者的效果是神學色彩過強，且很可能被中國讀者誤讀為萬物的分類（Kurtz 2011: 63-5）。但也正因為最先出版的是五公和十倫，更彷彿與《天學實義》和《西學凡》遙相呼應，使人誤以為西方邏輯看似，或至少是，始於萬物分類的印象，但說不定這更合乎傳教事業的需求。誠如李天經在《名理探》的序言中謂：

> 盈天地間，莫非實理結成。而人心之靈，獨能達其精微。是造
> 物主所以顯其全能，而又使人人窮盡萬理，以識元尊，乃為不
> 負此生，惟此真實者是矣。（2017〔1636〕：8）

李氏不僅主張萬物為實，且其理實；因其實，而人之靈能窮理知之，並進而推知有一造物主之存在。而人認主與獲得真福之可能，皆奠基在天主和理「實」之存有論與人之靈魂明悟能知的基礎上。《名理探》謂：「然或有謂公（universals）也者，惟其名相，不惟其物之實有，今特辨其非。」（傅汎際 2017〔1639〕：57）主張共相（即「公」）之真實存在，並反駁只承認個體唯實（particulars）的唯名論立場（傅汎際 2017〔1639〕：57-61）。他總結道：

> 有謂霸辣篤（Plato）所論者，非指別於隤而自在之公性，
> 但指天主所函公性之元則也。緣天主所函物物之元則，既與
> 天主為一，固實別於受造諸物者，此義為是。（傅汎際 2017
> 〔1639〕：63）

不論是個別物體或是其本性，皆天主所造，因而皆為實有。物與物之分類與關係，亦非人之思想所向壁虛構：

> 言乎物之有與在，皆從天主所懷之元則〔……〕言明悟思攝此
> 物，原本此物實有，非明悟之所虛造者，正今所推論也。（傅
> 汎際 2017〔1639〕：92）

《名理探》並數度以此探討天主三一之性與耶穌人性之神蹟。

　　像《名理探》這樣困難的書，學者大致推論其流通量少，讀者不多，可能的讀者是士人信徒，甚或是用以訓練神職人員。人能探名理，端賴靈魂明悟之三通（傅汎際 2017〔1639〕：296）。《靈言蠡勺》這本譯自《靈魂論》（*De Anima*）的作品，對明悟之三通用語稍異，但有簡易的說明：

> 「直通」：百凡諸物，一一取之，純而不雜。如甲知是甲。如病知是病。冷水知是冷水。乙知是乙。一一直知。〔……〕皆真無謬。「合通」：和合二物，並而收之，分別然否。如甲與冷水二物。今言甲飲冷水。是合其然也。乙亦一物。今言乙不飲冷水。是合其不然也。「推通」：以此物合於彼物。又推及於他物。如冷水能作病。甲飲冷水。推知其病也。（畢方濟 1965：1184）

所謂「直通」指同一律（p=p），故「皆真無謬」；「合通」指一單一命題，「推通」則是三段論的命題。《名理探》則指此三通為以十範疇做成命題之順序：

> 以十倫之論較他諸論，其緩急之序云何？曰：尋知者，有三通之次序：一直通，二合通，三推通。直通者，直透各物之義，所務在位置十倫，以剖凡物之直義也。合通者，西言伯利額爾默尼亞，合而斷之，其所務，相合成文，以成諸題論者也。推通者，西言，一名亞納利第加，一名篤比加，務在推究討論，以成諸辯之規者也。（傅汎際 2017〔1639〕：296）

「合通者，推通者，有真有謬。」「合通」之例如：如甲飲冷水，飲即是中；或其不飲則是不中（p → q）。「推通」之例如：「水飲作病。甲飲水，推知其病（(p → q)；p ├ q）。果飲果病則中。或其不飲，或飲而不病，皆是不中。」（畢方濟 1965：1184-5）值得注意的是，此處討論命題的真假，並不僅取決於形式，且與命題和外界相應的程度有關。亦

即，推論必須經過實際的驗證，這或許和傳教士的實在論立場有關。傳教士宣稱，推理是人類才有的能力。雖然人類的理性等級比不上天主或是天神，但是能以學習增加自己的推理能力，最終認識天主的存在。傳教士謂：

> 凡推通者，獨人類為然。禽獸不能推通。天神至靈〔……〕物物皆能通極至盡。〔……〕皆屬直通。人則以此推彼。〔……〕故天神稱為「靈者」，人稱為「推靈者」。（畢方濟 1965：1185）

邏輯學既然是推論的學問，那麼它所關心的問題便是推論的確定性。這便是《名理探・序》所謂的：「息異喙，定一真。」（李次霦 2017〔1631〕：13）也是在一神教的脈絡下，中國第一次有了真理唯一的說法：「《名理探》自為一學〔……〕專劑〔當作濟〕明悟之用，迪人洞徹真理」（傅汎際 2017〔1639〕：29）。所謂的真理指超性之學即形上學或是神學：「超性之學，亦為明，亦為用。原本以天主為宗界，而論其屬可知之真理。」（傅汎際 2017〔1639〕：37）神學所論雖在經驗界之外，但只要使用天主賦予人之「明悟」（今譯理性），仍可求得超驗的真理。

　　然而傳教士必須驗之於外界以判斷命題真假的本體實在論，應用在人們理解上帝反而可能發生困難，因為至高無上、無始無終、全知全能上帝的存在無法由現實中來判斷其存在與否，甚至與上帝相關的命題，也很難判斷其真偽。從羅明堅和利瑪竇以來，他們大致上用了幾個典型的例子，推論上帝的存在。這些知名的例子，也反覆出現在無數的中文傳教書籍：

> 譬如舟渡江海，上下風濤而無覆蕩之虞，雖未見人，亦知一舟之中必有掌舵智工撐駕持握，乃可安流平渡也。
>
> 凡物不能自成，必須外為者以成之。樓臺房屋不能自起，恒成

> 於工匠之手。知此，則識天地不能自成，定有所為制作者，即
> 吾所謂天主也。（利瑪竇 1603：上卷，4a-b）

以渡江海和樓臺房屋之存在推知有舵工和工匠之存在。這裡用的雖是
「合通」之例，但這些推理其實是用以類比上帝可以這種方式得知祂的
存在。若要嚴格遵守傳教論所立下的法則，那麼上帝的存在與否，仍然
無法從現實中驗證。除了推論上帝的存在以外，傳教士也用演繹法推論
上帝唯一。他們所使用的方式和上面一樣，都是用推理加上類比：

> 物之公本主，乃眾物之所從出，備有眾物德性，德性圓滿超
> 然，無以尚之。〔……〕且天下之物，極多極盛，苟無一尊，
> 維持調護，不免散壞。〔……〕是故一家止有一長，一國止有
> 一君，有二，則國家亂矣；一人止有一身，一身止有一首；有
> 二，則怪異甚矣。（利瑪竇 1603：下卷，8b-9a）

從家有一長，國有一君，身有一首，而推知天下的秩序必由一尊來維
繫。

誠如傳教士所言，明悟乃人之天賦，那麼不止西洋人會，中國人自
然也會「以理推之」。當時與傳教士辯論的中國士人與佛教徒，便是利
用相同的方式，來反駁傳教士的推論。例如，他們指出：

> 舟之渡江海也，舟必各一舵工，未聞一舵工而遍操眾舟之上下
> 者也。又操舟者必非造舟人也，謂天惟一主，並造之，並運行
> 之，可乎？
>
> 工匠之成房屋也，必有命之成者，天主之成天地，孰命之耶？
>
> 工匠成房屋，不能為房屋主，彼成天地者，又烏能為天地主
> 乎？（鍾始聲 1643：1b-2a）

鍾始聲（蕅益智旭的俗名）第一個問題質疑傳教士的舵工之喻是否可證

上帝唯一？操舟者與造舟人也不相同，那麼，可否利用此種推理形式，論證上帝超過一位，從而推翻了上帝唯一的論證？因此在整個宇宙秩序上至少有兩個操縱者存在。第二項質疑則提出了無窮遞迴的問題，質問傳教士，命令工匠造房子的人又是誰呢？第三個問題則提出了造屋的人和擁有房子的人並不見得是同一人，也就是創造與主人無必然的從屬關係。對於以國家和身體來推論天主為唯一的存在，他亦有如下的駁議：

> 謂一身無二首，可也；謂一身一首之外，別無他身他首，不可也。謂一家無二長，可也；謂一家一長之外，別無他家他長，不可也。謂一國無二君，可也；謂一國一君之外，更無他國他君，不可也。謂一天無二主，亦可也；謂一天一主之外，獨無他天他主，可乎？（1643：2a-b）

在中國的階層社會中，人們的確承認君主首長唯一。然而，世界並不止有中國，他者亦有首領和君長。對浸淫在佛道中的明朝人士而言，天更不止唯一。論辯至此，已經不止是雙方對於外在世界的認知，而是兩者間宇宙觀的差異。明朝人士甚至利用身與首之比喻，質疑天主創生之能：

> 一身雖惟一首，首必與四肢百骸俱生，非首生四肢百骸也。一家雖惟一長，長必與眷屬僮僕並生，非長生眷屬僮僕也。一國雖惟一君，君必與臣佐吏民俱生，非君生臣佐吏民也。則一天雖惟一主，主亦必與神鬼人物並生，謂主生神鬼人物，可乎？（鍾始聲 1643：2b）

君長雖然是宇宙秩序的維護者，但是如果沒有被管理者，那麼也就沒有所謂管理者存在的必要。因此秩序的維護者必然與被管理者同時存在，二者沒有相生的關係。晚明的反教人士取證於經驗界，利用了上帝存在之無法由外界確證和類推傳教士簡單的邏輯，以子之矛攻子之盾。但若是傳教士使用了很複雜的士林哲學中的論辯，結果會如何？由於歷史

上並沒有發生，我們也沒有辦法預測。不過，如果要進行那樣的辯論，前提一定是中國士人必須了解西方的邏輯形式，尤其是傳教士那種士林哲學版的名理學。經歷了1664康熙曆獄而吃足苦頭的南懷仁也深知此點，他強調推理是有規則的，不守規則，亂推一通，只是知識的誤用和狡辯：

> 凡有才智之人，雖昧於窮理學所設之規法，亦或能作成理推之諸辯。然欲令折之而歸乎元始，則非知窮理學之規法者不能矣。（2016：2）

這也是為什麼南懷仁編纂《窮理學》，並企圖說服康熙，使它成為科舉之科目，取得和儒家經典相同的地位。

伍、類比之用

類比也是希臘哲人論辯常用的方式，浸淫在文藝復興晚期文化的入華傳教士，也深諳類比的技藝。類比在《名理探》中譯為「亞納落加」（analogia），指「泛者，是凡同名歧義之性，所以合於或宗或類之一」（傅汎際 2017〔1639〕：68），但未再多作說明。除了翻譯《伊索寓言》這本西方的寓言名著，明末的傳教士高一志也翻譯了譬喻修辭之著作《譬學》（李奭學 2012：255-309；林熙強 2015）。譬學的前提與邏輯相似，二者皆是靈魂明悟的展現，其預設皆是人之明悟能力有限，無法像天主或天神一般，對事理一時俱知；其功能都是由已知推不曉。誠如高一志所言：

> 人雖萬物之靈哉，不若天神，不煩推測，洞微物理也；則必由顯推隱；以所已曉，測所未曉。從其然，漸知其所以然。此格致之學也。夫明隱之道多端。設譬居一焉。故聖賢經典，無不取譬。雖夫婦之愚，皆可令明所不明也。（1984：575）

邏輯因追求推論的確定性，較為困難；譬喻類比則一般人也容易理解。高一志對譬喻的原理，說明如下：

> 譬者，借此物顯明之理，以朙他物隱暗之理也。故譬必兼兩端，其一已朙，而取以朙所未朙，是謂所「取之端」；其一未朙，而由他端以朙，是謂「所求之端」。（1984：577-8）

「二端相類」，是最直接的譬喻。除了「兩端相類相稱」外，譬喻又必須顧慮閱聽對象故「又欲稱其人」。

不過，譬喻比類比來得複雜，雖然其原理都是由類比構成，但譬喻有更複雜的變化。高一志謂：

> 譬涉甚廣，有朙者有隱者。有曲者。有直者。有單者。有重者。有解者。有無解者。有對而相反者。有無對而疊合為一者。（1984：578-9）

他在〈譬學自引〉文末寫的「時日如珍玉，不可不惜也。」雖是直譬，但一經他反覆變化，這篇三百多字的短文，起承轉合，已儼然有八股文的體勢：

> 物之彌貴者，人存之彌固，用之彌謹。〔破題〕
>
> 時之為至寶也，可怠於守，而侈於用乎？〔承題〕
>
> 或有委棄其珍玉者，人知非之。
>
> 至靡棄光陰之重資，反無非之者，何也？
>
> 且爾以失時為何失哉？即生命之失也。〔起講〕
>
> 夫人之命，非萬珍可比。
>
> 乃人於珍玉微玷，猶知惜之。于爾命之虧，反不哀耶？〔起

股〕

況珍玉一失，猶可再得時日之失。無 可追。無寶可補矣。

玉珍之失多為他人所得，是雖於爾有損，尚於人有益也。

若時之失，獨於爾有損，於人無益。

況珍玉已失，能杜人驕侈之端，有益爾之躬脩。

而時之失，非特無益，尚絕其脩之路也。〔中股〕

珍玉雖固守之，猶慮為火所爐，為水所漂，為盜所掠。然而爐
之，漂之，掠之。爾不任其咎也。

若時之寶，無力可奪，無勢可強，而妄棄之，爾之罪矣。

蓋珍玉之失，由於外，爾之所不得主也。

時日之失，由於內，爾之所不得諉也。

且珍玉可以易田地居室，不可以售善心美德。〔後股〕

惟時之善用，可以積美學，立誠德，樹不朽之名，成無限之
功，則時之益，愈大且廣。其失咎愈重且深矣。〔束股〕

彼委棄其珍玉者，或無朙律嚴司審之究之。

若廢時之咎，必有嚴主審而究治之。乃可不兢兢於寸晷之惜
乎？〔大結〕（1984：584-6）

全文以珍玉比擬時間，雖然上文未有八股嚴格的雙行排偶，但高一志和
他的合作者的確往這個方向努力。高一志對此斤斤致意謂：「譬之文，
欲約而不冗，雅而不俗，朙而不暗。」《譬學》中一扇扇的聯珠風格，
制舉時相當合用，調和著當時中國士人文化的口味，輸入天主教式的斯

多噶主義：人生的短暫，積極求道，並明示了超越主的存在。雖然高一志不是以推理的方式，推得天主的存在，但卻以人們所熟知的類比，扼要地點醒人生四末（死亡、審判、天堂、地獄）的真諦，即時行道。

類比思維最重要的是理解物性。世上無物不能成譬，最重要的是適切類比。高一志謂：

> 即天文，地理，山峙，水流空際萬眾，四行乖和，卉花之鮮美，羽禽走獸之異性奇情，無不可借以為譬，而善用譬者又湏先朙諸物之性。否則譬或不切，而旨愈晦。故人之深於物理者，其取譬無曲不伸。無隱不燦。無高不至。無理不通。無論不效。無學不著也。（1984：576）

由於譬喻是「此由彼朙也，若所取之理不朙不切。終不能致朙他端矣。」對於物理認識不足，便容易產生錯誤類比。《譬學》轉引了伊拉斯瑪士（Desiderius Erasmus, 1466-1536）所編撰的《譬喻集》（*Parabolae sive similia*）和取自老普利尼（Pliny the Elder, 23-79）的《博物學》（*Naturalis Historia*）的物喻（林熙強 2015：77-9）。由於類比建立在相似性上，類比之使用也難脫當時天主教的事物分類。

類比很容易穿越文化界域，明末的中國信徒尚祜卿便能以譬喻言說天主教的奧理。如他以日光和接枝說明「三位一體」這一「超性」的概念：

> 凡人之身天主亦在特不與之結合，如日光被物而不係物；耶穌之身，天主三位咸在，而與之締結者惟第二位。譬之以梨接桃，梨藉桃以生，桃何嘗損其本體。（2013：冊3，267）

又如他在討論身體的損傷，是否造成靈魂受損？他以鏡為喻云：

> 如不屬切要之肢，靈魂即舍所去之肢而退存所存諸肢。比之玻璃，全鏡照人，人像固全；缺鏡一角照人，人像亦全像，不與

鏡同缺。靈不與肢同損其理一也。（尚祐卿 2013：冊4，18）

似乎讓讀者一下子了悟了尚祐卿助譯的利安當（Antonio Caballero, 1602-1669）《正學鏐石》中，難以釋明的問題：為何身體受傷有時候會讓人致死，有時則否（1984：214）。

陸、結語

　　本文討論中、西文化初會時，雙方的論辯模式。以此提醒勿將某種思維模式，視為某種文明所專擅的特質。在傳教史的脈絡中，邏輯思維和類比思維並存，更說明了思維模式很難說成是文化特質。二者毋寧是言說的工具，目的在於說服，如以邏輯的嚴整性，聲稱天主教的優越性，以貶抑中國的多神信仰；以類比的啟發性，說明神學中難以理解的問題。

　　亞里斯多德的邏輯傳統奠基在物類的區別上。也就是說，類和類之間有著不可共通的本質；一物就是一物，一類就是一類；且屬與類有從屬關係。邏輯雖可單純是形式推導的問題，但對明清之際的傳教士而言，或因歷史之偶然，邏輯學彰顯於薄斐略樹上，成為萬物分類的圖譜。物為全知全能、無形時在的上帝所造，各有其性，不相混雜，且有從屬關係，因此可以在給定的條件下，透過邏輯的形式，以確定推論的真假。

　　但傳教士以推理說天主，立基於人類的認知並不完美之前提。而他們似乎朝向邏輯命題的真假，必須取驗於外界存有的立場。傳教士的本體實在論雖然讓他們可以分類世界，確定物類之間的邊界，並將主置於最高的位置，但也使人類不完美的認知推論產生了很大的問題。耶穌會士雖然希望導入邏輯來傳教，以人能推理之本性，論證無形的造物主必然存在。但傳教士將邏輯建立在本體實在論，要對外邦人說明如何推論無限全能而無形之上帝，實有難處。反教人士也很快習得傳教士的邏輯

論式，並以之反擊傳教士的推理。可惜的是，當時西方的邏輯學並未完整翻譯，因此吾人亦難進一步推測明、清之際的中國人對西方邏輯學的反應。

　　明末的傳教士同樣把西方的類比思維傳入中國。在《譬學》中，以相似的命題開始，經由層層遞轉，類比譬喻可以轉化成相當複雜的推論。但即便類比是無論中、西，也不論階層的人常用的論說模式，傳教士仍然主張類比的相似性，必須建立在西方物類認識之上，暗合其邏輯思考的模式。這一點也不令人意外，因為邏輯與修辭都是他們大學裡的初級必修課。中國思維也有類比的方式，但是並未建立在物類必然的區別上，尤其在陰陽五行的宇宙觀中，物類可能轉化，再加上佛教的輪迴觀，使人們相信在不同的時空，物之間可以互相轉化。比較有趣的是，《譬學》刻意做成舉子寫八股的聯珠形式，以配合士人的需求。而中國教友也頗能掌握類比思維的要義，以之說明天主教難言的奧理。可見中國教徒也相當能掌握西方的類比思維。

　　本文所舉的例證只是說明已為人熟知的常識：以形式邏輯來確認論證之真假，確實是西方文明的特色；而類比思維則是人類常用的思維模式。當傳教士以邏輯來論證上帝時，中國士人也很快能以相同的論證形式加以反擊。然而，這不見得是因為反教士人已習得形式邏輯，而是說明了站在本體實在論的立場，推論上帝之困難；以及西方的邏輯在當時並未譯全，致使邏輯學看來像事物分類學。而傳教士嚴格的物類邊界與當時中國人認為萬物一體、本體為虛、物類輪迴的世界觀格格不入。

　　上世紀末以來，學者又開始把類比思維認為是中國思想的特色。這或許和西方社會中已經察覺邏輯思維的可靠性，仍難解釋日常生活中人們各式各樣理性或非理性的認知活動。巧合的是，這也是中國興起，力推中國文化特色之際。也許，學者對於思維模式的興趣，反應的是人類世界的轉變；不自覺地回到列維—布留爾探索「原始思維」時的問題意識？

參考文獻

中文：

列維—布留爾，1985，《原始思維》，丁由譯，據 1930 年俄文版譯，北京：商務印書館。

艾儒略，1965（1623），《西學凡》，載於《天學初函》，第 1 冊，李之藻等編，21-60，臺北：學生書局。

利安當，1984，《正學鏐石》，載於《天主教東傳文獻三編》，第 1 冊，吳相湘編，二刷，89-266，臺北：學生書局。

利瑪竇，1603，《天主實義》（重刻），閩中：欽一堂，日本公文書館藏。

李天經，2017（1636），〈《名理探》序〉，載於《名理探》，傅汎際譯義，李之藻達辭，姚大勇、胡沈含校點，8-10，南京：鳳凰出版社。

李次霦，2017（1631），〈《名理探》序〉，載於《名理探》，傅汎際譯義，李之藻達辭，姚大勇、胡沈含校點，11-13，南京：鳳凰出版社。

李奭學，2012，《譯述：明末耶穌會翻譯文學論》，香港：香港中文大學。

杜正勝，2002a，〈古代物怪之研究（上）——一種心態史和文化史的探索〉，《大陸雜誌》，104，1：1-14。

——，2002b，〈古代物怪之研究（中）——一種心態史和文化史的探索〉，《大陸雜誌》，104，2：1-15。

——，2002c，〈古代物怪之研究（下）——一種心態史和文化史的探索〉，《大陸雜誌》，104，3：1-10。

沈括，1959，《夢溪筆談校證》，胡道靜校注，上海：中華書局。

邢義田，1987，〈從「如故事」和「便宜從事」看漢代行政中的經常與權變〉，載於《秦漢史論稿》，333-410，臺北：東大圖書。

尚祐卿，2013，《補儒文告》，載於《徐家匯藏書樓明清天主教文獻續

編》，第3、4冊，鐘鳴旦、杜鼎克、王仁芳編，明末清初抄本，臺北：臺北利氏學社。

明太祖敕撰，1554，《大明律例》（續集），江西布政使司重刊本。

林熙強，2015，《修辭・符號・宗教格言：耶穌會士高一志《譬學》研究》，新北：臺灣基督教文藝出版社。

武田時昌，2003，〈物類相感をめぐる中國的類推思考〉，《中国21》，15：107-126。

邵晉涵，〈《神農本艸經》序〉，載於《問經堂叢書》，孫馮翼輯，嘉慶間刊本。

南懷仁，2016，《窮理學存》（外一種），宋興無、宮雲維等校點，杭州：浙江大學出版社。

段玉裁，1981，《說文解字注》，上海：上海古籍出版社。

祝平一，2006，〈天學與歷史意識的變遷——王宏翰的《古今醫史》〉，《中央研究院歷史語言研究所集刊》，77：591-626。

——，2012，〈劉凝與劉壎：考證學與天學關係新探〉，《新史學》，23，1：57-104。

——，2016，〈方寸之間：天主教與清代的心、腦之爭〉，《漢學研究》，34，3：119-160。

高一志，1984，《譬學》，載於《天主教東傳文獻三編》，第2冊，吳相湘編，二刷，565-656，臺北：學生書局。

畢方濟，1965，《靈言蠡勺》，徐光啟筆錄，載於《天學初函》，第2冊，李之藻等編，1127-1268，臺北：學生書局。

傅大為，2019，《STS的緣起與多重建構：橫看近代科技的一種編織與打造》，臺北：臺大出版中心。

傅汎際，2017（1639），《名理探》，李之藻達辭，姚大勇、胡沈含校點，南京：鳳凰出版社。

凱斯・桑思坦，2001，〈如何以「類推」決疑〉，賈士蘅譯，載於《讓證據說話—對話篇》，熊秉真、費俠莉編，121-188，臺北：麥田出版

社。

黃暉，1990，《論衡校釋》，第 3 冊，北京：中華書局。

劉武，1987，《莊子集解內篇補正》，沈嘯寰點校，載於《莊子集解；莊子集解內篇補正》，北京：中華書局。

鮑書芸，1888，《刑案匯覽》，祝慶祺編，上海圖書集成局仿袖珍版印本。

鍾始聲，1643，〈天學再徵〉，載於《闢邪集》，法國國家圖書館藏刻本，BnF 5858。

西文：

Adas, M. 1990. *Machines As the Measure of Men: Science, Technology, and Ideologies of Western Dominance*. Ithaca: Cornell University Press.

Hacking, I. 2007. Trees of Logic, Trees of Porphyry. In *Advancements of Learning: Essays in Honour of Paolo Rossi*. Ed. by John L. Heilbron. 219-261. Florence: Olschki.

Harbsmeier, C. 1998. *Language and Logic in Traditional China*. In: *Science and Civilisation in China*, 7:1. Ed. by Joseph Needham. Cambridge: Cambridge University Press.

Hartwell, R. 1971. Historical Analogism, Public Policy, and Social Science in Eleventh-and Twelfth-Century China, 750-1350. *The American Historical Review*, 76: 690-727.

Kurtz, J. 2011. *The Discovery of Chinese Logic*. Leiden: Brill.

Lloyd, G. E. R. 1966. *Polarity and Analogy*. Cambridge: Cambridge University Press.

——. 2015. *Analogical Investigations: Historical and Cross-cultural Perspectives on Human Reasoning*. Cambridge: Cambridge University Press.

Needham, J. 1956. *History of Scientific Thought*. In: *Science and Civilisation in China*, 2. Ed. by Joseph Needham. Cambridge: Cambridge University Press.

———. 1969. *The Grand Titration: Science and Society in East and West*. London: George Allen &Unwin LTD.

O'Byrne, A. 2017. Taxonomy and its Pleasures. *Research in Phenomenology*, 47: 429-448.

Verboon, A. R. 2014. The Medieval Tree of Porphyry An Organic. In *The Tree: Symbol, Allegory, and Mnemonic Device in Medieval Art and Thought*. Ed. by Pippa Salonius and Andrea Worm. 95-116. Belgium: Brepols Publishers.

Voboda, D. 2013. Cursus Conimbricensis-Sebastian Couto S.J. Nature Considered in Itself in the Context of the Problem of Universals. *Theologica*, 3, 2: 135-150.

Wardy, R. 2003. *Aristotle in China Language, Categories and Translation*. Cambridge: Cambridge University Press.

牟宗三論體現與象徵

林維杰

壹、前言

　　本文將討論當代新儒家牟宗三（1909-1995）關於「體現」與「象徵」的使用具有的符號學意義潛力。符號學的基本思路是：指涉作用之所以可能，乃在於「概念物」與「非概念物」的跨屬性類比與異質想像；類比之所以可能，需要想像力進行跨界、跨屬性連結，當「非概念物」被想像力有效類比至「概念物」時，前者即成為後者的「符號」。這種類比想像的符號學運用常可見諸華人文化的各式表現，如文學創作裡以景物書寫心境，儒學中的以類相應（漢代）以及以山川天候表彰聖賢人格（宋明理學）。牟宗三不僅意識到這種指涉思維（儒學與玄學）具有很強的啟發作用與實踐效力，並且匠心獨具地規定了本體界與現象界的不同指涉範圍。

　　牟宗三的符號學思維，首先表現在其有關人物的書寫。他有三部著作值得留意，分別是涉及漢代以「歷史精神」解析天才與理性人物及其集團活動的《歷史哲學》（1955），魏晉時期以「自然人性」解析才情人物的《才性與玄理》（1963），以及宋代以「道德人性」解析聖賢人物的《心體與性體》（3 冊，1968-1969）。三書中有關「自然人性」與「道德人性」的區分與對揚，是牟宗三人性論的基本觀點。他對先秦、魏晉與宋代的人物評述與論斷，都與這個立場有關。對他來說，「人物評斷」就是「人性評斷」（非評斷人性「自身」，而是評斷人性的「表現」）。對於魏晉時期自然人性的評斷屬於審美範疇（尤其是劉劭的《人物志》系

統），此種人性透顯的是藝術式的光采，所以不涉及道德範疇，對先秦至宋代之道德人性的評斷則屬於道德範疇（以《近思錄》為代表）。然而由於道德人性的極致表現可臻於「化境」，所以也能夠以藝術的角度（審美範疇）鑑賞此類道德化境的純粹與光輝。

　　進一步來說，出版最早的《歷史哲學》以「主體」及其「精神」、「理念」之體現（表現、實現）[1]解釋文化活動，這是本於黑格爾《歷史哲學》而立言，並回應黑格爾論東方文化的「無主體之自由」觀點。[2]牟宗三對此並不認同，他以為中國其實有「道德」與「美學」等兩種自由（「知性」則未全幅展開），具體的討論則奠基於康德的三分架構：「道德主體」、「藝術主體」與「知性主體」。依此，中國文化的這三個主體即展示為「道德之理」、「自然之氣」與「知性之理」等三種精神（即「綜合盡理」、「綜合盡氣」與「分解盡理」之精神），這些精神可以證諸先秦至漢代不同人物的倫理與歷史活動。就先秦儒者而言，孔子的主體與人格是充其量的純德慧，所以才能通於天地而表現出「天地氣象」（1984：98-9）；孟子全幅是精神、通體是光輝，此光輝乃精神所透顯，是絕對主體性的表現（1984：113-4）。荀子禮義之統的文化理想是孔孟道德精神主體的收縮，而表現以「知性主體」，這種主體及其精神是「智」的涵蓋與照射，只是外在而平面的型態（1984：126），所以不見氣象與光彩。大致而言，在類型意義上牟宗三把孔孟視為「綜合盡理」

1　牟宗三，1984，《歷史哲學》，臺北：學生書局。關於體現與意義相近之諸詞，可參見以下書中的兩段文字：「歷史是集團生命底活動行程。集團生命底活動，不論其自覺與否，均有一理念在後面支配。理念就是他們活動底方向。因此，了解歷史是要通過『理念』之實現來了解的。〔……〕它們的意義是在其表現理念底作用上而被看出。」（〈三版自序〉，頁4）「超越的理念之貫注於集團生命之活動中，即事理之事中，而被表現，方使事理之事有意義，有理。〔……〕事理底可能是通過事理之事之辯證地體現理念而可能。」（頁5）

2　關於精神實體表現為各種型態乃本於黑格爾，見牟宗三 1984：4。關於無主體之自由（頁56-63），則是東方文化的政治結構與社會結構無法讓「含藏在意志中那抽象的未曾發展出的〔實體〕自由」（頁61）展現為主體自由。

人物，荀子視為「分解盡理」人物。漢代在人物類型上，具有更豐富的辯證意涵，其人物與精神的體現關係是：開國高祖體現的是「審美」的盡氣精神，諸輔相賢臣與東漢光武體現的是「知性」的盡理精神，武帝則是盡氣與（分解）盡理的結合。大致而言，道德、藝術與知性是此書的三種基本精神，其精神乃出於不同人物的極致表現，也可說諸精神體現於不同人物及其活動。不過在語彙的運用上，偶爾會有交錯。例如認為自然生命的極致充沛者（劉邦）有其「氣象」，而聖賢氣象則可以進行品鑒。

之後出版的《才性與玄理》，關注點則由前述的「主體」轉為「人性」。此書明確區分「自然人性」與「道德人性」，以前者為告子、荀子以來的「生之謂性」傳統，並主張漢代論性、魏晉論才情與宋明論氣質之性，皆屬於「順氣」一路（依順人的自然氣稟）；後者則包含孔、孟、《大學》、《中庸》至宋明階段的理學，而歸結於天地之性（義理之性），此乃在氣稟之上另立性或理，屬於逆氣一路（逆反人的氣稟傾向）。此書依此而嚴分「道德判斷」與「美學品鑒」，主張只有才性、才情的自然人性表現才有審美品鑒可言，道德人性的表現不屬於美學，故不可言品鑒。《才性與玄理》中解析的《人物志》，是此處的關注點。《人物志》涉及人性的討論與分析，依牟宗三是「順氣」的審美判斷一路，由人的自然質素或體質切入人性論：人的自然才情與材質乃源自普遍的「元一」之質，「元一」分化為不同個體的陰陽、五行與五物；「五行」的材質性格能象徵「五物」，使得同屬材質的五物轉為帶有精神內容者；五物又在其象徵「五常」、「五德」（屬於理念或價值）時，成為後者的表徵。個人依其質素差異，展示出不同的資質面貌，並且能夠對之進行審美品鑒。品鑒的標準則建立在五行──五物──五常之間的「多層次象徵」。若由此出發看待《歷史哲學》中的體現作用，就理論潛力而言，或許也能相容於象徵作用。如果此延伸、相容思路可行，漢高祖與英雄豪傑應可作為充沛之氣的「美學象徵」，光武帝與諸輔相賢臣可作為構造之理的「知性象徵」，孔孟等聖賢人物則作為道德之理的

「德性象徵」。至於武帝劉徹，因為他是分解盡理與盡氣的結合表現，所以可視為知性與美學的雙重象徵。

更後出版的三冊《心體與性體》則聚焦於「聖賢氣象」的品評。此書關於這類人物之人格及其氣象的具體討論較為零散，對集結北宋四子論聖賢人物的關鍵作品《近思錄》，也只是輯錄其佳言作為附錄而沒有解析。需要留意的是，此書第一冊〈綜論〉中提及程明道的品題聖賢時，主張聖賢乃其人格精進至「大而化之」的「化境」，以為其行事迹象能散發美感式的光輝與英氣，所以可對這類人物進行藝術欣賞與欣趣判斷（牟宗三 1985：255）。關鍵點在於道德人格的「化境」，即不是普通的人格表現，而是大而化之、臻於天地的德性化境才能溝通道德與審美的不同世界。這種「化境說」顯然有別於《歷史哲學》與《才性與玄理》所主張的道德與審美的基本區分。若果如此，則聖賢人物的光彩氣象（美）乃其人格化境（德）所體現，是否可進一步接受「光彩氣象乃是道德人格的象徵」？

這個問題觸及康德的著名議題「美作為善的象徵」（Die Schönheit als Symbol der Sittlichkeit），對此需要對比考察牟宗三晚年的一篇長文。他在翻譯出版《康德：判斷力之批判》（1992）時，寫了一長篇的導論〈譯者關於審美判斷之超越原則之商榷〉。此文關於本議題的基本立場可以用三個命題加以表述：美與善在現象界必須分別，在本體界可以合一，現象界的美與善是本體界的美與善之象徵。簡言之，象徵是美與善的連結點，而此象徵底連結是康德的修正版本。此修正可以簡述如下：康德在「美作為善的象徵」的解說中（《判斷力批判》第一部第 59 節），一方面把道德之目的評斷「類比」地應用到自然對象與藝術對象，以為後兩者也似具有「合目的性」；另一方面則以審美的直觀表象來「象徵」非直觀的善理念。牟宗三態度明確地反對康德的這種跨界溝通與類比連結，也不同意由此類比而進行的「跨界象徵」。他提出了這樣的符號學命題：現象的有相是本體的無相之象徵，即氣化之形相乃是無相之理念（精神、價值）的象徵。再者，他主張相同範疇的象徵作

用：現象的「有相之善」是本體的「無相之善」的象徵,「有相之美」
是「無相之美」的象徵,「有相之真」是「無相之真」的象徵。就本體
無相而言,真善美沒有分別;就現象有相而言,真善美是分別的。[3] 由
於象徵是就「分別相」作為「無分別相」的表徵而言,因而也就權充、
暫且地區分「無相」的真、善、美,以之對應「有相」的真、善、美。
如此一來,人格化境即可視為善的無相,更可徹底視為真善美無分別的
本體無相。有相的光彩出於無相之化境所顯現,故可審美地品鑒與象
徵。

　　由「分別」與「無分別」(合一)的區分進行意涵的考察與擴充,
則上述三書中審美與道德的跨界體現與象徵,將得到比較恰當的說明。
《歷史哲學》的「體現」論述與《人物志》的「象徵」論述,大致上可
視為有相作為無相的體現與象徵,「豐沛極致的自然生命有其氣象」(劉
邦)與「聖賢氣象可以品鑒」(孔孟)兩種說法也才能得到合理的解
析。自然的充盡是非分別的本體無相,故能在現象界具有類同於道德氣
象之氣象;孔孟的人格光輝臻於天地,亦屬智思的本體無相,故能在現
象界進行審美鑑賞。另一方面,《人物志》所言個體存在的不同材質乃
源於普遍的「元一」之質,則可視為「分別相」的個體材質作為「無非
別相」的元一之質的象徵(儘管元一之質只是在類比意義上視為本體的
無非別),而個人的不同材質自身又具有不同層次的象徵可言,《人物
志》提供的是同屬性的不同階段的審美象徵。至於《心體與性體》中德
性人物與審美鑑賞的「跨界連結」,將把此連結的可能基礎更為明白指
向:聖賢人格的「化境」即「聖心無相」之境,因其無分別相,所以才
可能容受分別相(現象界的氣象光彩)的審美品鑒,甚至可以視此分別
相之美(氣象光彩)為無分別聖境的象徵。

　　以下先分別就歷史與才性,說明牟宗三關於體現與象徵的運用:人

3　關於牟宗三區分現象的分別說與本體的非分別說,也可參考張海燕 2007。

的天資才情（歷史人物）與才質性情（才性人物）皆為「人性之自然」或「自然人性」，此類人性或者是充作不同精神的審美「體現」，或者是自身內部即具備多層次的審美「象徵」。聖賢人物的化境「人格」所顯露的光輝「氣象」，以及其中涵蘊的體現與象徵作用，則以一種有別於康德的型態溝通審美與道德兩個範疇。

貳、歷史人物作為歷史精神的體現

《歷史哲學》一書的主要內容是探討漢代之道德、美學與知性的不同精神表現，其中尤以前兩者為關鍵。此乃出於牟宗三的一貫觀點：中國強於道德與藝術元素，弱於知性元素；前兩者撐起了中國文化的骨幹，但客觀的知識體系及政治制度並未有效建立（所以才需要良知坎陷），只有分解與構造的「知性精神」流動為歷史軌跡。無論如何，講述中國的歷史理念與精神，必須三者皆備。以該書的語彙來說，此三者分別是「綜合的盡理」、「綜合的盡氣」與「分解的盡理」。就康德的分類而言，此三種精神分別對應於他所區分的道德、審美與知識，即善、美、真。價值有三分，體現於人物的類型也有三分。一般而論，這三種原型之間並不交涉，不過放諸具體的歷史人物評價，牟宗三使用的語彙偶有歧異，至少和日後著作相比，某些語彙的涵義與運用尚顯得交錯，例如盡氣的天才與盡理的聖賢共享了某些評價語彙。

此書先行陳述中國文化乃以道德與藝術表現為主軸，以及周文所涵蘊的文化與政治上的相關論題。周文是中國儒家文化主體架構的奠立者，它反應的不僅是現實中的文化建制，也飽涵聖賢人物在理想上的主觀心性要求與客觀倫常建制。心性要求與倫常理想的極致是「綜合盡理之精神」，孔子、孟子是這種精神價值的體現者。時序進至漢代，則為本書的重點之一。此處粗略劃分了三個階段：先是漢初的楚漢相爭，其次是西漢武帝的復古更化，再來是東漢光武帝的制度建立。楚漢相爭揭示高祖劉邦充沛而不桎梏的氣化生命，體現的是「綜合盡氣之精神」，

開創了屬於漢初的天才時代。然而只有才性生命的衝動，不能成大事，必須倚靠理智的謀士。換言之，才性成就契機，理智才能保住此契機。充滿「綜合盡氣精神」的天才帝王，需要具備「分解盡理精神」的賢相與謀臣之輔助，政權與政體才能傳承。皇位傳至第三代，自然生命同屬充沛的天才漢武帝劉徹，在董仲舒與賈誼等人的文化論述與政制構造後，飛揚的自然才性逐漸轉為發揚的「超越理性」。武帝及其集團展示之超越的理性精神，實乃漢初高祖充沛元氣的生生遺緒，[4]以及武帝個人之天才[5]與節制於賢臣（董仲舒、賈誼）的分解理性所成，可算是盡氣與（分解）盡理的混合體，並顯示以理性的飛揚姿態。簡言之，無天才之氣，不可能顯露理性之光芒，這是藝術與知性（分解盡理顯示為知性精神）的交涉成果。殆至東漢光武帝劉秀結束王莽新朝的紛亂，一個重視朝廷制度客觀化的時代出現。此時西漢的自然生氣早已凋落，發揚與超越的時代精神逐步向內縮攝，自然氣性全然消化至「凝斂理性」之中，超越的理性則坎陷為知性的、構造的理性精神。或許可以視武帝為「綜合盡氣向分解盡理轉型」的理性人物，由於武帝處於轉型期，所以「氣」與「理」相互激盪而飛揚，光武帝則為徹底內斂成「分解盡理」人物。

　　以上為書中與本文議題的相關內容。由於論述的人物類型較多，在此僅討論三種原型，即「綜合盡理」的先秦聖賢、「綜合盡氣」的漢代帝王劉邦、「分解盡理」的輔佐帝王之謀臣。先看「綜合盡理」的精神表現，牟宗三對此說明如下：

4　「西漢二百年，皆漢高之不滯之氣所生也。一人之盡氣，生生二百年，弗待後嗣之相踵以為二百年也。」（牟宗三 1984：231）牟宗三在此所述，引用的是王船山在《宋論》中對宋太祖趙匡胤的贊詞。

5　「實則雄才大畧亦不足以盡之，其人〔武帝〕之為天才亦自別為一格。〔……〕然其憑藉厚，而能善用其憑藉；其才氣大，而不萎瑣其才氣；其接觸問題，而必期解決問題而不躲閃；此亦為能盡氣者之天才也。」（牟宗三 1984：257）

> 何以說是「綜和的盡理之精神」？這裡「綜和」一詞是剋就上
> 面「上下通徹，內外貫通」一義而說的。「盡理」一詞，則是
> 根據荀子所說的「聖人盡倫者也，王者盡制者也」，以及孟子
> 所說的「盡其心者知其性也」，中庸所說的盡己之性，盡人知
> 性，盡物之性，等而綜攝以成的。盡心、盡性、盡倫、盡制，
> 統概之以盡理。盡心盡性是從仁義內在之心性一面說，盡倫盡
> 制則是從社會禮制一面說。其實是一事。（1984：167）

這裡的「理」既指內在面的心性內容，也指外在面的倫常制度。就內在
而言，盡心知性（而知天）是內在世界的上下通徹，盡倫盡制則屬於外
在世界的實踐。由心性通往倫制，便是內外貫通。合心性與倫制兩面的
充分實現，則是所謂「綜合的盡理」。要同時滿足禮樂與心性，其實並
不容易，現實人物中只有孔子、孟子兩家能體現「理」的這種精神與理
念，荀子則是「分解盡理」的精神體現。這是本書中的第一層體現，即
聖賢人物體現了理之精神（盡即體現）。

　　此外，牟宗三又以「天地渾圓氣象」（1984:115）[6]與「泰山嚴巖、
浩然之氣」等明顯借自明道的意象，來表徵這種聖賢精神的卓越體現
（依照牟宗三的語言，聖賢氣象是可以品鑒的）。[7]如果孔孟充分體現了
理之精神，天地與泰山又體現了孔孟精神，則可看出牟宗三思維中潛蘊
的兩層體現式的「表徵」手法：精神體現於人物，人物體現於意象；亦
即人物是精神之表徵，意象又是人物之表徵。這種體現——表徵的雙重
性，也反應在他解析「綜合盡氣」的精神型態與人物類型：

> 盡心盡性盡倫盡制這一串代表中國文化中的理性世界，而盡才

　　高而又化除崇高相而顯平常相。這是以天地之有相來體現、表徵人格之無相，即
　　無氣象的渾圓氣象。

7　牟宗三 1984：114-5。

盡情盡氣，則代表天才世界。詩人，情人，江湖義俠，以至於
打天下的草莽英雄，都是天才世界中的人物。我這裡偏就打天
下的英雄人物說，故概之以「綜和的盡氣之精神」。這是一種
藝術性的人格表現。與綜和的盡理之精神下的聖賢人格相反。
這兩種基本精神籠罩了中國的整個文化生命。（1984：188）

這段話重複了本書以道德與藝術為中國文化基調的區分。「道德人格」
與「藝術人格」是牟宗三人物設定的兩種原型，前者的卓絕典範是聖
賢，後者則包含詩人（李白）、情人、江湖義俠（虬髯客）與草莽英
雄。詩人情人重的是情感，義俠英雄凸顯的是義氣、豪氣。情感與義氣
的表現都屬於氣化生命的原始激盪，激盪至極致而有大成就、大功業
者，則為「天才」。天才也是上下通徹（充沛之氣乃天授與天相接），
內外貫通（激盪之氣外放而能成就文學與事功）。牟宗三如此解釋天
才：「蓋唯天才為能盡氣。其風姿，其氣象，皆天授，非可強而制。」
（1984：194）風姿是才性語言，「氣象」在此也是此意，盡氣者而有氣
之「象」也。有天才風姿與氣象者，皆出於天授，表示某種自然賦予性
（自然稟賦的天才）而不可仿效。他又指出：

天才之表現，原在其生命之充沛，元氣之無碍。惟天才為能盡
氣。惟盡氣者，為能受理想。此只是其一顆天真之心，與生機
之不滯也。（1984：150）

牟宗三對劉邦的評價很高，認為他是天才式的生命表現。天才的元氣無
碍，生機流轉而不滯於矩範（所以能盡氣），所過者無不化也。秦末時
群雄爭霸，受制於規矩就是給自己設定障礙，這時需要的是超脫舊習，
並能創造新規的人物。是以天才不以他人為典範，他自身即成典範。這
種元氣無碍、生機不滯的天才，逐鹿時直如天命在身：

當其逐鹿中原，生死苦鬥，〔……〕故參與比賽之時，一切無
不用其極。此時全以氣蓋天地，無有超越之者。以是，其自身

之氣，即為無限。然其自身之氣不能無限。其為無限，乃與人
相比較。若與天地之氣比較，則頓成有限。然其與人比較所顯
之無限，即可使其轉而與天接。與天較，為有限，而與天接，
則以天之無限濟其有限，儼若天唯擇彼而立之，此其所以有天
命之感也。天命之感，唯盡氣者能之。（1984：194-5）

劉邦生機豐沛的自然生命，較諸常人之氣的「有限」而顯其「無限」。
此氣之無限充盡時，狀若能上承「天命」，否則無以解釋個體何以能夠
有其「上下通徹」的表現。有限的自然生命即在其無限的充盡活動中，
有若上接天命而超脫原先的自然。成就霸業的劉邦，實乃出於自然又超
脫自然。對比於〈商榷〉所言的有相與無相，此處亦可斷言劉邦通過充
盡的氣化生命，在其自然的「有限相」中彰顯精神的「無限相」。用康
德的術語來說，氣化生命原為直觀的感性相（Sinnliches），生命的充盡
即轉化為智思的非感性相（Unsinnliches），而且是無限的精神相。

　　牟宗三對高祖的推崇，大概與《史記・高祖本紀》的敘事態度有
關。楚漢爭霸，成者王而敗者寇，《史記》是成王者的史官所寫，當然
對開朝者多褒獎之詞，牟宗三亦多採《史記》的敘述。我們可以在以下
文字中看到他如何善用諸褒獎意象以表這類天才：

吾在舊京時，至萬生園，見獅子。覺其目中無物，俯視一切，
真不愧為獸中之王。而虎豹汹湧窺視，東追西逐。徒見其兇而
殘。劉邦獅子象也。其氣象足以蓋世，其光彩足以照人。此亦
天授，非可強而致。（1984：158）

除了「有限自然」體現了「無限精神」的運用，這裡同樣使用了第二種
徵象手法。劉邦的競爭者——逐鹿中原的各路諸侯，有若東追西逐的
兇殘「虎豹」，劉邦則如「獅子」般目中無物，俯視一切。獅子是獸中
之王，王者必然睥睨萬獸而不與他者相對視，也唯有獸王才有光彩與氣
象。本書對劉邦全然是讚美，運用的徵象是正面的獅子；對項羽則全然

是貶抑，其徵象為負面的虎豹。虎豹陰險而耽於撕扯，故言項羽為「陰性英雄」，「其病總在沾滯與吝嗇。既沾滯矣，則不能化物，既吝嗇矣，則為物移」（1984：159）；獅子有睥睨不拘之光彩，故言劉邦是「陽性英雄」，此乃因其「所過者化，無不披靡」，「其機常活而不滯，其氣常盛而不衰」（1984：158）。

　　然而只有豐沛之元氣與靈動之生機，僅能先佔契機而無法保住契機。要能撐開霸業與維繫開創的政權，須有理性的謀臣與賢相。牟宗三說劉邦的流動生命而「不成套」（1984:158）[8]（即不成規制），他需要能夠「成套」（建立客觀制度）的輔助能臣。張良、陳平、蕭何與韓信都是這類具備「構造」能力、體現「分解盡理」精神的輔助人物，如此才能開創與維繫其功業。

　　我們由劉邦的人物類型解說，大致可看到牟宗三的解析手法。劉邦是自然生命的極致者，其表現之極致能上接天命且進而「彰顯天命」。這種即自然有限性而體現精神無限性者，屬於「綜合盡氣」的精神型態。此為第一種體現。其次是以獅子表徵劉邦的睥睨姿態。獅子是動物之自然，劉邦是天才之精神，以前者表徵後者，乃為第二種體現。這兩種表徵式體現的共通處，在於近似象徵或符號模式的「異質指涉」，即由「自然直觀者」表徵「精神理念者」。其實不止劉邦，孔孟作為盡理之人物，也應視為生命之自然，他們的生命活動充滿德性光彩，所以可就其生命之自然而體現道德理想。天才與聖賢同樣表明了：人是理念的表徵（此處的理念乃是就「精神」的型態而非就「理性」的型態而言）。

　　有意思的是，牟宗三在評斷盡理的聖賢人物時，偶爾使用了「品鑒」一詞；而評斷盡氣的天才人物（劉邦）時，也出現「氣象」語彙。換言之，光輝的德性可以品鑒，豐沛的才性也有氣象。道德判斷與審美判斷之間可以彼此流動而支援，這是相當特別的。然而在日後出版的著

8　書中甚至援引亞里斯多德的四因說，稱張良為劉邦的形式因（牟宗三 1984：153），即前者能夠矩範與實現後者的才質（材質）。依此，劉邦可視為材料因。

作中，品鑒（品題）被限制於審美判斷，氣象則專屬聖賢人格，區分相當嚴格：「我們說英雄氣概，不能說英雄氣象，聖賢才能說氣象。」又言：「聖賢氣象不屬於純美。聖賢人格就是 sublime〔崇高、莊嚴、偉大〕。」9 這不僅是語彙使用的謹慎，還顯示兩種判斷與表徵的界線愈趨明顯。在下一節，本文將討論自然作為特殊的表徵手法，以及這種表徵的審美意涵。

參、自然才質內部的兩層象徵

《才性與玄理》的第二章討論《人物志》的才性品鑒系統。品鑒屬於審美判斷，相對應者是道德判斷。這兩種判斷的屬性區分及其對象，至此書有更為清晰的陳述。簡言之，即以人性論人，不同的「人性」判斷形成不同的「人論」。書中首先提及先秦以來的兩種人性論，以及對此兩人性表現的不同評斷：

> 說到中國全幅人性的了悟之學問，我們知道它是站在主流的地位，而且是核心的地位。這全幅人性的學問是可以分兩面進行的：一、是先秦的人性善惡問題：從道德上善惡觀念來論人性；二、是「人物志」所代表的「才性名理」：這是從美學的觀點來對於人之才性或情性的種種姿態作品鑒的論述。這兩部分人性論各代表了一個基本原理，前者是道德的，後者是美學的。（牟宗三 1993：46）

此段引文很清楚地揭示牟宗三的兩種人性論（德性與才性），以及評斷人性的兩種原理（道德與美學）。德性與才性的對比，發展至宋明即結穴為「義理之性」與「氣質之性」。相對於依據道德原理做出的攸關人

9　兩語俱見：牟宗三講演，2019，《牟宗三先生演講錄（8）：康德美學》，臺北：東方人文學術研究基金會，頁108。

性善惡表現的判斷屬於道德判斷，依據美學原理所做的人性評斷，則是品鑒的美學判斷，其對象為才性（才情），這也是《人物志》人物評斷的基本型態。關於人的「才性」結構，《人物志》的開篇〈九徵第一〉[10]起始即言：

> 蓋人物之本，出乎情性。情性之理，甚微而玄。非聖人之察，
> 其孰能究之哉？

此段以「情性」論本性。劉昞注前兩句云：「性質稟之自然，情變由於習染。」情性分解為二，以性為質素，變化則出於習染之情。關於性與情的關係細節，牟宗三疏解劉昞注文如下：

> 「性質」即稟之自然而即以自然之材質以為性。〔……〕品鑒
> 地言之，則性不離其具體的情態或姿態，此即劉昞所謂「情
> 變」。情變根於性質，而誘發於染習。在情變上始有種種姿態
> 或形相可供品鑒。（1993：48）

本性質素出於自然，本性誘發於各式沾染而有情變的種種姿態。情變之後，本性亦展現為諸般姿態與繽紛殊相（聖人的中和之質亦屬之），如此才有品鑒可言。然而何者為前述的「情性之理」？〈九徵〉起始句的以下文字，皆可視為此理的詳細闡述。究其根本，則是：

> 凡有血氣者，莫不含元一以為質，稟陰陽以立性，體五行而著
> 形。苟有形質，猶可即而求之。

血氣或即生命。血氣生命以氣化的「元一」為質，此「元一」再分為二五：由陰陽以立性，由五行（金木水火土）而著形。總合元一、陰陽與五行，可稱為形質，即質素（元一）依據二五變化而成形。牟宗

---

10 「九徵」為神、精、筋、骨、氣、色、儀、容、言，「九質」則是平陂、明暗、勇怯、彊弱、躁靜、慘懌、衰正、態度、緩急。前者表徵後者，故為九徵。

三將此元一解釋為「普遍的質素底子」，並認為此乃是以漢儒的「氣化宇宙論」為底，元一、陰陽與五行皆為此類宇宙論語彙（1993：49）。由二五所形著之質，即可求見不同人物的諸多才姿情態，牟宗三進而主張：「即就具體呈現之形質而品鑑之，即足以曲盡其微玄。此為品鑑的現象學之曲盡。」（1993：49）現象學在此當然不是首建於胡賽爾（Husserl）的關於出現於意識中的現象之學，而是就形質所顯現的諸般現象而言品鑑之學。這種品鑑針對的是才性、情性的各種（有相的）姿態現象，依於情性之質而有差別性與特殊性的差異表現，並皆為生命之「天定」（1993：50）。換言之，才質、情性之風姿所依據的是審美的形上學原則（個體性），借用理學語彙，是元氣之「理一」分化而成才質的「分殊」。此分殊相、差別相的「情性天定說」，與前一節論劉邦的「天才天授說」，出於同一種思路。天才為天命所授而不可強制（即個體不可強改），情性才質亦為天定而不可褫奪。

　　情性才質的各種姿態中，以「中和」之質為最。〈九徵〉言此中和之質「平淡無味。故能調成五材，變化應節。是故觀人察質，必先察其平淡，而後求其聰明。」中和的自然之質屬於聖人之質，此質一曰平淡，二曰聰明。平淡無味是其五材（五行）的平衡所致，所以能因應各種事態節目的變化；聰明則是「陰陽清和，則中叡外明」（〈九徵〉），對牟宗三來說，五材平衡的清和叡明既「不偏於外照，亦不偏於內映。內外透明，而平當淵停。此即聖人之明」，然而依據品鑑之審美逸興，聖人「同同而一如，亦無趣味」，偏至則「多采多姿」（1993：51-2）。換言之，偏至之材的差別相、特殊相方能真正挑起品鑑趣味。「體五行而著形」的層層表現及其各種性格，才是美學徵象之所在。

　　由於〈九徵〉的各層「象徵」關係略顯繁瑣，此處僅解析其梗概。大致來說，表徵人性的基本數字為五，其關係如下：首先是五行（金、木、水、火、土），五行顯示為五質並且象徵五物（筋、骨、血、氣、肌），如此結合而成為金筋、木骨、水血、火氣、土肌，並由此展現五種生命姿態（勁精、植柔、平暢、清朗、端實）以象徵五常（仁、義、

禮、智、信）與五德（溫直擾義、剛塞弘毅、愿恭理敬、寬栗柔立、簡
暢明砭）。以上是〈九徵〉的大致細節。牟宗三以為由五行、五質、五
物以至五常與五德的說明進程，乃是層層疊進的象徵關係，以前者表徵
後者（五行／五質表徵五物，五物表徵五常／五德）。然而此中還有一
些尚待處理的節目。按五行、五質與五物一般被視為材質（感性物），
五常與五德則常視為精神或價值（非感性物）。就學理來說，相同屬性
者彼此間不容易言其象徵關係（例如我們不太會以河水象徵樹木，以勇
敢象徵恭敬）。材質感性物往往須連結異質的精神或思想，前者才能成
為後者的象徵，也才能由其象徵表現進行品鑒。然而牟宗三另有看法：

> 由五質而象徵筋骨血氣肌，根本是生理的。但此「生理的」不
> 是抽象地出現於「生理學」中之量的生理概念，而是具體地融
> 於生命中之有姿態的質的生理概念。故其徵象或姿態，如筋
> 之勁而精，骨之植而柔，色之平而暢，氣之清而朗，體之端
> 而實，仍須要一種美感的品鑒，與智慧的體悟，而理解之。
> （1993：52-3）

此段提出一種較為特別的象徵作用，即初看之下某一類生理物可象徵另
一類生理物。以本文的語彙來說，就是感性物之間具有象徵可能性，其
實不然。首先是質與量的對比：五質（五行）與五物原本皆為感性的生
理之「量」。當五質（金木水火土）象徵五物（筋骨血氣肌）時，五物
便由（感性的）「生理之量」轉化為（非感性的）「生命之質」，即勁精
之筋、植柔之骨等生命姿態。此時五物因其被象徵的轉化過程，脫離了
原始的生理（材質）屬性而成為非感性者，象徵作用所依據的感性與非
感性的連結，在此則成為「感性的五質」與「非感性的五物」（然究其
實，五質一旦成為五物之象徵，五質也不再是單純的感性物，而是通過
象徵而中介地轉化自身）。說到底，兩者並不是感性物與感性物之「同
質」的，而是感性與非感性之「異質」的象徵關係。牟宗三肯定此中可
以有「一種美感的品鑒，智慧的體悟」，並進而認為五物也可以是象徵

語詞：

> 〔……〕金木水火土固是象徵的語詞，即筋骨血氣肌諸生理語
> 詞亦仍是象徵的詞語，由之而品鑒一個完整人格的生命姿態而
> 識其才性。（1993：53）

五物之為象徵語詞，乃是以五物表徵五常、五德。由此結合前一階段的
五質作為五物的象徵，如此兩層疊進而成為相互關涉的象徵叢集，審美
品鑒也是由此而說。必須指出的是，由於前述「五物」已由前階段的
象徵表現而轉化為生命姿態，如此之五物將以何種屬性表徵「五常」？
牟宗三並沒有說明。可能的相容解釋是：對於「非感性」的五常而言，
已具有生命姿態的五物依舊屬於異質的，即仍帶有具體感性的殘餘屬性
（彼此異質者才可言象徵，這是象徵的基本學理）。進一步來說，「五質
與五物」以及「五物與五常」的兩階段象徵進程，畢竟屬於個人的內涵
表現，人物品鑒無法針對內在涵攝的質量進行品鑒，對此牟宗三依〈九
徵〉所述的內顯於外而言：

> 由五質五德之內著而形為儀態、容止、與聲音、貌色。五質五
> 德是內心的姿態，儀容聲色是外形的姿態。一是皆是才性之發
> 露，品鑒之所及。故此姿態或形相即形成一人之格調，而此亦
> 可說皆是「才性主體」之「花爛映發」。（1993：53）

五質乃是五行所顯，此屬於感性材質；五德則為溫直擾義、剛塞弘毅
等，屬於非感性的品行或精神而分別對應五行（精神的九質與感性的九
徵之關係亦然）。五質表徵五德而著為內心姿態，個人內心之種種姿態
無法藏攝而必發露為外在的儀容聲色，此為不同人物格調的花爛映發，
依此才真正有品鑒判斷可言。

前述「歷史人物」作為「歷史精神」之體現（德性聖賢與氣性豪
傑），以及本節所論「才性質物」作為「才情姿態」的象徵，皆主張人
物評斷乃建立在感性材質作為價值精神之體現／象徵的關係之中。有意

思的是，牟宗三主張對於人物的評斷分屬於道德判斷與審美判斷，即體現與象徵只能或是道德的，或是審美的，彼此不能跨界。這是牟宗三的基本立場。下一節將討論他的這種不能跨界立場的「分別說」。

肆、真善美分別說作為合一說的象徵

前文已述及牟宗三在〈商榷〉一文中的基本立場，即反對康德把道德「目的論」之評斷「類比」地應用到「非目的」之藝術對象，也不同意他以審美的直觀表象來「象徵」非直觀的善理念。按康德在《判斷力批判》§59中，把感性直觀（sinnliche Anschauung）與直觀提供立足處而立足之「概念」（Begriff）相連繫，並稱這些直觀為圖式的（schematisch）或象徵的（symbolisch）。圖式能直接展示概念，象徵則是間接展示概念。後者的間接展示，乃是一方面憑藉「類比」（Analogie）而把此象徵的反思程序「類比於」圖式程序，另一方面又將其感性直觀之反思規律「類比地」應用到另一不同於感性直觀的對象。感性直觀對於此異質對象的後一種類比展示，康德舉了專制國與手磨機的關係作為例證。這兩者初看並無相似之處，但藉由反思的「類比」作用，近於直觀的手磨機即「相似地」成為近於非直觀的專制國之「象徵」。由此出發，還有第三種類比運用，即常識上吾人很容易接受把「道德」的評斷應用到「美」的自然對象或「藝術」對象，例如稱建築物（藝術對象）與樹木（自然對象）分別具有道德的莊嚴與堂皇。這是因為對於這些美的對象之感受可類比於道德判斷產生的心靈意識，即從感官魅力轉到道德興趣。此即美與善之間的「類比」，以及美可能作為善的「象徵」之故。

牟宗三對於前兩種類比，並無說詞，他反對的是「跨界象徵」（因而也包含跨界類比），主要原因出於審美之「無目的之合目的性」（Zweckmäßigkeit ohne Zweck）的超越原則。牟宗三對此解釋：「審美判斷沒有任何利害關心，也不是從概念來，所以，審美判斷不能有任何目

的」，亦即判斷的對象只能是形式地（而非內容地）引起我們的愉悅，
「而這個東西又能使你有愉悅之感，可以與你相合，這就是暗中有一個
合目的性，暗中有一個無目的的目的。並且，他〔康德〕拿合目的性原
則作為審美判斷的超越原則。」（牟宗三講演 2019：30）[11] 牟宗三的一貫
立場是，審美的「無目的性」與道德的「目的性」必須區分開，然而康
德將無目的的審美判斷類比於意志因果的道德判斷，所以引來牟宗三的
批評。他進一步批評康德將此可類比的「無目的的合目的性」之超越原
則連結到神意設計：

> 此所追蹤的無目的的合目的性就是主觀而形式的合目的性。這
> 樣追蹤之就是要把此合目的性遠遠地掛搭於神意上，一個純智
> 的存有之最高理性上。（牟宗三譯註 1992：77）

審美的超越原則奠基於神意（神意的設計），固然得不到牟宗三的肯
認，但後者其實也把這種「超越神意」轉化為本體宇宙論式的「超越本
體」，並以之對應現象的審美對象與判斷，從而提出一種中國式的審美
「分別說」與「合一說」，甚至將此分別與合一整合至真善美。

　　對牟宗三來說，就現象而言的真、善、美，各有其屬而各顯其知識
相、行為相與氣化相；就本體（或物自身）而言，則真、善、美統攝於
無相之聖心而無差別相。就其現象的各有所屬來說：

> 真是由人的感性，知性，以及知解的理性所起的「現象界之知
> 識」之土堆；善是由人的純粹意志所起的依定然命令而行的
> 「道德行為」之土堆；美則是由人之妙慧之靜觀直感所起的無
> 任何利害關心，亦不依靠於任何概念的「對於氣化光彩與美術

11　牟宗三以帶有中國語言的方式對此解釋：「美主觀地說是妙慧之直感，客觀地說是
　　氣化之光彩，並不依於理性上。〔……〕因為是氣化之光彩，不依於理性上，故合
　　目的性原則為不切。」（牟宗三譯註 1992：78）

作品之品鑒」之土堆。（牟宗三譯註 1992：78）

「土堆」是借自陸象山「平地起土堆」的比喻。[12]「平地」在牟宗三的寓
意中，指的是本體如其所是的無差別相、無特殊相，「土堆」則指現象
依人的特殊能力（感性與知性、純粹意志、靜觀直感）而變化隆起、皺
起：真為現象知識，善指道德行為，美則無涉於關心、概念的氣化光
彩。此三者在現象界各有所屬，互不交涉。但是站在本體或物自身的角
度，則這些差別相皆可泯除，泯除的關鍵在於儒釋道共有的「無限心」
（儒家的良知明覺、道家的玄智、佛家的般若智），只有無限心可以接觸
到「物之在其自己（本體）」（牟宗三譯註 1992：79）。進一步言，此無
限心雖然是三教分設，其實可歸結為「儒家」所主導的無限心，亦即下
文所說的實踐理性之心：

> 真善美三者雖各有其獨立性，然而導致「即真即美即善」之合
> 一之境者仍是在善方面之道德的心，即實踐理性之心。此即表
> 示道德實踐的心仍是主導者，是建體立極之網維者。因為道德
> 實踐的心是生命之奮鬥之原則，主觀地說是「精進不已」之原
> 則，客觀而絕對地說是「於穆不已」之原則，因此其極境必是
> 「提得起放得下」者。（牟宗三譯註 1992：83）

儒家的道德實踐心，主觀面是實踐心體，客觀面則是於穆不已的道體。
心體與道體皆可以視為無限心。由這種儒家本體所主導的合一說，即是
以道德的「聖心無相」（牟宗三譯註 1992：84-5）之化境統攝「真之無
相」與「美之無相」。

這裡的化境範本是明儒王龍溪的四無：「無心之心其〔則〕藏密，

---

12 「平地起土堆」見陸象山對佛教的批評：「釋氏立教，本欲脫離生死，惟主於成其
私耳，此其病根也。且如世界如此，忽然生一箇謂之禪，已自是無風起浪，平地
起土堆了。」（陸象山，《陸九淵集》，頁399-400）

無意之意其〔則〕應圓，無知之知其〔則〕體寂，無物之物其〔則〕用
神。」心與知是體，意與物是用，但心意知物只是一事（即同歸於無限
心體）（牟宗三譯註 1992：85）。牟宗三以此為喻，說明「真善美之無
相」同屬「聖心之無相」。在聖心主導的合一中，一切獨立意義的分別
相皆被化除而回到「如相」：

> 現象知識之「真」相被化除，即顯「物如」之如相之「真」
> 相；道德相之「善」相被化除即顯冰解凍釋之「純亦不已」之
> 至善相；妙慧別才中審美之「美」相被化除，則一切自然之美
> （氣化之光彩）皆融化於物之如相中而一無剩欠。（牟宗三譯註
> 1992：85-6）

簡言之，無分別相的真善美是回歸本體、物自身的一切如其所如之平
地，是聖心、實踐心的化除所有之對待與區別，物相、對象相皆回到
「如相」。

　　關連到「美作為善的象徵」以及「分別說與合一說的象徵關係」來
說，牟宗三認為：「美既是氣化之多餘的光彩，而又無關於理性，是故
我們不能通過『合目的性之原則』硬說『美是善之象徵』，〔……〕我
們只能說：分別說的美是合一說的美之象徵，分別說的真是合一說的真
之象徵，分別說的善是合一說的善之象徵。」（牟宗三譯註 1992：89）[13]
牟宗三對此引用了《易經・繫辭》的「天垂象見吉凶」，表示「象徵之
『象』即是『天垂象見吉凶』之象。」（牟宗三譯註 1992：89）此句所
言之「天」指真善美無分別相的本體世界，且分別對應地垂象於真善
美各自有分的現象世界。在牟宗三的符號學視域中，康德的「美是善之
象徵」因此便只能更動為「現象的美是本體的美之象徵」。依照這種思
路，孔孟道德人格的化境表現便只能有（德性）氣象而不能有（審美）

13　引文所謂美是氣化之「多餘」的光彩，即「美」無與（無助）於「知識」與「道
　　德」的構成（牟宗三譯註 1992：88-9）。

光彩，漢高祖劉邦充沛至極的氣化生命也只能產生光彩而不能言其氣
象。但如果這兩種表述是可能的，則人格的德性化境不僅有氣象，而且
是光彩氣象而可進行藝術鑑賞；但充沛以至化境的生命則只能相對地類
比於氣象語彙，而不能真正進行德性判斷。差別在於人格化境所臻者乃
聖心無相之境，故可權說地流轉於現象界的真善美，聖賢人格既可是善
的，也可是真與美的表徵與體現；氣性生命的化境則只能貞定於無相的
美，而不能跨界。

伍、結語

　　牟宗三在《歷史哲學》與《才性與玄理》二書所展示的體現與象
徵論述，大致上符合他在〈商榷〉與《演講錄》的規定。歷史精神與歷
史人物（帝王與輔相賢臣）的「體現」作用，以及人物的自然才情呈現
「五質與五物」以及「五物與五常」的兩層「象徵」關係，都恪守真、
善、美的不同判斷與分立原則。在此原則下，真善美彼此之間之所以不
能進行跨界的「類比」與「象徵」，不僅在於其表現處於有分別的現象
界，故現象界的真善美彼此不能類比與象徵，還因為現象界之分別的真
善美乃是本體界、智思界之無分別的真善美之象徵（分別說是合一說之
象徵）。

　　稍後出版的《心體與性體》則把聖賢氣象視為可以品鑒者，賦予
道德光輝以審美內涵，如此便挑戰了「分別說之善」只能是「合一說之
善」的象徵的說法。相容的調解之道是把聖賢人格的至極表現視為本體
界的無分別化境，如此便可以分別通過道德與審美的現象界進路予以表
徵。同樣的，天才人物的至極表現也是本體的無分別化境，所以也能夠
用帶有道德內容的氣象一詞表徵之。然而這種調解畢竟是曲折的，不易
說明日常生活中道德判斷與審美品鑒的交替使用。與其追求牟宗三符號
學思維的前後一致，不如把《歷史哲學》與《心體與性體》裡偶爾混用
兩種判斷的情形視為華人思維的常態，由此也不難釐清為何常會在同一
事件的解釋中交織著道德、歷史與審美判斷。

參考文獻

中文：

牟宗三，1984，《歷史哲學》，臺北：學生書局。

——，1985，《心體與性體》，第1冊，臺北：正中書局。

——，1993，《才性與玄理》，臺北：學生書局。

牟宗三講演，2019，《牟宗三先生演講錄（8）：康德美學》，盧雪昆整
　　理，楊祖漢校訂，臺北：東方人文學術研究基金會。

牟宗三譯註，1992，《康德：判斷力之批判》，上冊，臺北：學生書局。

張海燕，2007，〈牟宗三「圓善」美學思想概述〉，《中南大學學報（社
　　會科學版）》，13：251-253。

陸象山，2008，《陸九淵集》，鍾哲點校，北京：中華書局。

只有社會主義才能救中國：
近現代中國救亡與革命文化記憶的
多層形塑、挪用與重構

潘宗億

壹、前言

2009 年 10 月 1 日，當時的中華人民共和國國家主席暨中國共產黨主席總書記胡錦濤，在天安門廣場舉行的建國六十週年紀念活動宣示「只有社會主義才能救中國」。2019 年 7 月，中華人民共和國建國七十週年之際，中華人民共和國國家主席暨中國共產黨主席總書記習近平，在第 7 期《求是》發表〈關於堅持和發展中國特色社會主義的幾個問題〉，再次重申「只有社會主義才能救中國」，而此一論調又於 2021 年 7 月 1 日中國共產黨建黨百週年再次重彈。在這些極具象徵意義的歷史時刻，胡錦濤與習近平其實在說只有中國共產黨領導下的社會主義才能救中國。

然而，此一中共嘗試壟斷的「救中國」修辭，並非中共的發明，而是源於近代中國以來救亡運動政治菁英與知識分子的政治論述，之後經中共賦予其革命與階級意涵並融入毛澤東革命論述，再轉化為各種形式之文化媒介，才成為中共政治文化的一環。故而，中華人民共和國建政之後，從毛澤東、鄧小平到胡錦濤、習近平的政治領袖，不論中國是否處於危急存亡時刻，都習於高唱「只有社會主義才能救中國」或「只有中國共產黨才能救中國」的政治口號，而此一政治口號的形成歷程，必須放在近代以來中國各種救亡運動及其所伴生之救亡論述超過半世紀的發展與變遷脈絡中進行考察與理解，而其中關鍵之處便在於中共之挪用並賦予其革命與階級意涵，並進而融合於經歷經典化、合法化、普及化

之毛澤東革命論述及其具體化於天安門廣場的形構歷程。

　　近現代中國救亡論述的起源與成形，可追溯至鴉片戰爭以來中國不斷克服帝國主義所致危機的救亡圖存集體焦慮，而其根深蒂固之影響，由毛澤東在新中國成立之際高呼「中國人從此站立起來了」即可見一斑。[1]中華人民共和國成立之後，中共領導人如此習於操作救亡論述，以致於六四運動學運領袖楊濤感嘆，中國實際上已不需救國運動，但中共領導人卻總是提倡救國運動（Shen 1990: 150）。正如「只有社會主義才能救中國」此一政治口號所體現，中共長期操作並嘗試壟斷救亡論述之歷史淵源流長。然而，這並不意味在 1949 年之後，救亡論述僅為中共官方所壟斷，在諸如 1976 年的四五運動與 1989 年的六四運動期間，中國其他社群如學生與工人，除了挪用官方毛澤東革命論述之外，也經常巧妙選擇性挪用救亡論述，藉以合理化其諸般有別於中共官方的政治訴求與認同。但是，為何自鴉片戰爭以來的救亡論述，在中共建政後得以同時為官方與群眾運用或挪用以合理化各自相異的訴求，且反而成為識別社群差異的分類文化資源呢？

　　本文認為，中共建政之後官方與民間社群得以同時選擇性運用官方救亡與革命論述之關鍵，乃救亡論述融入毛澤東革命論述並經歷經典化、合法化、普及化，及其物質化於天安門廣場建築群，進而轉化為中國革命救亡文化記憶的結果。雖然關於近代以來中國救亡論述之形成、毛澤東革命論述之發展，以及毛澤東革命論述的文化記憶建構等相關研究成果均頗豐碩，[2]然而關於中共建黨以來之運用救亡論述、救亡論述之

1　1949 年 9 月 21 日，毛澤東在人民政治協商會議第一屆全體會議開幕致詞時稱：「佔人類總數四分之一的中國人從此站立起來了〔……〕我們的民族將再也不是一個被人侮辱的民族了，我們已經站起來了。」參見毛澤東 1977a：5。本文所引用的毛澤東著作主要為收錄於中華人民共和國建立後由中共中央政治局毛澤東選集編輯委員會編選的正式版本《毛澤東選集》，凡五卷出版於 1951 年至 1977 年期間，其內容雖經修改，但在毛澤東革命論述於中華人民共和國建政後的流傳及其主宰性影響之形成具重要意義，故本文引用此一版本之毛澤東著作，特此說明。
2　關於救亡論述與毛澤東革命思想之發展與演變相關研究成果非常豐富，或於本文

融入毛澤東革命論述,以及毛澤東革命論述轉化為近現代中國革命救亡
文化記憶,而得以普遍傳播,並積澱、濃縮為「只有社會主義才能救中
國」之政治口號的多層形塑歷程,仍須以整體與綜合的視角深究並呈現
之。再者,本文進一步探析四五運動與六四運動期間中共官方與群眾運
用毛澤東革命論述之餘,如何挪用革命救亡文化記憶以合理不同社群各
自立場與主張,從中呈現中共建政之後官方革命救亡文化記憶之建構性
與變遷性。就此而言,本文在現有關於毛澤東革命論述於四五運動和
六四運動期間之政治使用的研究成果基礎上(潘宗億 2014:271-345;
Pan 2014: 107-203),將聚焦考察官方與群眾等兩種不同社群在兩次運
動期間,對立意於定義國族並形塑國族認同之官方革命救亡文化記憶的
運用、挪用與重構,呈現其如何成為各種社會群體利用共享文化記憶形
塑、鞏固其社群與政治認同,而同時區別與其敵對、競爭社會群體之分
類,以及跨時空歷史類比的文化資源。

　　綜上所述,本文論證思路有三個層次:首先,在第貳節追溯鴉片戰
爭以來中國政治菁英與知識分子在自強運動、百日維新、孫中山革命、
新文化運動時期救亡論述之形成與演變的基礎上,進而考察中共從事共
產革命過程中為合理化諸如兩次國共合作之政治路線調整,而運用救亡
論述並賦予其革命與階級意涵之細節,再而檢視毛澤東由改良主義易為
革命救亡思想之變遷,並藉由第參節於毛澤東革命論述建構歷程之闡
述,從中剖析其將救亡論述融入其革命論述之紋理;其次,第肆節在毛
澤東革命論述諸般化身變形為文化媒介的研究論著基礎上,解析近代中
國以來救亡與革命論述透過經典化、合法化、普及化與物質化歷程而轉
化為中共建政後之革命救亡文化記憶資源的機制;最後,在前兩部分論
述基礎上,在第伍節從四五運動與六四運動切入,考察中共建政後官方

討論過程中揭示討論,此不贅述,而毛澤東革命論述於天安門廣場的文化記憶
建構之相關論著在此舉例若干:Hung 2001;2011;Wu 1991;侯仁之、吳良鏞
1979;殷雙喜 2006。

與民間在操作毛澤東革命論述之同時，如何選擇性挪用並重構革命救亡文化記憶，並檢視五四、四五與六四等運動如何在中國官方革命救亡文化記憶的挪用過程中，在歷史記憶層面上出現相互之類比、連結與重新定義，最終從而理解「只有社會主義才能救中國」此一政治口號的形成脈絡。

　　本文在分析概念上，援用艾斯曼（Jan Assmann）基於阿博瓦胥（Maurice Halbwachs, 1877-1945）的「集體記憶」（collective memory）概念所提出的「文化記憶」（cultural memory）學理，具體考察近代中國以來之救亡與革命論述之形成與演變，及其進一步轉化為文化記憶之歷程。在此，「文化記憶」意指個人或社群對特定過去及其意義的主宰性認知論述，經文本化、視覺化、儀式化、物質化或空間化於各種形式之文化媒介，進而形成跨時間向度與跨社群界線之「文化記憶」媒介。[3] 運用此一分析概念，本文得以論證近現代中國救亡與革命論述轉化為中國集體文化記憶資源的多層形塑與建構歷程，並可在此基礎上進一步考察四五運動與六四運動期間非官方社群選擇性挪用並重構中共官方革命救亡文化記憶之情況，從中見證官方與群眾等各種社會群體挪用共享文化記憶資源並轉化為區別我群與敵對和競爭社會群體分類，以及在官式的國族記憶與認同建構空間，透過革命救亡文化記憶之挪用，進行各種不同歷史事件如五四、四五與六四之連結、類比與重新定義。

貳、晚清到民國時期救亡論述的發明與變遷

　　近代以來隨著中國救亡運動而誕生的救亡論述及其隨後之融入毛澤東革命論述，乃是 20 世紀中國共產黨高唱「只有社會主義才能救中國」

3　相關學理概念之詳細討論請見 Halbwachs 1980; 1992; Assmann & Czaplicka 1995。有關阿博瓦胥的「集體記憶」與艾斯曼的「文化記憶」等學理概念之詳細討論可參見潘宗億 2019。

的文化記憶資源。面臨西方與日本帝國主義不斷侵逼，救亡圖存的焦慮長期深植 19 世紀中以來中國政治菁英與知識分子心中，且他們決心透過各種變革挽救中國於危亡，並利用救亡論述來合理化各種救亡圖存之變革方案。是故，在 20 世紀中國，任何想要建立權力基礎並統治中國的政治領導者，都必須提出自己的救亡方案，例如毛澤東的「新民主主義論」以及蔣介石的《中國之命運》。[4] 由此看來，我們也不用驚訝即使新中國已然建立，並逐漸擠身強權之列，胡錦濤與習近平仍然高張救亡論述。救亡論述之運用，乃近現代中國政治領導者奪取並鞏固權力的王道。

一、自強運動至五四運動：救亡論述的出現

　　學者在過去已注意到，19 世紀以來國恥與救亡記憶之操作，於近現代中國救亡圖存歷史發展的重要性（Callahan 2004; Cohen 2002; Zhao 2000; Stranahan 1992; Yuan 1989; Coble 1985）。例如，柯文（Paul A. Cohen）根據其有關「二十一條」歷史之記憶與遺忘的研究指出，20 世紀中國不斷涉及自鴉片戰爭以來緣於西方與日本帝國主義所致「國恥」歷史之政治使用，並具體呈現於民國時期相關紀念活動、紀念日，以及諸如郵票、壁紙、文具、新聞與教科書等紀念文化媒介之中（Cohen 2002）。卡拉漢（William Callahan）提出跟柯文一樣的論點，但進一步指出近現代中國救亡論述的重要性。卡拉漢以 20 世紀中國的歷史教科書、歷史小說、博物館、流行歌曲、新詩、電影為證指出，近現代中國史的主旋律便是「百年國恥」論述，而國恥論述的另一面，就是救亡論述，故而兩者構成近現代中國的雙重奏變奏旋律（Callahan 2004: 199, 202, 204-5, 207）。可惜的是，卡拉漢之討論僅聚焦國恥論述，並未具體探究救亡論述的部分，而此即為本節要聚焦討論的主題之一。

4　關於《中國之命運》一書之歷史意義，可參閱陳進金 2014。

就近現代中國歷史發展的現實言，自 1840 年的鴉片戰爭起，中國面臨來自西方與日本帝國主義不斷侵逼，也引發各種改革與革命運動，期間政治菁英與知識分子企圖引進西方技術、政治體制與文化觀念，作為化解一波波國家危機的救國之道，而立意合理化各種救國之道的救亡論述也於焉誕生。[5] 在此，以鴉片戰爭作為近現代中國救亡運動與論述的起點，主要是根據清王朝遭遇西方帝國主義入侵戰爭而簽訂對外條約並進而引發洋務運動此一歷史發展的現實。然而，藍詩玲（Julia Lovell）從倒溯視角分析指出，鴉片戰爭作為一個歷史事件，原本僅被當時清廷視為一般邊亂，而其得以「鴉片戰爭」命名，並逐漸被視為中國近現代史的「悲劇性的開頭」而成為救亡運動歷史論述的起點（2016：43-6），乃經過 19 世紀中以來基於不同時代變遷與現實需求所衍生之政治宣傳和歷史記憶建構的結果，期間歷程涉及諸如孫中山於 1920 年代開始視象徵帝國主義侵擾的鴉片戰爭為中國危亡之根源，以及 1930 年代末毛澤東視鴉片戰爭為中國革命起點等國民黨與共產黨政治領袖歷史論述的發明，及其透過歷史教科書、儀式活動與印刷出版等途徑進一步普及化政治領袖的歷程。[6] 本文雖非聚焦鴉片戰爭，但藍詩玲於鴉片戰爭相關討論內容正好指出救亡論述的建構性與變遷性，而其研究取徑也與本文採取文化記憶研究取徑具有學理上的親近性。[7]

首先，兩次鴉片戰爭與簽訂南京條約之後，在恭親王奕訢支持下，

5　然而，在此必須說明，近現代中國救亡論述可追溯至鴉片戰爭的命題，並非意味此之前的傳統中國沒有救亡論述，而 20 世紀的中國知識分子也常援用顧炎武強調「亡國」與「亡天下」之分殊的救亡論述，參閱瞿志成 2014。

6　藍詩玲 2016：311-75。這當中當然也包括蔣介石及其《中國之命運》鴉片戰爭與帝國主義論述的普及化（339-40），故而藍詩玲認為以鴉片戰爭為近現代中國史起點的歷史論述模式，乃由國民黨與共產黨先後接力完成，亦即由共產黨完成了國民黨所奠基的「妖魔化鴉片戰爭」（346）。

7　這裡的討論以鴉片戰爭作為救亡運動歷史論述及其所伴生之救亡論述的起點而言，但若論及鴉片現象造成動搖國本的認知與亡國憂患意識的出現，則在鴉片戰爭發生之前早已可見，參閱黃宏昭 2012：193-208。

中國出現一波來自部分地方政治領袖也參與推動的「洋務運動」，其目的在於引進西方軍事技術與組織模式，建立中國的現代化軍事工業與組織、訓練模式，如時人謂「治國之道，在乎自強，而審時度勢，則自強以練兵為要，練兵又以製器為先」。[8] 是故，曾國藩（1811-1872）於1865年建立「江南機器製造局」，並希望「各處仿而行之，漸漸推廣，以為中國自強之本」。[9] 此外，洋務派也致力於創立新式教育培養發展科技之人才，並著力於發展新式企業增加國家財富，最終達「富國強兵」偉業以挽救中國於危亡之中。期間，為了合理化向西方取經的變革之道，洋務派甚且在救亡論述之外，在在強調西方科學與技術源於中國之說。[10]

　　1895年4月馬關條約簽訂之後，清中國改弦更張，另尋政治體制改革為救亡之道。由於改革涉及政治體制，面臨多所阻礙，為合理化其急迫性，康有為（1858-1927）、梁啟超（1873-1927）、鄭觀應（1842-1922）、王韜（1828-1897）等維新派知識分子，將救亡修辭融入其政治論述中。[11] 例如，康有為上萬言書給光緒帝，力表政治改革訴求。為了說服光緒皇帝與清廷保守派，其萬言書便強調政治改革乃「保疆土而延國命」之道（2008a：19）。再次上書時，康為合理化即刻政治改革的必要，強調「圖自強」，不僅可「雪國恥」，還可「保疆圍」（2008b：

8　轉引自李江浙 1991：117。

9　轉引自李江浙 1991：117。

10　根據胡志德（Theodore Huters），為了合理化自強運動之進行，恭親王奕訢甚至強調西方之科技實乃源於中國（Huters 2005: 30）。關於晚清「西學中源論」爭議之詳細討論，可參閱雷中行 2009。

11　康、梁極力提倡君主立憲制，並推行以明治維新為師之現代化建設；鄭觀應主張商業之發展，有賴於君主立憲制之政治改革；王韜則提議中國之政治改革，應以英國君主立憲制為藍圖；較為激進者如譚嗣同（1865-1898），在其《仁學》中抨擊傳統中國儒學與君主制度，力倡民主概念與資本主義之推行，參閱湯志均 1984；李文海、孔祥吉編 1986；茅海健 2005；Kwong 1984；Karl & Zarrow (eds.) 2002；Hsiao 1975；Cohen 1974；Wu 1975。

48）。又如，梁啟超重申政治改革乃中國「圖存之道」，否則「覆亡」之日不遠，若行之則可「保國」、「保種」與「保教」（1957：18）。同樣地，嚴復從達爾文（Charles Darwin, 1809-1882）學說視角切入，感嘆「中國積弱不振之勢」、敗於日本之「深恥大辱」，以及「挽救中國之至難」，反覆強調及時政治改革乃中國力圖「富強而厚風俗」之根本（1957a：53），更力陳中國「不變法則必亡」之理，申明「廢八股」乃中國處於「存亡危急之秋」時「務亟圖自救之術」（1957b：64）。

　　然而，康、梁的溫和變法之道並非為所有人接受，尤在甲午戰爭之後，革命派認為面對帝國主義之外部侵逼與清廷政治之內部腐敗，唯有徹底的政治革命方能救中國於危亡之中，尤以孫中山與鄒容為代表。原本傾向於改良主義救亡之道的孫中山，在甲午戰爭之後開始轉向反清革命之路。[12] 根據孫中山記述，他在「中法戰敗之年」興起「傾覆清廷，創建民國之志」，並於1887年赴香港就讀西醫醫院時「致力於革命之鼓吹」，但實際從事革命則始於「創立興中會」（1957a：3-4）。孫中山又以「祖國危亡，清政腐敗，非從民族根本改革，無以救亡」向華僑強調革命的重要性（1957a：5-6、9、11）。於〈香港興中會宣言〉中，他又直言「瓜分豆剖，實堪慮於目前，嗚呼危哉」，若不及早推翻滿清，則中國「從此淪亡」，故呼籲大眾「共挽中國危局」（1957b：87-8）。不論孫中山何時開始興起具現代性意義的革命思想，或者使用現代性意義之革命語彙，他確曾以救亡論述來合理化其救亡方案。

　　鄒容於1903年出版的《革命軍》，可見排滿措辭更為強烈的救亡論述。在首章，鄒容即在在重申唯有進行革命，方能「掃除數千年種種之專制政體，脫去數千年種種之奴隸性質，誅絕五百萬有奇被毛戴角之滿

---

12 陳建華根據六種孫中山自傳性文獻之考證，認為孫中山之政治思想在甲午戰爭之後出現了由改良主義到反清革命之變化，且其所用「革命」語彙之意涵也經歷了從改良主義、改朝革命起義到法國大革命式之政治體制革命的演變，詳細討論可參閱 2000：60-150。

洲種，洗盡二百六十年殘慘虐酷之大恥辱」（1957：333），並大聲疾呼
革命之迫切性：

> 我中國今日不可不革命，我中國今日欲脫滿洲人之羈縛，不可
> 不革命；我中國欲獨立，不可不革命；我中國欲與世界列強並
> 雄，不可不革命；我中國欲長存於二十世紀新世界上，不可不
> 革命；我中國欲為地球上名國、地球上主人翁，不可不革命。
> （1957：333）

由此可見，中國要擺脫腐敗滿清之羈絆、獨立於並與世界列強並列、在
20世紀新世界繼續生存，都「不可不革命」。六個連續「不可不革命」
之修辭，突顯革命乃中國得以「起死回生」之道，而西方人權主張、
民族自決、自由與民主，更是讓中國「起死回生之靈藥」（鄒容 1957：
335、361-3）。

　　革命並未將中國帶來救亡，反而因軍閥割據呈現亂局，步上危亡
之途。1915年初，日本為接收德國在山東特權，向袁世凱政府提出
「二十一條」，並於5月7日提出最遲於5月9日回覆之最後通牒。袁
政府最後部分接受「二十一條」，引起民眾抗議（Chow 1960: 3, 7, 11-
3）。面臨如此變局，知識分子如陳獨秀（1879-1942）認為救亡之道繫於
中國人之「思想革命」（任建樹 2004：108），故於1915年9月15日創
立《青年》雜誌（後於1916年易名《新青年》）[13] 推動新文化運動，並在
發刊詞中直言：「吾寧忍過去國粹之消亡，而不忍現在及將來之民族不
適世界之生存而歸削滅也。」（陳獨秀 1915：3）

　　救亡論述亦可見諸五四學生運動文宣。例如，〈北京學界全體宣
言〉力抗凡爾賽條約之不平等，其中顯見救亡論述修辭，並以「國亡

---

[13] 陳獨秀相信中國之救亡繫於中國青年世代之思想改造，故將雜誌命名為《青年》，
參見 1915：1-2。

了！同胞起來啊！」作結；[14] 張國燾（1897-1979）極力呼籲學生都應該
站起來並團結一心「救國」，因為「救國」比其他任何事情都還要更重
要（Schwarcz 1986: 86）；許德衍（1890-1990）以一首詩明白體現青年
世代的救亡心態：「為雪心頭恨，而今作楚囚。被拘三十二，無一怕殺
頭。痛毆賣國賊，火燒趙家樓。鋤奸不惜死，來把中國救。」（1979：
54）正如周策縱所言，五四運動的基本精神在於以現代化救中國，
而李澤厚則稱「救亡」乃五四運動「啟蒙與救亡雙重變奏」的一部分
（Chow 1960: 359）。[15] 由此可見，五四運動年輕世代的心聲正體現救亡
論述之深植於知識分子人心，且將進一步經毛澤東革命論述之普及化與
中共政治文化之傳遞，而成為近現代中國革命救亡文化記憶的一部分。

二、兩次國共合作：中共賦予救亡論述無產階革命意涵

　　伴隨新文化運動與五四運動風潮，信仰馬克思主義的知識分子開
始擘畫一條共產主義救亡路徑。一次大戰後，陳獨秀與李大釗（1889-
1927）等知識分子意識到思想革命之救亡取徑曠日費時，且對民主體
制失去信心，走上共產主義革命的救國道路（丁守和、殷敘彝 1963；
Meisner 1967）。此後，在馬克思主義思潮與共產國際的影響下，中國
共產黨於 1921 年成立，開啟共產革命救中國的旅程。中共成立後，毫
不例外地經常以救亡論述合理化其政治主張，以動員群眾對共產主義運
動的支持，尤見兩次國共合作政策。之後，救亡論述甚而融入毛澤東以
五四為核心的革命救亡史論，並隨著「毛澤東思想」之合法化而深植於

14　轉引自胡衍 2006：142-54；郭若平 2008：33-45。

15　五四運動在其本質上為一愛國政治運動，但在往後常與新文化運動連結而被賦予
　　社會與文化革新意涵，故何「救亡」與「啟蒙」雙元主題得以互相融合在一起，
　　但隨局勢發展，時而「啟蒙」成為主流，時而「救亡」成為主流，而此正呈現政
　　治論述與歷史記憶之選擇性運用，其辯證關係之討論可參閱李澤厚 1987；余英時
　　1999；Yu 2001；段培君 2001。

中共官方革命史論述之中，成為中共高唱「只有社會主義才能救中國」
之政治文化傳統資源，而此正清楚呈現在毛澤東對於中國自鴉片戰爭以
來，歷經自強運動、變法維新、武昌革命、新文化運動、五四運動而至
共產革命之救亡圖存歷程的總結：

> 自從一八四零年鴉片戰爭失敗那時起，先進的中國人，經過千
> 辛萬苦，向西方國家尋找真理。〔……〕要救國，祇有維新，
> 要維新，祇有學外國。那時的外國祇有西方資本主義國家是進
> 步的，它們成功地建設了資產階級的現代國家。日本人向西方
> 學習有成效，中國人也想向日本人學。〔……〕中國人向西方
> 學得很不少，但是行不通，理想總是不能實現。多次奮鬥，包
> 括辛亥革命那樣全國規模的運動，都失敗了。國家的情況一天
> 一天壞，環境迫使人們活不下去。懷疑產生了，增長了，發展
> 了。第一次世界大戰震動了全世界。俄國人舉行了十月革命，
> 創立了世界上第一個社會主義國家。過去蘊藏在地下為外國人
> 所看不見的偉大的俄國無產階級和勞動人民的革命精力，在列
> 寧、斯大林領導之下，像火山一樣突然爆發出來了，中國人和
> 全人類對俄國人都另眼相看了。這時，也祇是在這時，中國人
> 從思想到生活，才出現了一個嶄新的時期。中國人找到了馬克
> 思列寧主義這個放之四海而皆准的普遍真理，中國的面目就
> 起了變化了。〔……〕十月革命一聲炮響，給我們送來了馬克
> 思列寧主義。十月革命幫助了全世界的也幫助了中國的先進
> 分子，用無產階級的宇宙觀作為觀察國家命運的工具，重新考
> 慮自己的問題。走俄國人的路──這就是結論。一九一九年，
> 中國發生了五四運動。一九二一年，中國共產黨成立〔……〕
> （1967g〔1960〕：1406-8）

在中華人民共和國成立之前，中共經常在其政治宣傳文本中，在強調世
界無產階級革命、階級鬥爭與反帝國主義的政治意識形態基礎上運用救

亡論述。[16] 例如，1922 年 7 月，〈中國共產黨第二次全國大會宣言〉首先強調中國自鴉片戰爭以來遭遇帝國主義者之侵犯，進而呼籲正為國內和國際資本主義者以及國內軍閥所壓迫的「四萬萬中國人」，在「中國人民生死關頭」為無產階級革命「起來奮鬥」（中國共產黨 1985a：98），並且「與世界無產階級革命運動聯合起來」，而此也是「中國勞苦群眾要從帝國主義的壓迫中把自己解放出來」的「唯一的道路」（中國共產黨 1985a：100）。在此，中共運用以鴉片戰爭為始之救亡論述，訴諸工人與農民兩大中國社會主義革命主力，甚而強調他們「必定要圍繞」在「無產階級政黨」的「中國共產黨」之「旗幟之下再和小資產階級聯合著來奮鬥」，才能夠徹底推翻西方帝國主義者與國內軍閥，從被他們剝削的「現下壓迫」中解放出來（中國共產黨 1985a：105-6）。

如此，中共賦予救亡論述無產階級革命意涵，且強調只有在中國共產黨領導下的無產階級革命，才能救中國，而同樣的論述也出現在謀求第一次國共合作的〈中國共產黨第三次全國大會宣言〉之中。

1923 年 6 月，中共第三次全國代表大會於廣州舉辦，它不僅是 20 世紀中國，也是中共黨史的關鍵時刻，因為它提出了第一次國共合作的政策，而中共合理化國共合作的策略之一，即巧妙運用救亡論述。〈中國共產黨第三次全國大會宣言〉一開始即稱「中國人民受外國及軍閥兩層暴力的壓迫，國家生命和人民自由都危險到了極點」（中國共產黨 1985b：193），並進一步簡述「北京政局之紛亂兒戲」與軍閥割據亂局，茲以說明除了「集合國民自己之勢力，做強大的國民自決運動」之外，「別無他途可以自救」之現實。其次，宣言進而指出「中國國民黨應該是國民革命之中心勢力」，雖其常有「錯誤的觀念」，但希望「大家都集中到中國國民黨」，以「使國民革命運動得以加速時間」（中國共產黨 1985b：194）。最後，宣言聲稱「鑑於國際及中國之經濟政治的狀

16　例如：中國共產黨 1985c；中國共產黨中央委員會 1951b。

況」與「中國社會的階級之苦痛及要求」，中國「急需一個國民革命」，
故而「以國民革命來解放被壓迫的中國民族，更進而謀世界革命，解放
全世界的被壓迫的民族與被壓迫的階級」（中國共產黨 1985b：195）為
其階段性使命。

〈中國共產黨第三次全國大會宣言〉先以救亡論述開頭，再闡釋中
國「內憂外患」局勢，進而指出參加以中國國民黨為「中心勢力」的國
民革命之必要，強調加入國民革命方能「解放全世界的被壓迫的民族與
被壓迫的階級」之終極目標。換言之，中共透過除了運用「別無他途可
以自救」的救亡修辭，兼以一方面以其強調世界無產階級革命與階級鬥
爭的政治意識形態指陳國民黨之錯誤，一方面強調加入國民黨陣營從事
國民自決運動乃「謀世界革命」之階段性任務，嘗試合理化國共合作之
必要性。此一巧妙調和中共意識形態與救亡論述之語言，將持續見諸兩
次國共合作之間的中共政治論述之中。

中共在兩次國共合作之間經常於其政治宣傳文件操作救亡論述，乃
1927 年至 1937 年第一次國共內戰，以及日本侵華宰制中國等歷史脈絡
下之產物。自 1915 年至 1945 年，日本軍國主義者持續透過外交與軍事
手段擴大在中國之影響。尤其，在 1931 年九一八事變之後，日本佔領
中國東北三省，於 1932 年成立滿洲國為傀儡政權。

九一八事變引發普遍之救國運動與反日運動，與國民黨政府堅持
無抵抗主義與「安內攘外」方針形成強烈對比，期間中共則積極推動
救國、反日運動，以促成國民黨一致對外抗日。1931 年 9 月 20 日，中
共發表〈中國共產黨為日本帝國主義強暴佔領東三省事件宣言〉，反覆
強調抵抗日本之急迫性（中國共產黨 1991a：396-9）。宣言首先簡述日
本侵華歷史，進而指陳「全中國工農勞苦民眾」應「一致動員武裝起
來」，「給日本強盜」以「嚴重的回答」之急迫性，批判「國民黨軍閥」
乃「帝國主義的走狗」（中國共產黨 1991a：396-7），且其面對日本帝國
主義之「無抵抗主義」，正展現其「出賣民族利益的面目」（中國共產黨
1991a：397），終而強調「全中國工農兵士勞苦民眾」必須「一致反對

日本強暴佔領東三省」（中國共產黨 1991a：396-8），最後再呼籲「全中
國工農兵士勞苦民眾們」應「一致動員起來，打倒國民黨」，重申「只
有群眾鬥爭的力量，只有工農蘇維埃運動的勝利，才能解放中國」（中
國共產黨 1991a：399）。言下之意，唯有在中共領導下的無產階級革
命，才能挽救中國於國民黨、各派軍閥與帝國主義所致險境。

　　1931 年 9 月 30 日，中共再次發表〈中國共產黨為日帝國主義強
佔東三省第二次宣言〉，一方面抨擊「安內攘外」政策以及「無抵抗主
義」，一方面以救亡論述合理化並動員群眾以示威、集會、罷工、罷
課、罷市等社會運動，訴求抗日與策動反國民黨運動，並再次強調「只
有中國共產黨」才能「最徹底的領導全中國的工農兵學生以及一切勞苦
群眾」完成「推翻帝國主義的工具中國國民黨在中國的統治！」（中國
共產黨 1991b：429）於此，結合救亡論述，唯有中國共產黨領導的無
產階級革命才能救中國之論再次呈現，藉此鞏固其於中國救亡運動的主
導性地位。

　　中共更以救亡論述再合理化抗日統一戰線與第二次國共合作。1934
年，於日本勢力進入華北之際，中共發表公開信主張建立反日統一戰
線，訴求「一切真正願意反對帝國主義的不甘心做亡國奴的中國人」於
「反帝統一戰線之下」聯合起來「一致與日本和其他帝國主義作戰」，並
呼籲「工人農民和一切勞動者的團結與統一」，一起從事「神聖的民族
革命戰爭」（中國共產黨中央委員會 1951a：260）。此一公開信以「不
甘心做亡國奴的中國人」為訴求對象，呈現更為明顯的救亡修辭。

　　反日統一戰線的概念，進一步具體闡述於中共於 1935 年 8 月 1 日
所發布的〈中國蘇維埃政府、中國共產黨中央為抗日救國告全體同胞
書〉（又稱〈八一宣言〉）（中國共產黨 1991c：518-25）。在〈八一宣言〉
中，中共以救亡論述伸張停止內戰抗日之必要性，一開頭即以「我北方
各省又繼東北四省之後而實際淪亡了」與「我五千年古國將完全變成被
征服地，四萬萬同胞將都變成亡國奴」等語強調中國「已處在千鈞一髮
的生死關頭」，進而主張「抗日則生，不抗日則死，抗日救國，已經為

每個同胞的神聖天職！」（中國共產黨 1991c：518-9）

其次，宣言進而抨擊以「『不抵抗』政策出賣我領土」而主張「攘外必先安內」的國民黨「漢奸賣國賊」與「敗類」對於「人民抗日救國行動」之壓迫，並感嘆「我們能坐視國亡族滅而不起來救國自救嗎？」（中國共產黨 1991c：519）宣言並反覆舉例陳述蘇維埃政府與中國共產黨為抗日而進行各種救國運動的「反日戰士」事蹟及其所展現之「民族救亡圖存的偉大精神」（中國共產黨 1991c：520）。雖然宣言彰顯國民黨之惡，宣言再以救亡論述呼籲國民黨停止內戰：

> 因此，今當我亡國滅種大禍迫在眉睫之時，共產黨和蘇維埃政府再一次向全體同胞呼籲：無論各黨派間在過去和現在有任何政見和利害的不同，無論各界同胞間有任何意見上或利益上的差異，無論各軍隊間過去和現在有任何敵對行動，大家都應當有『兄弟鬩於墻外禦其侮』的真誠覺悟，首先大家都應當停止內戰，以便集中一切國力（人力、物力、財力、武力等）去為抗日救國的神聖事業而奮鬥。（中國共產黨 1991c：521-2）

藉此，中共積極主張在「亡國滅種」之際，各政黨應放下歧異並停止內戰，更積極表態，基於「聯合一切反對帝國主義」力量抗日的原則，只要國民黨願意停止內戰、實施對日抗戰，中共都「願意與之親密攜手共同救國」，共同與「一切不願當亡國奴的同胞們」一起組織「全中國統一的國防政府」與「全中國統一的抗日聯軍」（中國共產黨 1991c：522）。亦即，為抗日救國，中共以救亡論述重新定義國共關係，願意與國民黨合組「國防政府」與「抗日聯軍」。

抗日救國統一戰線政策於 1935 年 12 月 25 日的中共瓦窯堡會議通過，並寫入〈中央關於目前政治形勢與黨的任務決議〉之中（中國共產黨 1991d：598-628）。在決議文中，除了可見救亡修辭之運用外，尤呈現中共壟斷抗日運動論述權之企圖，宣稱「只有在共產黨的領導之下，反日運動，才能得到徹底的勝利」（中國共產黨 1991d：606）。如此掌

握反日統一戰線的旗幟，也掌握了中國救亡運動的旗幟。如此中共嘗試主宰救亡論述的企圖，也可見諸中共論述革命與民族統一戰線的政治文獻之中。[17]

　　1936 年 8 月 25 日，中國共產黨再發表〈中國共產黨致中國國民黨書〉，呼籲國民黨在「亡國滅種的緊要關頭」立即停止內戰，並組織全國的抗日統一戰線，但在修辭上出現變化（中國共產黨 1991e：77-88）。在此信中，中共改稱蔣介石為蔣委員長，並視國民黨為革命統一戰線的重要力量，姿態更顯友善（中國共產黨 1991e：78）。[18] 更要者，為了賦予第二次國共合作歷史正當性，此信以救亡論述操作了第一次國共合作的歷史記憶：

> 我們願意同你們結成一個堅固的革命的統一戰線，如像一九二五至二七年第一次中國大革命時兩黨結成反對民族壓迫與封建壓迫的偉大的統一戰線一樣，因為這是今日救亡圖存的唯一正確的道路。〔……〕現在全國人民盼望兩黨重新合作共同救國之心是迫切到了萬分，他們相信只有國共的重新合作以及同全國各黨各派各界的總合作，才能真正的救亡圖存。（中國共產黨 1991e：86）

中共已然遺忘國民黨自第一次國共合作破局以來對他們的壓迫，選擇記憶兩黨建立統一戰線的過往，以強化國共再次建立統一戰線的必要性，並宣稱「只有國共的重新合作」才能「真正的救亡圖存」。

　　然而，中共對於為抗日救國而與國民黨建立統一戰線卻也顯得焦慮，不斷提出抗日救國方案。1937 年 8 月 25 日，中共提出毛澤東草擬

17　例如：毛澤東 1969a（1952）：232-48。

18　1936 年 5 月 5 日，中共發布〈停戰議和一致抗日通電〉不再稱蔣介石為蔣匪，而稱其為蔣介石氏。1936 年 6 月 20 日，中共中央委員會致信國民黨二中全會，再次強調停止內戰、建立抗日統一戰線之重要性，但不再稱國民黨為軍閥，參閱中國共產黨 1991f：20-1；1991g：43-4。

的「抗日救國十大綱領」（中國共產黨中央委員會 1951c：356-9），通篇
以救亡論述合理化在「國共兩黨徹底合作的基礎上」，建立「抗日民族
統一戰線」，以實現「抗日救國」之目標，但強調一切合作都必須以綱
領為依歸（中國共產黨中央委員會 1951c：359）。毛澤東也曾強調「十
大綱領」在與國民黨合作過程中之重要性，主張「只有實行了它，才能
挽救中國。」（1967a〔1952〕：340）換言之，即便與國民黨合作，中共
仍然嘗試突出其主體性，並強調唯有實行中共抗日救國綱領才能救中
國。

　　直至1936年12月的西安事變之後，國民黨才會逐漸調整其「安內
攘外」的政策方針。在經歷一系列協商之後，國共兩黨終於達成合作抗
日的共識。1937年9月22日，由周恩來草擬的〈中國共產黨中央為公
佈國共合作宣言〉直陳中共為挽救祖國於危亡將與國民黨共同抗日之決
心（中國共產黨中央委員會 1951b：354-6）。蔣介石次日發表〈對中國
共產黨宣言的談話〉認同中共的合法性，象徵第二次國共合作之成形。
毫無意外，兩黨都以救亡論述合理化國共再次合作，正如中共宣言開篇
所示：

> 當此國難極端嚴重民族生命存亡絕續之時，我們為著挽救祖國
> 的危亡，在和平統一團結禦侮的基礎上，已經與中國國民黨獲
> 得了諒解，而共赴國難了。這對於我們偉大的中華民族前途有
> 著怎樣重大的意義啊！（中國共產黨中央委員會 1951b：354）

作為回覆，蔣介石在他的談話中表示：

> 此次中國共產黨發表之宣言，即為民族意識勝過一切例證。
> 〔……〕在存亡危急之秋，更不應計較過去之一切，而當使
> 全國國民徹底更始，力謀團結，以共保國家之生命與生存。
> 〔……〕集中整個民族之力量，自衛自助，以抵抗暴敵，挽救
> 危亡。（1957：166-7）

自1928年六大以來至國共第二次合作，中共政治論述雖一貫運用各種基於反帝國主義、反國民黨立場的救亡論述，但自1936年5月之後逐漸呈現微妙變化，從蔣匪與國民黨軍閥之汙名化，到稱蔣委員長與肯認國民黨為民族革命統一戰線主要力量的友善，伴隨其對國民黨態度的變化，中共亦巧妙運用救亡論述重新定義國共關係，合理化其政治路線的變化，甚而在促成第二次國共期間操作第一次國共合作救亡的歷史記憶。[19] 然而，救亡論述之操作並未稍停，20世紀中國的歷史告訴我們，國民黨與蔣介石，以及中國共產黨與毛澤東，都意欲利用救亡論述的力量取得政治權力，並運用其政治權力壟斷救亡論述之詮釋權與主導權。

　　綜上所述，救亡圖存作為中國19世紀中以來的主旋律，不僅使得救亡焦慮深植中國政治菁英與知識分子集體心態之中，也由社會、政治與文化改革者轉譯於救亡政治論述之中，且如艾斯曼所提議之文化記憶形構歷程經文本化與合法化轉化為救亡論述形式之文化媒介，將再經進一步融入於毛澤東革命論述，並隨後者轉化為乘載並跨世代傳遞近現代中國集體救亡焦慮的諸般文化記憶媒介，最終而得以持續成為中共建政後政治文化與中國集體記憶的一環。

三、青年毛澤東由改良主義到社會主義革命轉向的救亡之路

　　在20世紀中國，任何意欲取得統治權力者，都必須提出一套救亡方案（Zhao 2000: 4），正如蔣介石的《中國之命運》與毛澤東以「新民

19　除了上述，毛澤東亦曾回溯指出：「中日矛盾變動了全國人民大眾（無產階級、農民和城市小資產階級）和共產黨的情況和政策。人民更大規模地起來為救亡而鬥爭。共產黨發展了在『九一八』後在三個條件（停止進攻革命根據地，保障人民的自由權利，武裝人民）下和國民黨中願意同我們合作抗日的部分訂立抗日協定的政策，成為建立全民族的抗日統一戰線的政策。這就是我黨一九三五年八月宣言，十二月決議，一九三六年五月放棄『反蔣』口號，八月致國民黨書，九月民主共和國決議，十二月堅持和平解決西安事變，一九三七年二月致國民黨三中全會電等等步驟之所由來。」（1969a〔1952〕：232-48）。

主主義論」為核心的革命論述。

1945 年 4 月 23 日，正值國共合作抗日戰爭末期，毛澤東在中共七大以〈兩個中國之命運〉為題開幕致詞，巧妙運用救亡論述展望由中國共產黨領導建立新中國的遠景。在強調七大的重要意義時，毛澤東說：

> 我們應該講，我們這次大會是關係全中國四億五千萬人民命運的一次大會。中國之命運有兩種：一種是有人已經寫了書的，我們這個大會是代表另一種中國之命運，我們也要寫一本書出來。我們這個大會要打倒日本帝國主義，把全中國人民解放出來。這個大會是一個打敗日本侵略者、建設新中國的大會，是一個團結全中國人民、團結全世界人民、爭取最後勝利的大會。〔……〕在中國人民面前擺著兩條路，光明的路和黑暗的路。有兩種中國之命運，光明的中國之命運和黑暗的中國之命運〔……〕一個新中國還是一個老中國，兩個前途，仍然存在於中國人民的面前，存在於中國共產黨的面前，存在於我們這次代表大會的面前。(1969c〔1953〕：974-5)

在此，毛澤東表現出跟國民黨的蔣介石競奪「救中國」主宰權的決心。[20] 毛澤東首先強調中國之命運有兩種，一種指涉蔣介石的《中國之命運》，另一種是中共「打敗日本侵略者、建設新中國」的命運，分別象徵了兩條道路，一條是「黑暗的路」，走向由蔣介石所領導的「老中國」，另一條是「光明的路」，指向由中共建設的「新中國」。此番兩種命運之爭，象徵中共與國民黨在中國救亡運動的路線與權力競爭，應選擇哪一條道路？毛澤東在其演講最末說：

20　關於國民黨與中國共產黨於「救中國」方案的詮釋權與主導權之爭，亦可參閱藍詩玲聚焦於國民黨與共產黨於鴉片戰爭政治論述和歷史記憶建構之競爭的相關討論，參閱藍詩玲 2016：328、335、339。

> 中國共產黨從一九二一年產生以來，已經二十四年了，其間經
> 過了北伐戰爭、土地革命戰爭、抗日戰爭這樣三個英勇奮鬥的
> 歷史時期，積累了豐富的經驗。到了現在，我們的黨已經成了
> 中國人民抗日救國的重心，已經成了中國人民解放的重心，已
> 經成了打敗侵略者、建設新中國的重心。中國的重心不在任何
> 別的方面，而在我們這一方面。（1969c〔1953〕：976）

由此可見，基於中共創黨以來的歷史經驗，毛澤東有信心引領中國走向
光明的道路，因為中共已成為「抗日救國」與「建設新中國」的重心。
就現實面，毛的信心也來自於中共政、軍力量的增長，尤其在對日抗戰
期間，黨員人數成長至一百二十萬人，而常備軍隊人數亦達一百萬名，
再加上數百萬農民游擊隊之支持，或為中共於第二次國共內戰期間取得
勝利之根基。[21] 更要者，毛澤東的革命論述與政治領導，也將是中國共
產主義革命獲致成功之因（Schwartz 1952; Chen 1965; Chevrier 2004）。
但是，毛澤東一開始提議的救中國藥方，並非共產主義。

　　毛澤東也深受近代中國以來集體救亡焦慮心態之影響，其於救亡論
述之運用，亦顯見在其改良與革命政治論述之中。更要者，毛澤東本身
見證了 20 世紀中國救亡運動的起伏，在其成為共產主義者之前，對於
救亡方案的思索也曾經歷變化，最終體認只有共產主義可以救中國。[22]
故下文追溯毛澤東建構其中國革命史論述的歷程，及其間他如何繼承、
運用救亡論述，並將之融入其革命論述，奠定中共主張「只有社會主義
才能救中國」的政治文化與文化記憶資源。

　　在毛澤東成為共產主義者之前，由於中國救亡運動之歷史脈動，
其對於救亡方案的探詢曾歷經思想變革。出生於 1893 年的毛澤東，在
百日維新流產之時僅五、六歲，但在湖南湘鄉東山初級中學就讀期間因

21　關於中共力量之茁壯，參閱 Johnson 1971。
22　有關毛澤東思想發展之詳細討論，可參見 Schram 1989: 13-94；李銳 1980：Ch1-4。

聞維新史事而受康、梁變法思想影響（Snow 1938: 120）。1911年，因其在自學期間常至湖南省立圖書館讀書，開始仰慕西方政治、社會與經濟學說（Meisner 1967: 7）。毛進入湘鄉駐省中學之後，受其師楊昌濟（1871-1920）啟蒙，接觸更多西方哲學與社會理論，且受新文化運動影響，開始關注中國思想與文化革新之道，並於《新青年》以筆名二十八畫生發表文章，主張提升中國國力與中國人精神面貌之道，在於發展體育教育（二十八畫生 1917：1-11），而此也是近現代中國救亡運動過程中經常出現的主題（Brownell 2008: 19-48）。毛澤東寄望改革中國人精神面貌的企圖，可見諸「新民學會」之成立。1918年4月，受到《新青年》的影響，毛與中共初期理論家蔡和森（1895-1931）建立「新民學會」推廣新思想、新道德與新文化（Snow 1938: 131）。

　　毛澤東中學畢業之後曾在北京大學圖書館擔任館員助理，期間頻繁接觸陳獨秀與李大釗等共產主義學者，開始接受馬克思主義思想洗禮（丁守和、殷敘彝 1963：175；Meisner 1967: 16；Snow 1938: 140），而此時毛對於中國救亡方案的思索，可見諸其於1919年7、8月間在《湘江評論》連載的〈民眾的大聯合〉一文。該文稱「國家壞到了極處」，僅進行思想革命無濟於事，唯有「民眾之大聯合」方為救亡方法。毛深信，中國人具有形成群眾大聯合而解救中國於日本之壓迫的潛力，主張以農民、工人、學生、女性、教師、警察等「小聯合」組成作為大聯合基礎（1983：57、59-60、66），並以救亡口吻陳述其必要：

> 我們知道了！我們覺醒了！天下者我們的天下，國家者我們的國家，社會者我們的社會。我們不說，誰說？我們不幹，誰幹？刻不容緩的民眾大聯合，我們應該積極進行！〔……〕（1983：66）[23]

23　此段引文在六四運動期間為絕食學生挪用修改於其〈絕食書〉中，參見本文第五節相關論述之討論。

我們中華民族原有偉大的能力！壓迫愈深，反動愈大，蓄之既
久，其發必速，我敢說一怪話，他日中華民族的改革，將較
任何民族為徹底，中華民族的社會，將較任何民族為光明。
（1983：66）

此後，毛澤東逐漸轉向馬克思主義的救亡道路。毛於 1919 年末至 1920
年夏再次造訪北京與前往上海期間，涉獵更多馬克思主義相關著作，
並有機會向陳獨秀與李大釗請益（Snow 1938: 139），也受蔡和森影響
而認識了布爾什維克主義（Meisner 1967: 29）。1920 年末，毛在給蕭
子升（1894-1976）與蔡和森的信中，表達了對共產主義革命的興趣
（1980a：144-52）。1 月 13 日，毛創建長沙的社會主義青年團與共產主
義小組，象徵其實踐共產主義之始（Meisner 1967: 29）。1 月 21 日，在
一封回覆蔡和森的信件中，毛澤東再次強調他對於共產主義革命的支
持。在此信中，他贊同蔡有關無產階級革命乃救中國之唯一方法的主張
（1980b：162-3）。此後，相信只有無產階級革命可以救中國的毛澤東，
便提出一個接一個革命政治論述，直至建立新中國。

參、以中共領導為核心的
毛澤東革命救亡論述之形成

　　毛澤東在中國救亡運動脈絡下轉向共產主義道路後形成其革命論
述之歷程，至少可追溯至第一次國共合作與內戰時期有關農民運動與軍
事武裝力量鬥爭的論述，可見毛對於武裝革命與鄉村包圍城市等概念之
探析，並兼及中國革命之性質、目標、分期的思索。毛澤東革命論述
於 1930 晚期至 1940 初期漸趨成熟，始完成以五四運動為歷史轉折點而
以中共為領導的「新民主主義」無產階級革命為核心的中國革命史系統

論述。[24]

一、以五四為分水嶺的中國革命救亡史論

　　毛澤東於中國革命史論述體系建構的初步嘗試，可追溯至1939年5月發表的〈五四運動〉。〈五四運動〉一文首載於1939年5月1日的《解放》，旨在紀念五四運動二十週年（1967c〔1952〕：522-4）。[25] 毛在該文中意圖提供延安革命青年一個中國革命的理論說明，並將之置於鴉片戰爭以來救亡運動之宏觀脈絡中：

> 中國資產階級民主革命的過程，如果要從它的準備時期說起的話，那它就已經過了鴉片戰爭、太平天國戰爭、甲午中日戰爭、戊戌維新、義和團運動、辛亥革命、五四運動、北伐戰爭、土地革命戰爭等好幾個發展階段。今天的抗日戰爭是其發展的又一個新的階段，也是最偉大、最生動、最活躍的一個階段。（1967c〔1952〕：522）

由此可知，毛將資產階級民主革命追溯至鴉片戰爭以來歷次中國救亡運動。在此，毛並未嚴格定義資產階級民主革命之意涵，但他提出了中國共產主義革命兩階段論的初步意涵，並嘗試合理化中共在資產階級民主革命階段的角色：「從鴉片戰爭以來，各個革命發展階段各有若干特點。其中最重要的區別就在於共產黨出現以前及其以後。然而就其全體看來，無一不是帶了資產階級民主革命的性質。」（1967c〔1952〕：523）換言之，置於中國救亡運動的歷史脈絡上，毛將資產階級民主革命又分為中共出現之前與之後兩個時期。此一中國革命史歷史分期架

24　陳永發曾聚焦於〈青年運動的方向〉和〈新民主主義論〉之解讀，討論毛澤東論五四運動與中國革命之間的關係，參閱陳永發2019。

25　在此，本文以1967年《毛澤東選集》第二卷所收錄的1952版本進行討論。

構，將在《中國革命與中國共產黨》與「新民主主義論」獲得進一步發
展與完整說明。

　　在〈五四運動〉一文出版之後，毛澤東在中共延安五四運動紀念大
會上以〈青年運動的方向〉為題發表演講，再次論及資產階級民主革命
之概念，其意涵雖稍微清楚，但仍不完整（1967d〔1952〕：525-33）。
在演講中，毛嘗試合理解釋資產階級革命相關問題，以服膺中國共產革
命運動於抗日戰爭時期的特別需求。論及資產階級民主革命的目標，毛
特別強調「要革命一定要打倒日本帝國主義，一定要打倒漢奸」（1967d
〔1952〕：526）。論及革命的動力，基於建立抗日民族統一戰線之局勢，
毛進一步擴大了革命力量的內涵：「革命的動力，有無產階級，有農民
階級，還有其他階級中一切願意反帝反封建的人，他們都是反帝反封建
的革命力量。」（1967d〔1952〕：526）因此，毛才能進一步合理化當時
中國革命的性質為「資產階級性的民主主義的革命」（1967d〔1952〕：
527）。然而，此時期的革命，「資產階級已經無力完成」，必須另外依靠
「無產階級和廣大人民的努力才能完成」（1967d〔1952〕：551）。論及
資產階級民主革命的目標，在於「建立一個人民民主共和國」，但仍不
同於未來的社會主義制度（1967d〔1952〕：527）。

　　由於建立抗日民族統一戰線之特別需求，毛在〈青年運動的方向〉
演講中，嘗試提出一個符合抗日戰爭時期國共合作局勢的中國革命論
述，將此時期的中國革命定義為資產階級民主革命，故而將資產階級納
入革命的動力成員，但仍視工農等無產階級為革命隊伍骨幹，如此方能
合理化中國共產革命首先需經資產階級民主革命階段，再進入社會主義
社會階段的兩階段歷史發展分期論述。

　　就其救亡論述之運用言，為期許青年掌握革命的方向，毛澤東在
演講中再次強調資產階級民主革命在中國救亡歷史上的位置：「一百年
來，中國的鬥爭，從鴉片戰爭反對英國侵略起，後來有太平天國的戰
爭，有甲午戰爭，有戊戌維新，有義和團運動，有辛亥革命，有五四
運動，有北伐戰爭，有紅軍戰爭〔……〕。」（1967d〔1952〕：527-8）

最後，毛澤東的演講以救亡論述作結，呼籲中國革命青年團結起來，打倒日本帝國主義之外，更「一定要把舊中國改造為新中國」（1967d〔1952〕：533）。

與〈五四運動〉一樣，〈青年運動的方向〉以鴉片戰爭為起點，以建立新中國為終點，追溯近百年救亡運動歷史，除了賦予其共產革命意義之外，並提出一個以五四運動為分水嶺的兩階段革命救中國的歷史分期架構。如此，救亡論述逐漸融入毛澤東革命史論述之一環，構成中共建政之後官方革命救亡文化記憶的基礎。

二、毛澤東中國革命救亡史論述之初步：兩階段論與新民主主義概念

毛澤東於中國革命史論述之發展，初步完成於《中國革命與中國共產黨》一書，其中提出的「新民主主義論」概念，可謂毛澤東兩階段革命論述的最後一塊拼圖（1967e〔1952〕：584-617）。[26] 首先，在毛親自撰寫的〈中國革命〉第一節，也將中國革命置於鴉片戰爭以來百年救亡圖存宏觀脈絡下進行闡述：

> 帝國主義和中國封建主義相結合，把中國變為半殖民地和殖民地的過程，也就是中國人民反抗帝國主義及其走狗的過程。從鴉片戰爭、太平天國運動、中法戰爭、中日戰爭、戊戌變法、義和團運動、辛亥革命、五四運動、五卅運動、北伐戰爭、土地革命戰爭，直至現在的抗日戰爭，都表現了中國人民不甘屈服於帝國主義及其走狗的頑強的反抗精神。（1967e〔1952〕：595）

---

26 《中國革命與中國共產黨》一書乃於1939年冬由毛澤東與其他幾個在延安的同志合作書寫的一個課本，第一章〈中國社會〉由其他作者起草並經毛澤東修改而成，而第二章〈中國革命〉則由毛一人撰寫而成。參見毛澤東1967e（1952）：584。

毛澤東在此所列關鍵事件幾乎與〈五四運動〉與〈青年運動的方向〉雷同，但多提了中法戰爭與五卅運動。這些在毛澤東革命論述中所強調的關鍵事件，大部分將物質化於天安門廣場中心的人民英雄紀念碑基座浮雕上。

其次，在第二章首節之後，毛澤東以馬克思主義史觀視角論述中國革命之目標、主要形式與主要力量。毛認為，基於中國當時社會的「殖民地、半殖民地、半封建」性質，以及日本入侵中國的現實，中國「現階段」革命的主要對象「就是帝國主義和封建主義」、「帝國主義國家的資產階級和本國的地主階級」，以及「日本帝國主義和勾結日本公開投降或準備投降的一切漢奸和反動派」（1967e〔1952〕：596），故中國革命的「主要形式」，「必須」是「武裝」革命（1967e〔1952〕：597）。27 毛在〈中國革命〉再次強調農村根據地以及中國農民作為革命主力的重要性，而且「在這種革命根據地上進行的長期的革命鬥爭，主要的是在中國共產黨領導之下的農民游擊戰爭」（1967e〔1952〕：598）。換言之，以農民為主力的革命隊伍，唯有在中國共產黨領導下，從農村根據地發動武裝革命，乃中國資產階級民主革命的本質部分；亦即，只有中國共產黨可以救中國。

《中國革命與中國共產黨》最重要的意義，莫過於毛澤東在〈中國革命〉一章中提出了「新民主主義革命」此一概念。在中國革命的目標、動力與形式的討論基礎上，毛澤東藉此概念之提出，嘗試釐清資產階級民主主義革命和無產階級社會主義革命之間的關係。尤其，在第六節「中國革命的前途中」，毛指出當時「現階段」的中國革命並非「舊式的資產階級民主主義的革命」，而是「特殊的新式的民主主義的革

---

27 毛澤東早在 1920 年代的〈湖南農民運動考察報告〉中提出解決農民問題、農民作為革命先鋒與主力、農村革命、農村根據地、武裝革命等概念。之後，毛在 1927 年的漢口「八七會議」中提出「槍桿子裡出政權」之主張，並獲得中共中央之認可，詳參 1969b（1952）：12-44；1986：58；八七會議十年之後，毛澤東又在〈戰爭與戰略問題〉中使用了「槍桿子裡面出政權」一語，參見 1967b：535。

命」，因此是「新民主主義的革命」（1967e：612）。而且，此一「新民主主義的革命」的「終極的前途，不是資本主義的，而是社會主義和共產主義的」（1967e：613）。換言之，毛澤東在此將資產階級革命，又區分成為舊資產階級民主主義革命與新資產階級民主主義革命，而後者又稱「新民主主義的革命」，將引領中國革命步入社會主義與共產主義時期。

之前，毛已在〈五四運動〉將資產階級民主革命區分為中共成立之前與之後兩個時期，在此又進一步以「新民主主義」概念進行舊、新資產階級民主主義革命之區分。此外，毛於〈五四運動〉與〈青年運動的方向〉討論中國革命兩階段論時，雖在語彙上有所改變，從「資產階級民權革命」改為「資產階級民主革命」，再到「資產階級民主主義革命」與「新民主主義革命」，置於中國百年救亡運動的中國革命史分期架構基本未稍調整，只是推演出「新民主主義革命」的概念。

三、毛澤東中國革命救亡史論述之完成：新民主主義革命四時期論

1940 年 1 月，毛澤東進一步在《中國文化》發表〈新民主主義的政治與新民主主義的文化〉一文，再次對「新民主主義革命」的概念進行完整而系統性之說明。[28] 後來，此文收入毛選，以〈新民主主義論〉為名（1967f〔1952〕：623-70）。

〈新民主主義論〉是中國長期尋找救亡方案集體焦慮的結果，而其救亡方案之內涵乃建基於「科學的」馬克思主義，因為「我們民族的災難深重極了，惟有科學的態度和負責的精神，能夠引導我們民族到解放之路」（1967f〔1952〕：623）。因此，在〈新民主主義論〉中，毛澤東

28　此文其實為毛澤東 1940 年 1 月 9 日在陝甘寧邊區文化協會第一次代表大會上的演講，後載於 1940 年 2 月 15 日於延安創刊的《中國文化》（毛澤東 1944：2-24）。本文引用收錄於《毛澤東選集》第二卷之版本。

指出中國革命的目標即在於「建設一個中華民族的新社會和新國家」，
而此一「新社會和新國家」之中，「不但有新政治、新經濟，而且有新
文化」（1967f〔1952〕：624）。何謂新政治、新經濟與新文化呢？毛澤
東進一步將這些問題置於鴉片戰爭以來的救亡運動脈路中的兩階段歷史
分期來思考。

　　首先，毛澤東在〈新民主主義論〉中將中國革命史分為民主主義和
社會主義兩個步驟，而且第一步驟「不是一般的民主主義」，而是「新
民主主義」，此亦為中國革命作為世界革命一部分但具有中國特色的特
殊歷史特點（1967f〔1952〕：626-7）。毛進一步指出，此一歷史特點形
成於「第一次帝國主義世界大戰和俄國革命之後」，而中國革命則由此
進入「新民主主義」革命的步驟。而且，在此一作為中國革命進入第二
步驟的社會主義革命之前的「新民主主義」革命之前，還有一個「準備
階段」，亦即自鴉片戰爭以來，經「太平天國運動、中法戰爭、中日戰
爭、戊戌變法、辛亥革命、五四運動、北伐戰爭、土地革命戰爭、直到
今天的抗日戰爭」百年救亡運動中自「第一次帝國主義世界大戰和俄國
革命」之前的時期，而它過去被稱為「資產階級民主主義革命」，現在
則屬於「舊的世界資產階級民主主義革命的範疇之內」。相對地，中國
革命在「第一次帝國主義世界大戰和俄國革命」之後的時期，則稱為
「新的資產階級民主主義革命的範疇」。

　　換言之，中國資產階級民主主義革命，又可分為「舊資產階級民
主主義革命」與「新資產階級民主主義革命」兩個階段，前者又可被視
為後者的「準備階段」（1967f〔1952〕：627-8）。至此，我們可以清楚
將毛澤東革命史歷史分期框架理解為資產階級民主主義革命與社會主義
革命兩大步驟或階段，而資產階級民主主義革命又可分為「舊資產階級
民主主義革命」與發生在俄國十月革命之後的「新資產階級民主主義革
命」兩個階段，而後者又可稱為「新民主主義」革命。

　　由此，毛澤東進而具體指出，在中國救亡脈絡下資產階級民主革命
的一百年中，「舊民主主義」乃「前八十年的特點」，「新民主主義」則

為「後二十年的特點」（1967f〔1952〕：656）。此一賦予救亡運動革命意義的中國革命史兩階段分期框架，其實已見諸《中國革命與中國共產黨》，在此只是在新民主主義革命之後再加上一個未來式的社會主義革命步驟。

那麼，發生在俄國十月革命之後的中國「新民主主義革命」的具體起點為何呢？毛澤東在〈新民主主義論〉再明確指出其起點為「五四運動」：[29]

> 在一九一九年五四運動以前（五四運動發生於一九一四年第一次帝國主義大戰和一九一七年俄國十月革命之後），中國資產階級民主革命的政治指導者是中國的小資產階級和資產階級（他們的知識分子）。〔……〕在五四運動以後，雖然中國民族資產階級繼續參加了革命，但是中國資產階級民主革命的政治指導者，已經不是屬於中國資產階級，而是屬於中國無產階級了。（1967f〔1952〕：635）

在此，毛澤東指出在五四運動之後，革命的「政治指導者」已經變成了無產階級。換言之，五四運動作為中國資產階級民主革命的分水嶺，在於無產階級成為革命主力與領導力量。

更要者，毛澤東認為，五四運動也象徵了新民主主義文化革命之始，因為源於俄國十月革命後的五四文化運動時期，中國出現了「完全嶄新的文化生力軍」，亦即「中國共產黨人所領導的共產主義的文化思

29　在此之前，毛已在〈五四運動〉與《中國革命與中國共產黨》提示五四運動於中國革命史的分水嶺意義。毛在〈五四運動〉開篇提及：「二十年前的五四運動，表現中國反帝反封建的資產階級民主革命已經發展到了一個新階段。」為什麼是五四？以中國共產黨之建立作為分水嶺不更為恰當嗎？此乃因「五四運動」時期的「資產階級民主革命」出現了「工人階級、學生群眾和新興的民族資產階級」。毛在《中國革命與中國共產黨》也明確指出「新民主主義革命」開始於「五四運動」，而且它是「無產階級領導之下的人民大眾的反帝反封建的革命」。參閱1967c（1952）：522；1967e（1952）：610。

想」，故而形成「新民主主義性質的文化」（1967f〔1952〕：657-8），其中可見具初步共產主義思想的知識分子，因而「五四運動」可說「在思想上與幹部上準備了一九二一年中國共產黨的成立」（1967f〔1952〕：662）。

此外，在〈新民主主義論〉中，毛澤東再將「新民主主義」階段區分成四個時期。第一階段起於五四運動而止於中國共產黨之成立；在這個階段當中，出現了一股由共產黨知識分子、無產階級群眾、具革命性質的小資產階級知識分子和資產階級知識分子所組成的文化統一戰線（1967f〔1952〕：659-61）。第二階段則自中共成立至北伐成功期間；在此階段，在第一次國共政治統一戰線背景下，農民階級被納入文化統一戰線中（1967f〔1952〕：661-2）。第三階段則為第一次統一戰線瓦解至抗日戰爭之前；在此階段，資產階級知識分子投入反革命陣營，並聯合地主和大資產階級為專制政權提供服務（1967f〔1952〕：662-3）。第四階段是抗日戰爭時期；在此階段，四大階級在抗日目標下團結形成第二次政治與文化統一戰線（1967f〔1952〕：659-61）。毛澤東所提議的「新民主主義」階段四時期分期框架，後來由毛澤東寫入〈如何研究中共黨史〉中，並經延安整風運動，成為中共黨史研究方法論基礎。[30]

綜上所述，毛澤東由改良主義轉向革命救亡後的革命論述建構歷

---

30 Saich 1995: 317。1942 年 3 月 30 日，毛澤東在中共中央學習組會議以「如何研究中共黨史」進行報告，主張正確認識黨路線政策的歷史對於中共黨組織發展的重要性，並以馬克思、恩格斯、列寧、史達林的歷史研究方法為根基，提出「古今中外法」，依照鬥爭目標、打擊對象、黨的政治絡線，基本分成 1925 年至 1927 年的「大革命時期」、1927 年至 1938 年「內戰時期」、1938 年開始的「抗日時期」，但又認為在 1925 至 1927 年的大革命時期應該考慮 1921 年至 1924 年的「直接準備」時期。但談到革命的「直接準備」，由五四運動為「大革命的思想、幹部、群眾、青年知識分子」提供了準備，所以嚴格說來，研究中共黨史「從五四運動說起可能更好」，故而「直接準備」階段可往前追溯至 1919 年，並可視為一個階段，再加上大革命時期、內戰時期、抗日時期，中共黨史可分成四個階段，詳參 1985：81-9。

程中，不僅經常運用救亡論述，甚而以系統性的革命史論述賦予中國自鴉片戰爭以來救亡運動以革命意義，並提出以「五四運動」為轉折點，並以中國共產黨領導無產階革命為展望的「舊民主主義」與「新民主主義」的兩階段四時期之歷史分期框架，日後再經歷毛澤東思想之經典化、合法化與普及化之後，將於中共建政後進一步物質化在天安門廣場上的人民英雄紀念碑碑文與基座浮雕，以及中國歷史博物館與中國革命史博物館的策展內容分期之上，如此正體現艾斯曼所提議之集體記憶經化形於各種形式之文化媒介，而逐漸轉化為跨社群與跨世代影響的中共官方革命救亡文化記憶之資源。[31]

肆、中共官方革命救亡文化記憶之建構

毛澤東革命救亡論述經歷經典化與合法化而成為中共意識形態核心的「毛澤東思想」，是其在中共建政之後進而普遍化與物質化為文化記憶媒介的基礎，也是中國自鴉片戰爭以來救亡論述得以持續跨世代、跨社群傳遞的途徑，更是中共持續在「毛澤東思想」基礎上進而構成其不斷重申「只有社會主義才能救中國」口號的政治文化資源。

一、毛澤東革命救亡論述之經典化與合法化

毛澤東革命論述的經典化，自延安整風運動以來已展開，並隨著他在中共政治權力階梯上之攀升，逐漸成為中共政治思想的重要資源。[32]

31　毛澤東賦予五四運動革命意涵之論述，不能完全視為他個人的發明，從中國共產黨成立以來到 1930 年代中以救亡為訴求的「新啟蒙運動」之間的中共理論家如李大釗、陳獨秀、瞿秋白、張太雷、矛盾、陳伯達、艾思奇、何幹之等人之五四論述都可尋得其思想來源之痕跡，惟本文聚焦於救亡論述融入毛澤東革命論述建構歷程之分析，未特別就中共五四論述系譜的內緣面向進行深究，相關討論可參閱歐陽哲生 2011；2019；梁磊 2002；董德福 2002；張豔 2005。

32　關於毛澤東革命論述及其權力之攀升與其思想之經典化，可參閱高華 2000；

隨著毛澤東權力於1935年1月遵義會議的崛起，並於1945年七大會議
達於高點，其思想經典化之雛形已可見諸1935年出版的《毛澤東論文
集》與1939年出版的《毛澤東救國言論選集》（1937；1939），亦可徵
諸中共黨報出現「毛澤東思想」此一語彙之現象（Schram 1963: 80）。

　　在延安整風運動時期，透過時任中共中央黨校校長的毛澤東所主持
之「總學習委員會」規劃的學習小組思想再教育活動，黨員與軍隊廣泛
閱讀包括毛重要文獻在內的中共黨史相關文件彙編，例如《六大以前》
與《六大以來》。[33] 這些中共重要政治文件彙編，不僅用來檢討陳獨秀、
李立三、張國燾、博古、王明等歷任黨領導的政治路線之錯誤，亦用來
證明毛澤東政治路線之正確（Saich 1995：299-338; Martin 1982: 9）。更
要者，經由延安整風運動時期思想教育運動，毛澤東革命論述及其中共
黨史研究方法，不但成為中共意識形態基礎，亦是深植中共黨員人心之
途徑。

　　毛澤東革命論述經典化的跡象，可徵諸劉少奇於1943年7月6日
在《解放日報》發表的〈清算黨內的孟什維主義思想〉一文。該文批判
中共黨內孟什維主義者為假馬克斯主義者，劉少奇呼籲要把真正的馬克
思主義者毛澤東的指導「貫徹到一切工作環節與部門中」，一切幹部與
黨員都應「用心研究與學習毛澤東同志關於中國革命的及其他方面的學
說」，應該以「毛澤東同志的思想體系去清算黨內的孟什維主義思想」
（1945）。劉少奇的主張，在1945年4月20日中共六屆七中全會通過
的〈中國共產黨中央委員會關於若干歷史問題的決議〉獲得合法化（中
國共產黨中央委員會 1980〔1941〕：1179-200）。該決議文以毛澤東的
「新民主主義論」與中共黨史歷史分期，檢討六大以來至遵義會議黨領
導人的錯誤路線，以確認毛澤東路線之正確，並將毛澤東思想置於中共

Martin 1982。

33　中國共產黨中央書記處編 1981a（1941）；1981b（1941）；關於延安整風運動與毛
　　權力之爬升，可參閱高華 2000：93-7；Meisner 1967：93-7。

黨史與中國革命史的中心位置：

> 我們黨一成立，就展開了中國革命的新階段——毛澤東同志所
> 指出的新民主主義革命的階段。在為實現新民主主義而進行的
> 二十四年（一九二一年至一九四五年）的奮鬥中，在第一次大
> 革命、土地革命和抗日戰爭的三個歷史時期中，我們黨始終一
> 貫地領導了廣大的中國人民，向中國人民的敵人——帝國主義
> 和封建主義，進行了艱苦卓絕的革命鬥爭，取得了偉大的成績
> 和豐富的經驗。（中國共產黨中央委員會 1980〔1941〕：1179）

毛澤東革命論述的合法化，最終完成於1945年6月11日由中共七大通
過的中國共產黨黨章。其中，「新民主主義論」被稱為「毛澤東思想」，
且是黨「一切工作的指針」，因而中共現階段任務便是「為實現中國的
新民主主義制度而奮鬥」（中國共產黨 1949：1）。更要者，在七大闡述
黨章的意義時，劉少奇稱「毛澤東思想」是「是唯一正確的救中國的理
論與政策」（中國共產黨 1982：244）。換言之，唯有奉毛澤東思想為一
切工作指針的中國共產黨才能「救中國」，也象徵毛追尋中國救亡方案
的勝利，此也成為「只有社會主義才能救中國」政治口號的論述資源。

二、毛澤東革命救亡論的普及化

　　在中共建政後，毛澤東賦予中國救亡運動革命意義的論述，透過
《毛澤東選集》之經典化，以及歷史研究與歷史教科書之進一步傳播，
得以擴大影響力而普遍化。首先，中共在1951年至1977年間，陸續出
版收錄了229篇毛澤東政治論述的《毛澤東選集》五卷。其次，考察中
共建政以來的歷史教科書綱要，顯示毛澤東革命論述與歷史分期框架的
根深蒂固影響。從1949至2000年，中華人民共和國曾十次修改歷史教
科書標準綱要，均可見「新民主主義論」與中國革命兩階段分期之制
約。尤其在1992年之前，都將舊民主主義時期稱為近代史，將新民主

義時期稱為現代史，而新民主主義革命階段的歷史分期也持續深受毛澤東四時期框架影響。[34]

　　第三，在1980年代之前，中共黨史與近代中國史學者，都清楚可見毛澤東革命論述之影響，尤其是「新民主主義論」以及兩階段四時期革命歷史分期框架（魯振祥 1989；Weigelin-Schwierdrzik 1993: 156-7；Feuerwerker [ed.] 1968）。以五四運動研究為例，歷史論著通常都遵從毛澤東的五四論述觀點（魯振祥 1989：64）。例如，華崗（1906-1972）在其《五四運動史》，稱五四為舊民主主義革命轉向新民主主義革命的分水嶺，並強調新民主主義革命在「毛澤東思想」的領導之下才得以成功（1953：1、7）。毛澤東於五四運動與中國革命史論述與分期框架，至1980年代，仍具影響力，可具體見諸丁守和、殷敘彝、彭明等人的五四運動史論著（丁守和、殷敘彝 1963；彭明 1984），也呈現在1940年代末至1960年代諸如范文瀾、胡華、何幹之與李新等中共黨史與中國近現代史學者的論著中（范文瀾 1947；胡華 1951；胡華編 1951；何幹之 1958；李新編 1962；李新、陳鐵健編 1983）。尤其，由中共建政以來至文革時期的歷史研究，大體可見毛澤東「新民主主義論」之主宰性影響。

　　綜上所述，毛澤東以五四運動為轉折點的革命論述與兩階段四時期分期框架，在經歷經典化、合法化與普遍化歷程之後，再加上在天安門廣場空間完成改建之後的各式儀式活動，足以成為中共建政後官方革命救亡文化記憶的資源。不僅如此，它還再而經艾斯曼所稱物質化、空間化歷程而形成以紀念性建築與空間為再現形式的文化媒介，具體化在天安門廣場中以人民英雄紀念碑為中心的建築群內、外部佈置與空間語彙

34　中華人民共和國曾於1956、1963、1978、1980、1986、1988、1990、1992、1996與2000年十次修改歷史教科書標準綱要，參見課程教材研究所 1999。此外，1992年標準綱要則將鴉片戰爭至中共建政之前定義為近代史，將之後的歷史定義為現代史（課程教材研究所編 1999：135-65）。

之中。

三、毛澤東革命救亡論的物質化

　　中國自鴉片戰爭以來的革命救亡文化記憶，以毛澤東革命論述的語言，進一步具體建構並呈現在天安門廣場空間之中，[35] 尤其是人民英雄紀念碑、中國歷史博物館、革命博物館與毛主席紀念堂，可謂中國人近現代救亡與革命運動的「記憶所繫之處」。[36] 其中，人民英雄紀念碑興建計畫，於 1949 年 9 月 30 日召開的中國人民政治協商會議提出，並於同日下午由毛澤東親自在天安門廣場主持奠基儀式，同時宣佈由其以中國革命史兩階段論歷史框架草擬的革命人民紀念碑文（梁思成 1991：27-8）。由上文可知，天安門廣場之所以被選為紀念碑興建的地點，主要是因為該空間乃五四運動之發生地，而五四又被毛澤東定義為中國革命史歷程中舊民主主義革命與新民主主義革命的分水嶺，是故天安門廣場儼然共產革命的聖地。因此，在首屆中國人民政治協商會議期間，周恩來便提議將人民英雄紀念碑建於天安門廣場軸線中心點，因為該地「有

35　關於「毛澤東思想」的物質化的詳細討論，可參閱下揭著作，本節僅從本文論旨視角聚焦於毛澤東革命論述與兩階段革命歷史分期之物質化於人民英雄紀念碑、中國歷史博物館、中國革命博物館與毛主席紀念堂之綜述，關於以具象化中共當代統治合法性與中共領導社會主義革命語彙的人民大會堂則不在討論之列，亦可參閱潘宗億 2014：365-71。關於天安門廣場之擴建及全部建築群之設計與建設過程，可詳參本文注 2 所列論著。

36　「記憶所繫之處」一詞援引自 Nora 1989；此處「記憶所繫之處」之中譯乃參考戴麗娟，參閱皮耶‧諾哈編 2012。根據諾哈（Pierre Nora），「記憶所繫之處」意指具物質性、功能性與象徵性之記憶載體；所謂物質性，即集體記憶之化身變形，如教科書或紀念性建築；功能性則指該化身變形之載體，且具實質政治、社會與文化功能，例如紀念日或國慶儀式；象徵性則意指記憶載體指涉社會群體與認同，例如國家級紀念碑。基於「記憶所繫之處」概念，諾哈主編《記憶所繫之處》一書探究現代法國國族認同建構與記憶變遷史，主題涵蓋國慶日、馬賽曲、聖女貞德、艾菲爾鐵塔、環法自行車賽、普魯斯特的《追憶似水年華》與拉維斯（Ernest Lavisse, 1842-1922）的《法國史》（*Histoire de France*）等，相關討論參閱潘宗億 2019：255。

五四以來的革命傳統」，最後並獲得協商會議全數代表一致之支持（楚圖南 1987：83）。天安門廣場作為中國救亡運動歷程中開啟「新民主主義革命」的聖地，成為紀念革命人民英雄的紀念碑，正顯見毛澤東「新民主主義論」的影響。[37]

　　毛澤東革命論述的影響也可見諸人民英雄紀念碑的碑文。1958 年勞動節豎立在天安門廣場中心的人民英雄紀念碑，面對天安門的正面銘刻著毛澤東親題的「人民英雄永垂不朽」，背面則可見毛澤東草擬而由周恩來題寫的碑文：

> 三年以來在人民解放戰爭和人民革命中犧牲的人民英雄們永垂
> 不朽
> 三十年以來在人民解放戰爭和人民革命中犧牲的人民英雄們永
> 垂不朽
> 由此上溯到一千八百四十年從那時起為了反對內外敵人爭取民
> 族獨立和人民自由幸福在歷次鬥爭中犧牲的人民英雄們永垂不
> 朽

此段碑文由毛澤東於中華人民共和國開國大典前夕草擬，其內容正體現

37　而且，紀念碑興建計畫也獲群眾支持，甚以「中國的紅場」形容天安門廣場，參見北京市城市規劃委員會檔案 150-1-46。在紀念碑奠基儀式後，北京城市規劃委員會公開人民英雄紀念碑設計的徵集消息，其中設計方針明白指出，紀念碑必須具民族風格，使無產階級群眾輕易理解，且中國民主主義革命兩階段關鍵歷史事件，必須以浮雕形式再現於人民英雄紀念碑，均顯見毛澤東的「新民主主義的文化」論述語言。之後，政務院於 1951 年 5 月 22 日成立「首都人民英雄紀念碑興建委員會」，負責紀念碑之設計與建築之監督與管理，並由梁思成擔任主任委員，同時下設歷史專業小組，其成員包括中國科學院近代史研究所的歷史學家、文化遺產部門官員、中央軍委會政治部、中共中央政治宣傳部與中央美術學院代表，並由中共黨史權威范文瀾領銜，負責挑選浮雕主題。同時，歷史專業小組甚至必須向由劉開渠主持的雕刻小組成員講述中國革命史，特別是「五四運動」，參閱梁思成 1991：27-8；吳良鏞 1978：5；北京市政府 2007：181-2；首都人民英雄紀念碑興建委員會 2007a：185；2007b：187；殷雙喜 2006：164。

毛澤東以五四運動為歷史轉折點的中國革命兩階段論。其中，碑文第一句「三年以來在人民解放戰爭和人民革命中犧牲的人民英雄們永垂不朽」意指國共內戰時期，第二句「三十年以來在人民解放戰爭和人民革命中犧牲的人民英雄們永垂不朽」則指涉三十年前的五四運動，而第三句「由此上溯到一千八百四十年從那時起為了反對內外敵人爭取民族獨立和人民自由幸福在歷次鬥爭中犧牲的人民英雄們永垂不朽」則明顯可知為中國革命史起點的鴉片戰爭。整體碑文呈現毛澤東革命論述的中國革命兩階段分期框架，再現1840鴉片戰爭至1949年新中國成立的百年救亡運動，並以中間第二句突顯中國革命歷史分水嶺，即標示舊民主主義革命與新民主主義革命分期的革命傳統「五四運動」。如此，毛澤東以革命救亡運動的共享經驗與記憶，定義了革命人民之我群意涵，以作為與他群有所區別之標識，並作為新中國國族認同的基礎。

　　除了碑文，人民英雄紀念碑基座上亦銘刻著象徵鴉片戰爭以來救亡運動中具有革命意義的八個關鍵事件的浮雕，包括虎門銷煙（鴉片戰爭）、金田起義（太平天國）、武昌起義、五四運動、五卅運動、南昌起義、抗日游擊隊（抗日戰爭）、勝利渡江（建立新中國）等，而這八個事件也與毛澤東建構其革命論述時所提議的事件一致，正如前文所述（梁思成 1991：28）。[38] 如此，具毛澤東革命論述色彩，而且由官方挑選的中國革命關鍵時刻，再現於紀念碑基座浮雕。[39]

　　1959年，中華人民共和國建國十週年，天安門廣場東側出現中國歷史博物館與革命博物館，建築外部設計與內部規劃，體現毛澤東思想語彙。東側博物館北翼樓為中國革命博物館，南翼樓則為中國歷史博物館（北京城市規劃管理局 1959：33-9），兩座博物館策展時代斷線與內

---

[38]　關於浮雕主題之選擇，以及毛澤東的介入，可參閱 Hung 2001: 457-73。

[39]　人民英雄紀念碑浮雕安排的相對位置，也寓意毛澤東以五四運動為轉折點的中國革命歷史分期框架：舊民主主義革命起源（鴉片戰爭）、新舊民主主義革命轉折點（五四）與新民主主義勝利（勝利渡江與新中國成立），相關討論請參閱 Wu 1991: 99-100；潘宗億 2014：367。

容規劃，完全展現了毛澤東的中國革命兩階段四時期歷史分期框架，其中中國歷史博物館策展內容以1840年前的中國歷史為主要範疇，而中國革命博物館則以鴉片戰爭之後的中國革命救亡運動為主題，且分成舊民主主義革命與新民主主義革命兩個階段，而其中新民主主義革命階段再區分四個時期（樹軍 2005：4）。根據本人之實體訪查，毛澤東的中國革命兩階段四時期的歷史分期框架，仍可清楚見諸2009年與2011年中國國家博物館慶祝中華人民共和國建國六十週年與中共建黨九十週年的展覽中。

最後，隨著毛澤東於1976年殞落，毛主席紀念堂隨即於1977年5月完工座落天安門廣南側，與廣場四周建築群整體構成中國國族革命救亡的紀念性空間，並以毛澤東本體象徵性完成廣場物質化毛澤東革命救亡論述歷程之終結。

毛澤東革命論述也具體呈現於毛主席紀念堂的位置規劃、內部陳設與外部裝飾。首先，毛主席紀念堂座落於天安門廣場的中軸線上，體現毛澤東在中國百年革命救亡史的中心地位，且介於人民英雄紀念碑與正陽門之間人民群眾匯集場所，寓意身在群眾的毛主席永遠在人民心中（毛主席紀念堂設計小組 1977：4）。其次，以萬年青浮雕裝飾紀念堂紅色花崗岩基座，象徵中國人民支持毛主席建立的紅色國家之決心，如岩石堅硬，如萬年青常久（毛主席紀念堂設計小組 1977：2）。整體而言，毛主席紀念堂整體象徵新中國。[40] 再者，紀念堂北面入口東、西側具社會主義寫實風格的兩座群雕，以毛澤東革命論述語彙再現其對中國革命的貢獻。其中，東側群雕以長征、抗日戰爭、國共內戰與新民主主義革命的勝利為題，再現毛澤東在新民主主義革命時期的成就，並表達「星星之火可以燎原」與「槍桿子裡出政權」意象（樹軍 2005：136）。另一面的西側群雕，其視覺意象則凸顯毛澤東在社會主義時期農業合

---

[40] 就此而言，瓦格納（Rudol G. Wagner）認為毛主席紀念堂整體建築不只是為毛澤東所建的紀念堂，而是整個新中國的象徵，參見 Wagner 1992: 404。

作化運動與文化大革命的貢獻（毛主席紀念堂設計小組 1977：12）。此外，紀念堂南面出口的兩座群雕，則象徵毛澤東的「不斷革命論」，寓意中國各族群人民繼承毛主席遺志將無產階級革命進行到底（毛主席紀念堂設計小組 1977：12）。[41]

　　除紀念堂外部建築裝飾外，毛澤東本身當然是毛主席紀念堂最重要的主體。參訪群眾由北面正門入大廳，立即可以看到白色大理石毛主席雕像，企圖由此展現毛主席永在革命群眾之間的意象，而其永遠不朽的遺體，則與人民英雄紀念碑上的「人民英雄永垂不朽」相呼應，也象徵毛澤東思想之永垂不朽。

　　自毛主席紀念堂完成興建以後，中共政權將毛澤東革命救亡論述語言具體化於天安門廣場，以官方力量建構了一個乘載並物質化近現代中國革命救亡文化記憶場域，作為國族記憶與認同形塑之物質與空間基礎，並伴隨著毛澤東的臉孔、身體、思想，如同幽靈般，永遠盤踞、籠罩著整個天安門廣場，隨時等待官方與民間等不同社群運用、挪用與重構，同時也成為社會群體分類之文化資源。凡此種種之歷程，正呼應艾斯曼於文化記憶所提議之文本化、經典化、物質化與空間化之學理意涵。

伍、中國共產黨革命救亡文化記憶之挪用與重構

　　近現代中國救亡論述融入毛澤東革命論述，並伴隨後者的文本化、經典化、合法化、物質化等文化記憶媒介的建構、轉化與傳播，成為中國官方與民間共享的文化記憶資源，不但可見諸四五運動與六四運動等大規模群眾運動時期知識分子對於官方革命救亡論述的挪用與重構之中，也逐漸積澱並體現在中共建政之後國家領導人反覆重申「只有社會

41　相關討論亦可參閱 Wagner 1992: 402-3。

主義才能救中國」的政治口號上。在現有關於四五運動與六四運動時期
群眾挪用毛澤東革命論述的研究論著基礎上，本文聚焦考察官方與民間
社群對於救亡論述的挪用與重構，以及五四、四五與六四在歷史記憶層
面上的相互類比與連結。

一、四五運動：召喚救亡與類比五四

　　1976 年在中華人民共和國歷史深具轉折性，該年春天周恩來逝世
並引發天安門廣場上的大規模非官方群眾運動，而不到半年之後毛澤東
也與世長辭。周恩來於 1976 年 1 月 8 日逝世之後，大量人民群眾自發性
聚集於天安門廣場悼念「人民的總理」，而人民英雄紀念碑周圍，尤其
銘刻著周恩來題寫碑文與五四運動浮雕的紀念碑南側，則出現大量小白
花圈、肖像、海報和詩文，不但寄情緬懷周恩來，更寓意對於四人幫、
甚或毛澤東的批判。隨著中共官方對於周恩來悼念活動報導的禁令與
打壓，悼念活動規模不斷擴大，最終以 4 月 5 日的清場作收，故名四五
運動。[42] 此運動原被中共定調為反革命事件，但在同年四人幫垮臺後，
被重新定性為具有群眾基礎的革命運動。[43] 之後，它成為中國進入中共
第二代領導人鄧小平用以合理化其以「堅持四項基本原則」實現在「穩
定」中完成「四個現代化」的政治方針。關於此，下文將具體討論，以
下本文先考察四五運動期間悼念周恩來群眾對於救亡論述的運用。

---

[42] 關於四五運動的過程可參閱嚴家其等編 1979；童懷周 1979；Garside 1981: 110-41;
　　Teiwes & Sun, 2004: 211-235; 2007: 462-535.

[43] 1978 年 11 月 14 日，中共北京市委會為四五運動平反，定義其為一個完完全全的
　　革命運動。同年 11 月 18 日，中共中央委員會與中央政治局，也宣告四五運動是
　　一個革命群眾運動，並於 12 月 22 日十一屆三中全會獲得正式認可，稱其為成功
　　粉碎四人幫奠定群眾基礎的革命運動，並進一步寫入在 1981 年 6 月 29 日於十一
　　屆六中全會通過的〈關於建國以來黨的若干歷史問題的決議〉，參見〈中共北京市
　　委宣佈天安門事件完全是革命行動〉，《人民日報》，1978 年 11 月 16 日，第 1 版；
　　〈中國共產黨第十一屆中央委員會第三次全體會議公報〉，《人民日報》，1978 年 12
　　月 24 日，第 1 版；人民日報編 1987：111-2。

　　在四五運動期間，群眾在人民英雄紀念碑浮雕周圍張貼大、小字報，以詩文細數周恩來的革命偉業，[44] 甚而投射周恩來所倡議的四個現代化想像。這些悼念詩文流傳至今，可以「天安門詩文」名之。[45] 天安門詩文集的編者，名為童懷周，即意味群眾集體一同緬懷周恩來（遼寧大學中文系編 1979：1），而這些詩文起初因四五運動被官方定性為反革命事件，而被稱為反動詩文，之後隨運動平反，化為革命詩詞，不但由官方公開出版，國家領導人華國鋒且在封面題字。[46]

　　「天安門詩文」不但表達群眾對周恩來的緬懷，亦體現群眾挪用中共官方毛澤東革命論述以正當化其悼念運動與對四人幫之批判。[47] 不僅如此，「天安門詩文」亦清晰可見救亡論述之挪用，正如出版於 1978 年的《天安門詩抄》編者所言：

> 是啊！天安門廣場，這是中國人民英勇鬥爭的歷史見證〔……〕就在這廣場前，「五四」運動的青年們為著拯救病弱的祖國，發出了中國有史以來第一次科學與民主的吶喊。就在這廣場前，「一二九」運動中的學生們痛感「北平之大，已放不下一張安靜的書桌，」為中華民族的生存死亡舉起了抗日救亡

44　許多詩文體現出群眾悼念周恩來的活動與人民英雄紀念碑上五四運動浮雕的連結，例如其中一篇詩文所示：「他抖擻精神，多次領著女兒來到人民英雄紀念碑前。他指著那一幅幅栩栩如生的浮雕，深情地敘述總理在中國革命各個歷史階段的偉績豐功。」（人民日報編 1980：145-7）。此外，甚至有一詩文記述悼念者一起製作花圈向周恩來致敬之外，甚至想像自己「彷彿融化在那五四運動的浮雕裡」，參見王明 1980：190-1。再者，根據四五運動平反後由官方出版的相片集《人民的悼念》，當時出現在天安門廣場的第一個悼念詩詞，即張貼在五四浮雕上，而這樣的作法，也反映在張貼該悼念詩詞作者的回憶文章中，參見曹志杰 2006：247-8；童懷周編 1979：4-5。

45　在《天安門詩抄》此一官方版本出版之前，還有許多流傳版本：童懷周 1977a；1977b；1978a；1978b。

46　〈偉大的四五運動〉，《人民日報》，1978 年 11 月 22 日，第 3 版。

47　關於四五運動期中國群眾挪用中共官方毛澤東革命論述之詳情，本文不再贅述，可參閱潘宗億 2014：345-400；Pan 2014。

的旗幟。就在這廣場前，毛主席升起了第一面五星紅旗，莊嚴
宣告了新中國的誕生！一九七六年清明節的天安門廣場運動，
正是中國人民這種前仆後繼的革命精神的發揚〔……〕。（遼寧
大學中文系編 1979：1-2）

《天安門詩抄》的編者將四五運動置於中國革命救亡運動史脈絡上，與
「拯救祖國的」五四運動、「為中華民族的生存死亡舉起抗日救亡」的
一二九運動，以及「新中國的誕生」並列，賦予其發揚「革命精神」的
意義。藉由救亡修辭將廣場悼念活動與關鍵中共革命傳統連結，正符合
四五運動之後中共將其定性為具群眾基礎之革命運動的官方論述。

　　諸多「天安門詩文」也強調天安門廣場此一體現毛澤東革命論述
之記憶空間的救亡意義。例如，〈敢有歌吟動地哀〉一文在緬懷周恩來
後，即突出天安門廣場的革命救亡意義：

我們來到了天安門廣場。紀念碑下已經有不少花圈，一隊少先
隊員掛著淚珠兒，在紀念碑前用扣人心弦的聲音，集體朗讀了
《悼念敬愛的周爺爺——我們的好總理》的散文詩以後〔……〕
觀看了被擁簇在花圈之中的碑座四周描繪近百年來中國人民革
命鬥爭史的漢白玉浮雕。從鴉片戰爭到辛亥革命，從抗日戰爭
到百萬雄獅過大江，苦難的中國人民經歷了多少艱難曲折，英
雄的中華兒女拋獻出多少熱血和頭顱！就是這個天安門廣場，
曾有多少人在這裡為了拯救祖國的危亡而呼號吶喊〔……〕
（童懷周 1977b：57-66）

在此，〈敢有歌吟動地哀〉一文作者憑藉人民英雄紀念碑基座上的浮
雕，細數鴉片戰爭、辛亥革命、抗日戰爭與勝利渡長江建立新中國等中
國革命史的「艱難曲折」，強調「就是在這個天安門廣場」，眾多群眾
「為了拯救祖國的危亡而呼號吶喊」，如此賦予天安門廣場空間革命救亡
意涵，並藉此將四五類比為五四，進而賦予革命救亡意涵予四五運動。

　　此外，救亡論述也被融入中共第二代領導人鄧小平所提出的「堅持四項基本原則」與「只有社會主義才能救中國」的政治論述之中。1979年3月，鄧小平在中共的理論務虛會中發表講話，指出中國要實現社會主義四個現代化，必須在政治思想上堅持社會主義道路、無產階級專政（後改為人民民主專政）、共產黨的領導，以及馬列主義、毛澤東思想等四項基本原則（1994〔1983〕：158-84）。鄧小平認為，之所以堅持社會主義道路，乃因「只有社會主義才能救中國」，而且這是「中國人民從五四運動到現在六十年來的切身體驗中得出的不可動搖的歷史結論」（1994〔1983〕：166）；之所以必須堅持無產階級專政，乃因它「對於人民來說就是社會主義民主」，而「沒有民主就沒有社會主義，就沒有社會主義的現代化」，故「沒有無產階級專政」就「不可能保衛從而也不可能建設社會主義」（1994〔1983〕：168-9）；之所以必須堅持中國共產黨的領導，因為「沒有共產黨的領導就不可能有社會主義革命」，而中國「在五四運動以來的六十年中」，「沒有中國共產黨就沒有，就沒有社會主義的新中國」，若「離開了中國共產黨的領導」，將由「誰來組織中國的四個現代化」（1994〔1983〕：169-70）；之所以必須堅持馬列主義與毛澤東思想，因為它們是新民主主義革命成功的關鍵，亦是社會主義現代化建設成功的關鍵，而其中的毛澤東思想作為綜合馬列寧主義普遍真理與中國革命實踐相結合而產生的結晶，不但在過去是「中國革命的旗幟」，在今後也將永遠是「中國社會主義事業的旗幟」，因此要確保社會主義現代化之成功，必須永遠堅持毛澤東思想（1994〔1983〕：171-2）。

　　在〈堅持四項基本原則〉中，鄧小平以救亡論述將社會主義、中國共產黨、新中國與四個現代化建設聯繫在一起，在在強調只有在中國共產黨領導下的社會主義才可以救中國，亦即延續了毛澤東在中共建政之後在〈關於正確處理人民內部矛盾的問題〉一文中提出的社會主義革命論述，強調「只有社會主才能救中國」（毛澤東 1977b：373），而且也「只有中國共產黨可以救中國」，而此一政治口號亦將進一步隨著「四

項基本原則」於 1987 年 11 月 1 日在中共十三大通過的《中國共產黨章程》修訂條文，而被寫入〈總綱〉中有關「中國共產黨在社會主義初級階段的基本路線」的論述之中。

綜合上述與前文討論，我們看到近現代中國救亡論述如何隨著毛澤東與鄧小平革命論述之提出與合法化而積澱為「只有社會主義可以救中國」之政治口號的形成脈絡。

二、六四運動：召喚與類比五四和四五

在後毛澤東時代，六四運動期間的中共政治菁英與知識分子也延續自中共於第一個國共合作時期以來巧妙運用救亡論述的合理化政治技術，其中後者甚而藉由中共官方革命救亡論述的挪用而重構了五四運動與四五運動的歷史意義。

在六四運動期間，中共官方在其汙名化學生群眾運動的政治宣傳中習於操作救亡論述。六四的開始與四五運動情況類似，即聽聞前中共總書記胡耀邦（1915-1989）於 1989 年 4 月 15 日過世的北京大學生，群聚天安門廣場以大花環與肖像悼念他們心中所敬愛的總書記先生。悼胡活動因《人民日報》於 4 月 26 日刊載的〈必須旗幟鮮明的反對動亂〉社論而擴大後，學生群眾也於次日之後陸續發動更大規模的遊行示威為自己平反，並發表「新五四宣言」訴求民主改革，而為了抗議中共當局之冷漠對待，又於 5 月 13 日發起絕食活動，甚至於 5 月 30 日在天安門廣場樹立巨型民主女神像，以彰顯民主改革訴求。在此過程中，《人民日報》將學運定性為「動亂」的四二六社論，以及李鵬合理化戒嚴措施的五一九講話，可謂中共運用救亡論述的代表性文件。

《人民日報》的四二六社論將天安門廣場悼胡活動定性為「否定中國共產黨的領導」、「否定社會主義制度」的「動亂」，並稱「如果對這場動亂姑息縱容」，不但將出現混亂局面而使改革開放以來的建設「化為泡影」，使「全民族振興中華的宏偉願望也難以實現」，最後導致「一

個很有希望很有前途的中國」變為「一個動亂不安的沒有前途的中國」。故此，社論最後強調「不堅決地制止這場動亂，將國無寧日」，且改革開放與四個現代化建設之成敗「事關國家民族的前途」，全國人民都應「為堅決、迅速地制止這場動亂而鬥爭」。[48] 由上述可見，四二六社論不僅反映鄧小平時代要求在穩定局勢中堅持四項基本原則實現四個現代化政策的官方論述，也巧妙運用救亡論述強化制止悼胡動亂的急迫性。

　　同樣的救亡論調，也出現在李鵬合理化其在北京部分地區實施戒嚴的政治宣傳之中。1989 年 5 月 19 日，李鵬總理發表講話說明在北京實施戒嚴的急迫性，一方面宣示制止動亂以在穩定局勢中繼續進行改革開放與四個現代化的重要性之外，另一方面稱首都北京的「無政府狀態越來越嚴重」，事態也已波及全國，故「如再不迅速扭轉局面，穩定局勢，就會導致全國範圍的大動亂」，而「改革開放和四化建設，人民共和國的前途和命運，已經面臨嚴重的威脅」，所以「不得不採取果斷、堅決的措施來制止動亂」，而此處「果斷、堅決的措施」即實施戒嚴。此外，李鵬再次重申四二六社論官方論述，強調制止動亂之必要性，否則改革開放與社會主義現代化政策都「將成泡影」，而「一個很有前途的中國」也將因動亂「變成沒有希望沒有前途的中國」（1989：387-8）。

　　救亡論述之政治使用並非中共權威當局的專利，在六四運動期間，深受中共革命史與意識形態洗禮的大學生與知識分子，也擅於挪用官方革命救亡論述來合理化其悼念活動與改革訴求。例如，在四二六社論之後，在北京街頭流傳的一張傳單，為了反駁中共當局對於學生運動的定性，而挪用了四二六社論官方論述，反指中共當局才是「動亂」的製造者，並呼籲政府積極與學生對話，因為學運不是「動亂」，而是為了「民族的興亡」與「國家的崛起」的愛國運動（十月評論社編

---

48 〈必須旗幟鮮明的反對動亂〉，《人民日報》，1989 年 4 月 26 日，第 1 版。

編 1989a：67）。同樣運用救亡論述與挪用四二六社論論述為己用的作法，也出現在 5 月 22 日出刊的廣場報刊《新聞導報》的第五期社論標題「團結起來旗幟鮮明地反動亂」及其內容上（十月評論社編 1989a：91）。5 月中旬，一份流傳於北大的傳單立意說明學運的民主改革訴求，稱學運為「中國歷史上最偉大的愛國民主運動」，並以「不改革則亡」、「倒退則亡」數語強調改革的急迫性，並呼籲學生「在這生死存亡的大搏鬥」中團結起來「救中國」（十月評論社編 1989a：18）。5 月 29 日，學生為了合理化在天安門廣場豎立民主女神像，北京八所藝術學院發布聯合聲明，強調民主女神雕像不僅象徵當時「學生的民主、愛國運動」，更表彰了「無數革命先烈們所追求的理想」（十月評論社編 1989b：107）。部分中央美術學院學生稱該雕像為體現了「中華民族的形象」的民主自由女神，且革命先輩們亦是在自由之神的召喚下「義無反顧的走上了救亡的戰場」，以「年輕的熱血灑遍了中華土地」（十月評論社編 1989b：108）。在此，「救亡的戰場」意指曾發生五四運動與四五運動的天安門廣場。

　　運用救亡論述合理化學運的修辭亦出現在北京以外的學運文宣中。例如，5 月 1 日，西安團結學聯發表〈告西安全體大學生書〉，呼籲全體學生學習七十年前的「老一輩同齡人」，為「挽救國家民族的危亡」投入學生運動，以高舉「民主與科學的大旗」進行鬥爭（十月評論社編 1989b：118）。同日，西安團結學聯再發表〈西安高等學校聯合罷課宣言〉，再次運用革命救亡修辭，將參與學運的大學生類比為 1919 年五四運動的大學生，並影射中共當局為反動派：「七十年前的五月四日，一大批熱血青年在祖國生死存亡的關鍵時刻，為了挽救我們苦難的中華民族，不顧反動派的子彈與屠刀，前仆後繼，奮勇向前〔……〕」（十月評論社編 1989b：118）。

　　隨著五四運動七十週年紀念日的到來，更多學運文宣開始挪用毛澤東革命論述，來反駁四二六社論的「動亂說」。例如，為突出學運正面意義，北京高校學生自治聯會在〈新五四宣言〉中一方面強調「這次

學運是繼『五四』以來最大規模的學生愛國民主運動，是『五四』運動的繼續和發展」，如此藉由與革命傳統五四運動之連結、類比，來合理化其以深化民主改革進行中國現代化之訴求。宣言更運用「富強」救亡論述，聲稱「幾千年的文明不僅無法為我們拿出一個富國強民的現成方案，而且長期受帶有封建色彩的政治經濟制度及其基礎農業文明極大地影響了，並且在一個相當長的歷史時期內將繼續極大地影響著我們的現代化建設。」言下之意，中共建立的新中國仍是舊中國，並未真正提出「富國強民」方案。是故，宣言呼籲同學與群眾，「讓我們在這富有象徵意義的天安門下，『再次』（此上下引號為作者所加）為民主、科學、自由、人權、法制，為中國富強而共同探索，共同奮鬥吧！」（十月評論社編 1989b：185）在此，宣言強調六四與五四之間的連結，並融入救亡論述來合理化學運的民主改革主張，並同時突出「天安門廣場」在救亡與現代化建設上的「象徵意義」。

三、挪用毛澤東革命救亡論述：重新定義四五與類比五四

六四運動期間，抗議學生與群眾不但運用官方救亡論述，也巧妙挪用毛澤東革命論述，並時而將六四運動與四五和五四進行類比、連結與重新定義。例如，除了具有代表性的〈新五四宣言〉之外，學運期間流傳於廣場的地下報刊，也清楚可見對於官方革命救亡論述的挪用。例如，《一代人》創刊號所載〈為「五四」七十週年告全體同胞書〉強調：

> 七十年前，一場原來以民主科學的啟蒙為主題的「五四」新文化運動，開始不久就遇上了反帝愛國的救亡運動，並且很快被它取代〔……〕七十年後，我們將又一次受到現實的嚴酷挑戰〔……〕七十年對歷史只是短暫的瞬間，而我們的民族已受盡了苦難。今天我們紀念「五四」，重提「五四」精神，再喊科學、民主，難道是重複「五四」嗎？不，我們要超越

「五四」，真正完成「五四」沒有完成的啟蒙責任。（十月評論
社編 1989b：69）

文宣在此首先將六四運動放在救亡運動脈絡上，將其與「反帝愛國」的
五四建立歷史連續性，次而強調未完成的「民主科學的啟蒙」使七十年
來的中國人仍「受盡苦難」，而這樣的「苦難」，又再次在「七十年後」
重現，故必須「再喊科學、民主」，以超越「五四」完成七十年前「沒
有完成的啟蒙責任」。乍看之下，文宣似乎完全複製了中共官方的革命
救亡與五四論述，但實質將五四運動與新文化運動連結，選擇性突出
「民主」與「科學」的啟蒙意涵，而與強調愛國、革命救亡意義的官方
論述有所區別。

　　換言之，此一文宣一方面結合中共救亡論述，並挪用中共五四革
命論述，卻同時從學生群眾視角，選擇性強調五四的民主啟蒙意涵，並
為天安門廣場注入屬於運動學生與群眾所認知的嶄新空間意義，甚至將
四五運動追認為天安門廣場上的「民主」傳統。

　　隨著學運持續發展與危機狀態之浮現，學生與群眾救亡呼聲益發嘹
亮。例如，5 月 13 日，北京學生為抗議中共對罷課的消極態度與持續拖
延與學生的對話，並同時訴求平反學運，向大眾發表〈絕食書〉，展開
在天安門廣場的絕食活動。〈絕食書〉為了動員群眾的支持，呼籲「一
切有良心的同胞」在「這民族存亡的生死關頭」聽一聽他們的「呼聲」
（十月評論社編 1989a：198）。而且，〈絕食書〉也挪用了毛澤東的〈民
眾的大聯合〉中的「天下者我們的天下，國家者我們的國家，社會者我
們的社會。我們不說，誰說？我們不幹，誰幹？」，修改為「國家是我
們的國家，人民是我們的人民，政府是我們的政府。我們不喊？誰喊？
我們不幹，誰幹？」由此可見毛澤東革命論述的普遍影響。

　　北京市部分地區「戒嚴令」正式發布之後次日，〈首都人民告全國
人民緊急聲明〉一開頭便以「中國危急」、「民族危急」、「人民共和國
萬分危急」之語形容戒嚴軍管的危局，甚而預期四五運動之再次重演，

因此號召全國人民站出來與「反革命集團」的鬥爭，一起「拯救危難的共和國，拯救中華民族」（十月評論社編 1989a：37）。5 月 22 日，署名「首都知識界人士」的〈告首都人民十萬緊急呼籲書〉，以「中華民族生死存亡到了十分危機的關鍵時刻」來形容戒嚴，並呼籲北京市民參與次日以取消戒嚴為訴求的遊行，以期「挽救危在旦夕的人民共和國」，並強調這是「共和國最後的希望」（十月評論社編 1989a：19）。

「首都各界保衛廣場聯席會議」於 5 月 23 日發布〈光明與黑暗的最後決戰〉宣言，首先反駁四二六社論，稱四月以來「由北京的大學生引發」而「由全國各界人民廣泛參加的」學運是「偉大愛國運動」，且是「為了民主」的鬥爭，其重要性「不僅超過了中國歷史上任何一次革命」，甚至是「五四和四五運動所不可比擬的」。其次，文宣為呼求更多群眾的支持，一再強調「中國的民主運動正處在生死存亡的緊急關頭」，並呼籲「每一個有良心、有正義感的中國人」，都應該「團結起來，挽救危亡」，因為「祖國正在危急中，共和國在危急中」（十月評論社編 1989a：27）。[49] 在此，文宣標體挪用了毛澤東革命論述，以光明與黑暗影射學運與中共當局之對比，並與五四革命傳統連結，以突出學運之正面意義，再而結合救亡論述，強化民主改革之迫切性。

再者，正如〈告人民書〉所示，在六四運動的非官方政治宣傳中，除了操作革命與救亡論述之外，甚至因四五運動的經驗與記憶，而使群眾預期四五運動的重演。例如上述，5 月 20 日，為回應北京部分地區實施戒嚴之措施，〈首都人民告全國人民緊急聲明〉即預期「天安門事件」

---

[49] 對於六四運動與其他諸如五四運動、一二九運動與四五運動歷史意義的比較，亦可見諸 5 月 24 日署名「一群原北京老三屆（1966-1968）知識青年」的〈致天安門廣場同學的一封信〉中。由於預期清場的到來，老三屆知識青年為呼籲學生盡快從天安門廣場撤離，故而強調學運的歷史意義已經非凡：「我們想以哥哥姐姐的身分項你們說幾句心裡話〔……〕我們認為，這場愛國民主運動的歷史意義，已經超過了五四、一二九、四五運動〔……〕我們重申：你們已經取得了偉大的劃時代的勝利，人民也將會把你們主動撤離的這一天〔……〕一起刻在歷史的豐碑上〔……〕」，參見十月評論社編 1989b：69-70。

的「第二次重演」（十月評論社編 1989a：37）。雖四五運動距六四運動
已十餘年，但由於群眾到天安門廣場參與悼念周恩來之親身經驗及天安
門詩文之記述，以及事件平反後至1980年代初的官方紀念活動，許多
群眾與學生世代猶記得丙辰清明的過去，故在實施戒嚴之後預期清場的
發生。[50]

除了學生與知識分子，包括黨與國家機構幹部其他社會各界人士之
文宣亦可見救亡論述之運用。例如，五月中，一份署名「北京工人自治
聯合會」的傳單稱學運為「愛國民主運動」，且其已「上升為全民族共
同參與的與整個中華民族的前途、命運息息相關的全民運動」，故而呼
籲所有工人應勇敢站在「爭取民主、爭取民權的最前列」（十月評論社
編 1989b：43）。5月21日，一份署名「中國城建工人自發聯合會總會
長」的文宣也呼籲在「國難當頭」的時刻，各行各業工人階級團結起來
支持學生（十月評論社編 1989a：32）。5月24日，「北京工人自治會」
發出緊急呼籲，除了稱學運為「偉大的民主愛國運動」，並號召各界人
士在這「中華民族已到了最重要的歷史轉折關頭」的時刻一起參與次
日的遊行（十月評論社編 1989a：31）。5月26日，為抗議北京實施戒
嚴，「北京工人自治聯合會」再度發出〈緊急動員起來，攻克八十年代
的巴士底獄〉文宣，呼籲一切愛國民眾與青年站出來抗爭，因為「改革
在危險中」、「民主在危險中」、「愛國民眾與愛國青年在危險中」（十月
評論社編 1989b：45）。

5月18日，一份張貼在北大校園的大字報，號召中共黨員在「國
家危急」的時刻，應該行動起來「救救學生」、「救救民族」（十月評論
社編 1989a：59）。同日，為支持學運絕食活動，「北大中國共產黨黨員
絕食團」發表〈絕食宣言〉，稱「黨在危機之中」，並呼籲共產黨員「為
了挽救聲明垂危的廣大絕食學生」立刻行動起來參與絕食。在李鵬發

50　關於四五運動的歷史與相關文化記憶之建構與流傳的詳細討論，可參閱 Pan 2014。

表「五一九講話」當天，一署名「中央國家機關部分幹部」的〈告人民書〉，預期「軍事管制」與「四五鎮壓」的到來，呼求各界人士在此「中華民族又到了危急時候，共和國和中國共產黨面臨生死存亡的抉擇」的時刻，一起行動起來實行罷工、罷課、罷教、罷市（十月評論社編 1989a：60）。

救亡論述也出現在各界組織的文宣之中。例如，在北京新聞界給中共當局的公開信，即以「國家危急」為訴求，呼籲政府與學生對話，並促請平反學運（十月評論社編 1989b：74）。5 月 18 日，「中國作家協會」心繫絕食學生，稱學運為愛國民主運動，並緊急呼籲政府秉持「對國家前途負責」與學生進行對話，以利「改革開放和社會主義現代化建設」之進行（十月評論社編 1989b：78）。

綜上所述，作為中華人民共和國有計劃建構的革命記憶空間，天安門廣場以毛澤東語言展現了中共官方革命救亡論述。然而，在四五與六四期間，天安門廣場此一官式空間，卻被非官方群眾建構成一個暫時的公共領域空間，揭櫫各項訴求與主張，並在過程中巧妙召喚五四與四五的革命傳統，並結合救亡論述，為其「不適所」的學運與改革訴求，取得歷史正當性。

更重要的是，群眾透過抗議文學與身體實踐，「佔據」天安門廣場，挪用固著於天安門廣場的革命救亡文化記憶，並賦予該空間以及相關歷史事件不同於官方論述的意義。在四五運動期間，群眾除了將四五類比為五四之外，人民英雄紀念碑也被轉化為周恩來個人祭壇，廣場也被植入悼周與四五運動的記憶，而誕生於廣場的「天安門詩文」不但寄意群眾對周恩來與中國革命與救亡運動的抒懷，更進而成為乘載與流傳四五運動的文化記憶媒介。在六四運動期間，天安門廣場成為大學生與抗議群眾將六四類比為五四與四五之場域，也為支持學運者重新定義為民主傳統聖地，而被置入廣場的民主女神像也成為此一新發明傳統的物質化寫照，而運動期間官方與非官方政治宣傳文獻，亦在在彰顯官方革命救亡文化記憶之運用、挪用與重構，並以此作為社會群體分類與跨時

空歷史類比的文化資源。

陸、結論

　　本文首先檢視自鴉片戰爭以來近現代中國救亡論述之發明、形成與變遷，次而以兩次國共合作為核心考察中共在共產革命運動過程中運用並賦予救亡論述其無產階級革命意涵，以合理化其政治路線之調整與其對國共關係之重新定義等諸般歷程，進而探析毛澤東由思想改良主義轉向共產革命救亡之路，及其透過系統性中國革命史論述之建構，一方面賦予救亡運動革命意涵，另一方面將救亡論述融入其以五四運動作為分水嶺的革命救亡運動論述，以及兩階段四時期革命史分期框架，最後再具體剖析毛澤東革命救亡論述進一步之經典化、合法化、普遍化，以及在天安門廣場的物質化建構，以從中論證毛澤東革命論述經中共官方多層形塑，而轉化為近現代中國革命救亡文化記憶媒介與資源。

　　其次，本文論證，在近現代中國革命救亡文化記憶建構之基礎上，中共建政之後的中共官方與民間等不同社群，才得以在四五運動與六四運動時期，選擇性運用或挪用毛澤東革命救亡論述之同時，也有意識操作、挪用、甚而重構近現代中國革命救亡文化記憶，藉以進行自我定義之外，以合理化與正當化各自社群之政治立場與訴求，同時構成識別不同社會群體身分認同的分類文化資源，甚而透過官方革命救亡文化記憶之挪用，進行五四、四五和六四之跨時空歷史性連結與類比，並賦予諸般歷史事件新的意涵。

　　第三，由本文論證過程亦可見，20世紀以來，國民黨與中國共產黨長期競奪取救亡論述與救亡圖存之道的主宰權，此由毛澤東在抗日戰爭末期提出兩種命運與光明和黑暗道路之爭，以作為中共與國民黨之區別的隱喻，可見一斑。而且，隨著毛澤東於其革命論述賦予救亡運動中國革命史意涵，只有在中國共產黨領導下的無產階級革命才能救中國的主張，也隨著中共歷次政治運動與路線變革，以及諸如毛澤東的「新

民主主義論」、鄧小平的「堅持四項基本原則」等政治論述，而逐漸沉積、濃縮為「只有毛澤東思想可以救中國」、「只有在中國共產黨領導下的社會主義才能救中國」、「只有共產黨才能救中國」、「只有社會主義才能救中國」等政治口號，並由胡錦濤與習近平等中共後代政治領導人所承襲。而且，一個救中國論述，各自表述，而彼此相異之意涵，也成為區別我黨與他者之間的分類基礎，而曾經國民黨人也宣稱只有他們可以救中國，並長期與中共競奪壟斷權，雖最終失敗，但其於中共建政前後如何運用並建構具自身黨性的救亡論述，值得進一步研究。

　　第四，本文雖由中共革命救亡史論與政治文化遞嬗之視角，聚焦於近現代中國救亡論述之發明、運用並逐漸沉積、融合於毛澤東革命論述，再進而以各種文化媒介形式傳播之歷程及其宏觀政治與文化脈絡之探討，但因論旨與篇幅所限，未能針對不同時期救亡論述的形成與細微差異之內緣與外部因素進行深究，未來另從黨派性、社群性、地區性與世代性差異視角從事更細緻之考察，以呈現內緣面向之微觀細節，以及相關歷史論述和文化記憶建構之多元紋理，有其必要。例如，揭示在中共政治文化傳統中因毛澤東革命論述之主宰性而壓抑聲量或低微潛伏的另類論述，或追溯不同社群針對鴉片戰爭、義和團運動、五四運動、新啟蒙運動、抗日戰爭等與中國救亡運動密切相涉諸般事件之歷史書寫系譜及其文化記憶建構歷程，又或如瑞貝卡（Karl E. Rebecca）以全球纏結（global entanglement）視角探索中國民族主義論述建構的非西方外部影響，延伸考察中國救亡論述建構過程中的全球跨區域因素（Karl 2002；卡爾‧瑞貝卡 2008）等面向均可再議。

　　第五，就革命救亡文化記憶與相關紀念性空間意義之多元社群性差異而言，天安門廣場作為一個以毛澤東革命救亡論述定義國族而作為國族認同建構基礎的官式國族記憶空間，除了展現國家力量與領導人權威之外，在四五運動和六四運動期間，由於不同社群為合理化各自政治動機與訴求，以及強化我群之政治與社群認同，以為區別敵對競爭社群之分類，而巧妙操作救亡與毛澤東革命論述，並挪用與重構五四運動與

四五運動等中國革命文化記憶之餘，更藉此賦予天安門廣場另類而具社群性差異的多元空間意義認知。尤其，在四五運動期間，天安門廣場被悼念群眾首度打造為紀念革命單一個體的祭壇與記憶場域，而在六四運動期間，五四與四五被抗議群眾重新定義為天安門廣場上的民主傳統，並置入民主女神像重新定義天安門廣場空間意義。總之，天安門廣場作為具現官方歷史論述意義的革命救亡文化記憶媒介，在非常時期，由於不同社群的身體實踐與有意識挪用共享的官方革命救亡文化記憶，不但異於官方建構的空間意義得以增生另類意涵，亦同時反而成為敵對與競爭社群之間分類識別的文化資源與空間性基礎，而其於21世紀的發展與變遷，也值得進一步再探。

最後，由本文之論證，可見天安門廣場作為近現代中國革命救亡記憶文化載體與社群分類和認同建構之多元空間意義，以及近現代中國革命救亡文化記憶本身的建構性和變遷性。此一多元性、建構性和變遷性，且將持續見諸後六四時代的天安門廣場生命史中，例如中華人民共和國官方升旗儀式傳統之發明，以及港澳回歸、奧運倒計時鐘等具革命救亡意義之紀念性器物與相關儀式之設置，而凡此相關細節，皆猶待探究。

綜上所述，本文之新意即在於具體論證鴉片戰爭以來之近現代中國救亡論述融入毛澤東系統性革命論述及其多重形塑之成果，乃中共建政之後官方與民間社群得以同時選擇性操作或挪用革命救亡文化記憶，並藉以彰顯、形塑自我群體並區別異己群體的政治認同與差異，且得以成為中國共產黨政治文化與中華人民共和國官方革命救亡之文化記憶資源，並隨時發展而具體形諸於天安門廣場空間之建築、儀式、展覽與身體實踐，故而四五運動與六四運動期間群眾最終得以在天安門廣場此一官式空間召喚並類比於五四與四五幽靈，而當代中共領導人也得以持續在天安門廣場高唱「只有社會主義才能救中國」的政治口號。

參考文獻

壹、中文：

一、檔案

北京市城市規劃委員會檔案150-1-46，北京市檔案館。

二、史料彙編

中國共產黨中央委員會，1951a，〈中共中央為日本帝國主義佔領湖北併吞中國告全國民眾書〉，載於《中國新民主主義革命史參考資料》，胡華編，260-261，北京：中國圖書。

——，1951b，〈中共中央為公佈國共合作宣言〉，載於《中國新民主主義革命史參考資料》，胡華編，354-356，北京：中國圖書。

——，1951c，〈中共公佈「抗日救國十大綱領」〉，載於《中國新民主主義革命史參考資料》，胡華編，356-359，北京：中國圖書。

——，1980（1941），〈中國共產黨中央委員會關於若干歷史問題的決議〉，載於《六大以來：黨內秘密文件》，中國共產黨中央書記處編，1179-1200，北京：人民出版社。

中國共產黨，1982，〈中國共產黨第七次全國代表大會〉，載於《中國共產黨歷次重要會議集》，上冊，中共中央黨校黨史教研資料室資料組編，235-247，上海：上海人民出版社。

——，1985a，〈中國共產黨第二次全國大會宣言〉，載於《「二大」和「三大」：中國共產黨第二、三次代表大會資料選編》，中國社會科學院近代史研究所現代史研究室編，92-105，北京：中國社會科學出版社。

——，1985b，〈中國共產黨第三次全國大會宣言〉，載於《「二大」和「三大」：中國共產黨第二、三次代表大會資料選編》，中國社會科學院近代史研究所現代史研究室編，193-195，北京：中國社會科學出版社。

——，1985c，〈關於國民運動及國民黨問題的議決案〉，載於《「二大」

和「三大」：中國共產黨第二、三次代表大會資料選編》，中國社會
科學院近代史研究所現代史研究室編，181-182，北京：中國社會
科學出版社。

———，1991a，〈中國共產黨為日本帝國主義強暴佔領東三省事件宣
言〉，載於《中共中央文件選集》，第7冊，中央檔案館編，396-
399，北京：中共中央黨校出版社。

———，1991b，〈中國共產黨為日帝國主義強佔東三省第二次宣言〉，載
於《中共中央文件選集》，第7冊，中央檔案館編，425-430，北
京：中共中央黨校出版社。

———，1991c，〈中國蘇維埃政府、中國共產黨中央為抗日救國告全體
同胞書〉，載於《中共中央文件選集》，第10冊，中央檔案館編，
518-525，北京：中共中央黨校出版社。

———，1991d，〈中央關於目前政治形勢與黨的任務決議〉，載於《中共
中央文件選集》，第10冊，中央檔案館編，598-628，北京：中共
中央黨校出版社。

———，1991e，〈中國共產黨致中國國民黨書〉，載於《中共中央文件選
集》，第11冊，中央檔案館編，77-88，北京：中共中央黨校出版
社。

———，1991f，〈停戰議和一致抗日通電〉，載於《中共中央文件選集》，
第11冊，中央檔案館編，20-21，北京：中共中央黨校出版社。

———，1991g，〈中共中央致國民黨二中全會書〉，載於《中共中央文件
選集》，第11冊，中央檔案館編，43-47，北京：中共中央黨校出
版社。

北京市政府，2007，〈北京市人民政府關於成立首都人民英雄紀念碑
興建委員會致政務院的報告〉，載於《二十世紀北京城市建設史料
集》，陳樂仁編，181-182，北京：新華出版社。

首都人民英雄紀念碑興建委員會，2007a，〈首都人民英雄紀念碑興建委
員會成立會紀錄〉，載於《二十世紀北京城市建設史料集》，陳樂仁

編，185，北京：新華出版社。

──，2007b，〈首都人民英雄紀念碑興建委員會下設各委員會名單〉，載於《二十世紀北京城市建設史料集》，陳樂仁編，187，北京：新華出版社。。

孫中山，1957a，〈革命原起〉，載於《中國近代史資料叢刊：辛亥革命》，第 1 冊，中國史學會編，3-20，上海：上海人民出版社。

──，1957b，〈香港興中會宣言〉，載於《中國近代史資料叢刊：辛亥革命》，第 1 冊，中國史學會編，86-89，上海：上海人民出版社。

康有為，2008a，〈上清帝第二書〉，載於《康有為變法奏章輯考》，孔祥吉編著，19-41，北京：北京圖書館出版社。

──，2008b，〈上清帝第三書〉，載於《康有為變法奏章輯考》，孔祥吉編著，48-68，北京：北京圖書館出版社。

梁啟超，1957，〈論不變法之害〉，載於《中國近代史資料叢刊：戊戌變法》，第 3 冊，中國史學會編，12-19，上海：上海人民出版社。

楚圖南，1987，〈破曉之前：我參加新政協籌備工作和首屆政協的經過〉，載於《迎來曙光的盛會：新政治協商會議親歷記》，石光樹編，75-84，北京：中國文史出版社。

童懷周，1977a，《革命詩抄》，第 1 冊，北京：北京第二外國語學院漢語教研室。

──，1977b，《天安門革命詩文選》，北京：北京第二外國語學院漢語教研室。

──，1978a，《天安門詩抄》，北京：人民文學出版社。

──，1978b，《天安門革命詩文選：續編》，北京：北京第二外國語學院漢語教研室。

鄒容，1957，《革命軍》，載於《中國近代史資料叢刊：辛亥革命》，第 1 冊，中國史學會編，331-364，上海：上海人民出版社。

蔣介石，1957，〈對中國共產黨宣言的談話〉，載於《九一八以來國內政治情勢的演變》，中國現代史資料編輯委員會編，166-167，北京：

中國現代史資料編輯委員會。

鄧小平，1994（1983），〈堅持四項基本原則〉，載於《鄧小平文選》，第
　　2卷，158-184，北京：人民出版社。

課程教材研究所編，1999，《二十世紀中國中小學課程標準教學大綱彙
　　編：歷史卷》，北京：人民出版社。

嚴復，1957a，〈原強〉，載於《中國近代史資料叢刊：戊戌變法》，第3
　　冊，中國史學會編，41-59，上海：上海人民出版社。

──，1957b，〈救亡決論〉，載於《中國近代史資料叢刊：戊戌變法》，
　　第3冊，中國史學會編，60-71，上海：上海人民出版社。

三、書籍

丁守和、殷敘彝，1963，《從五四啟蒙運動到馬克思主義的傳播》，北
　　京：三聯書店。

十月評論社編，1989a，《中國民運原資料精選》，第1輯，香港：十月
　　評論社。

──，1989b，《中國民運原資料精選》，第2輯，香港：十月評論社。

人民日報編，1980，《丙辰清明紀事》，北京：人民日報出版社。

──，1987，《學習〈關於建國以來黨的若干歷史問題的決議〉》，北
　　京：人民日報出版社。

毛澤東，1937，《毛澤東論文集》，上海：上海大眾出版社。

──，1939，《毛澤東救國言論選集》，重慶：新華日報館。

中國共產黨，1949，《中國共產黨黨章》，北京：新華書店。

中國共產黨中央書記處編，1981a（1941），《六大以前：黨的歷史材
　　料》，北京：人民出版社。

──，1981b（1941），《六大以來：黨內秘密文件》，北京：人民出版
　　社。

任建樹，2004，《陳獨秀大傳》，上海：上海人民出版社。

何幹之編，1958，《中國現代革命史》，香港：三聯書店。

余英時，1999，《五四新論：既非文藝復興，亦非啟蒙運動》，臺北：聯

經出版。

李文海、孔祥吉編，1986，《戊戌變法》，成都：巴蜀書社。

李新，1962，《中國新民主主義時期通史》，北京：人民出版社。

李新、陳鐵健編，1983，《中國新民主主義革命史長編》，北京：中國社會科學出版社。

李銳，1980，《毛澤東的早期革命活動》，長沙：湖南人民出版社。

胡華，1951，《關於學習新民主主義革命史的幾個問題》，北京：新潮書店。

胡華編，1951，《中國新民主主義革命史參考資料》，北京：中國圖書。

范文瀾，1947，《中國近代史》，上編第一分冊，延安：新華書店。

茅海健，2005，《戊戌變法史事考》，北京：三聯書店。

殷雙喜，2006，《永恆的象徵：人民英雄紀念碑研究》，石家莊：河北美術出版社。

高華，2000，《紅太陽是怎樣升起的：延安整風運動的來龍去脈》，香港：香港中文大學。

陳建華，2000，《「革命」的現代性：中國革命話語考論》，上海：上海古籍出版社。

彭明，1984，《五四運動史》，北京：人民出版社。

湯志均，1984，《戊戌變法史》，北京：人民出版社。

童懷周編，1979，《丙辰清明見聞錄》，北京：工人出版社。

童懷周，1979，《偉大的四五運動》，北京：北京出版社。

華崗，1953，《五四運動史》，上海：新文藝出版社。

雷中行，2009，《明清的西學中源論爭議》，臺北：蘭臺出版社。

樹軍，2005，《天安門廣場歷史檔案》，北京：西園出版社。

遼寧大學中文系編，1979，《中國當代文學研究資料：天安門詩抄選集》，瀋陽：遼寧大學中文系。

嚴家其等編，1979，《四五運動紀實》，北京：人民出版社。

四、譯書

卡爾・瑞貝卡，2008，《世界大舞台：十九、二十世紀之交中國的民族主義》，高謹等譯，北京：三聯書店。

皮耶・諾哈編，2012，《記憶所繫之處》，戴麗娟譯，臺北：行人文化實驗室。

藍詩玲，2016，《鴉片戰爭：毒品、夢想與中國建構》，潘勛譯，臺北：八旗文化。

五、專書論文

毛澤東，1967a（1952），〈國共合作成立後的迫切任務〉，載於《毛澤東選集》，第2卷，333-343，北京：人民出版社。

——，1967b（1952），〈戰爭與戰略問題〉，載於《毛澤東選集》，第2卷，506-521，北京：人民出版社。

——，1967c（1952），〈五四運動〉，載於《毛澤東選集》，第2卷，522-524，北京：人民出版社。

——，1967d（1952），〈青年運動的方向〉，載於《毛澤東選集》，第2卷，525-533，北京：人民出版社。

——，1967e（1952），《中國革命與中國共產黨》，載於《毛澤東選集》，第2卷，584-617，北京：人民出版社。

——，1967f（1952），〈新民主主義論〉，載於《毛澤東選集》，第2卷，623-670，北京：人民出版社。

——，1967g（1960），〈論人民民主專政〉，載於《毛澤東選集》，第4卷，1405-1419，北京：人民出版社。

——，1969a（1952），〈中國共產黨在抗日時期的任務〉，載於《毛澤東選集》，第1卷，232-248，北京：人民出版社。

——，1969b（1952），〈湖南農民運動考察報告〉，載於《毛澤東選集》，第1卷，12-44，北京：人民出版社。

——，1969c（1953），〈兩個中國之命運〉，載於《毛澤東選集》，第3卷，974-977，北京：人民出版社。

——，1977a，〈中國人民站起來了〉，載於《毛澤東選集》，第5卷，3-7，北京：人民出版社。

——，1977b，〈關於正確處理人民內部矛盾的問題〉，載於《毛澤東選集》，第5卷，363-402，北京：人民出版社。

——，1980a，〈毛澤東給蕭旭東蔡林彬並在法諸會友〉，載於《新民學會資料》，144-152，北京：人民出版社。

——，1980b，〈毛澤東給蔡和森〉，載於《新民學會資料》，162-163。

——，1983，〈民眾的大聯合〉，載於《毛澤東集》，第1卷，竹內實編，57-69，東京：蒼蒼社。

——，1985，〈如何研究中共黨史〉，載於《毛澤東集補卷》，第7卷，竹內實編，81-89，東京：蒼蒼社。

——，1986，〈毛澤東關於共產國際代表報告的發言〉，載於《八七會議》，中共中央黨史資料徵集委員會、中央檔案館編，57-58，北京：中國黨史資料出版社。

王明，1980，〈清明之日的第一個花圈〉，載於《丙辰清明紀事》，人民日報編，190-191，北京：人民日報出版社。

李澤厚，1987，《中國現代思想史論》，北京：東方出版社。

侯仁之、吳良鏞，1979，〈天安門廣場：從宮廷廣場到人民廣場的演變和改造〉，載於《歷史地理學的理論與實踐》，侯仁之編，227-250，上海：人民出版社。

段培君，2001，〈論兩種意義的民族救亡：五四運動基本性質的再認識〉，載於《五四運動與二十世紀的中國》，第1冊，都斌、歐陽哲生編，222-245，北京：社會科學文獻出版社。

許德珩，1979，〈五四運動六十週年〉，載於《五四運動回憶錄續》，中國社會科學院近代史研究所編，37-69，北京：人民出版社。

曹志杰，2006，〈我為什麼走向天安門〉，載於《四五運動：中國二十世紀的轉折點，三十年後的回憶與思考》，陳子明編，247-248，香港：博志出版社。

歐陽哲生，2011，載於《五四運動的歷史解釋》，臺北：秀威資訊科技。

——，2019，〈紀念「五四」的政治文化探幽—1949 年以前各大黨派報刊紀念五四運動的歷史圖景〉，載於《重估傳統・再造文明：知識分子與五四新文化運動》，黃克武編，360-411，臺北：秀威資訊科技。

潘宗億，2014，〈浮現北京城的時間中軸線：中國首都國族記憶空間之建構及其意義變遷〉，載於《近代物質文化研究：第一屆歷史與文物學術研討會》，逢甲大學歷史與文物研究所編，345-399，臺中：逢甲大學歷史與文物研究所。

——，2019，〈歷史記憶研究的理論、實踐與展望〉，載於《當代歷史學新趨勢：理論、方法與實踐》，蔣竹山編，247-283，臺北：聯經出版。

六、期刊論文

二十八畫生，1917，〈體育之研究〉，《新青年》，3，2：1-11。

毛澤東，1944，〈新民主主義的政治與新民主主義的文化〉，《中國文化》，1：2-24。

毛主席紀念堂設計小組，1977，〈毛主席紀念堂總體規劃〉，《建築學報》，4：3-12。

北京城市規劃管理局，1959，〈中國革命與中國歷史博物館〉，《建築學報》，Z1：33-39。

李江浙，1991，〈近世救國論述〉，《北京社會科學》，2：114-124。

李鵬，1989，〈在首都黨政軍幹部大會上李鵬同志的講話（1989 年 5 月 19 日）〉，《中華人民共和國國務院公報》，9：387-390。

吳良鏞，1978，〈人民英雄紀念碑的創作經過〉，《建築學報》，2：4-9。

胡衍，2006，〈五四運動名稱溯源〉，《北京社會科學》，43，2：142-154。

梁思成，1991，〈人民英雄紀念碑設計的經過〉，《建築學報》，6：27-28。

梁磊，2002，〈建國前中國共產黨人關於五四運動評論述評〉，《黨史研究與教學》，3：40-44。

陳獨秀，1915，〈敬告青年〉，《青年》，1：1-6。

陳進金，2014，〈現代中國的建構：蔣介石及其《中國之命運》〉，《國史館館刊》，42：31-62。

陳永發，2019，〈毛澤東如何綁架五四歷史〉，《思想史》專號：五四百年，9：2-33。

郭若平，2008，〈意義的賦予：時勢轉移與五四話語的演變〉，《安徽史學》，5：33-45。

董德福，2002，〈五四認知模式中革命話語的初步確立：論瞿秋白五四觀的政治情結〉，《江蘇大學學報》，4，3：11-17。

魯振祥，1989，〈五四運動研究述評〉，《近代史研究》，2：60-81。

翟志成，2014，〈唐君毅對民主政治的想像與批評〉，《中央研究院近代史研究所集刊》，86：143-147。

七、報紙

《人民日報》，1978，〈偉大的四五運動〉，11月22日，第3版。

──，1978，〈中共北京市委宣佈天安門事件完全是革命行動〉，11月16日，第1版。

──，1978，〈中國共產黨第十一屆中央委員會第三次全體會議公報〉，12月24日，第1版。

──，1989，〈必須旗幟鮮明的反對動亂〉，4月26日，第1版。

劉少奇，《解放日報》，1945，〈清算黨內的孟什維主義思想〉，7月6日，第1版。

八、學位論文

黃宏昭，2012，《消費、身體與生命政治：鴉片與中國現代性》，東海大學社會學系博士論文。

張豔，2005，《五四闡釋史研究》，浙江大學人文學院中國近代史博士學位論文。

貳、西文：
一、書籍

Brownell, S. 2008. *Beijing's Games: What the Olympics Mean to China.* New York: Rowan & Littlefield Publisher, Inc.

Chen, J. 1965. *Mao and the Chinese Revolution.* New York: Oxford University Press.

Chevrier, Y. 2004. *Mao and the Chinese Revolution.* Northampton. MA: Interlink Book.

Chow, T.-t. 1960. *The May Fourth Movement: Intellectual Revolution in Modern China.* Cambridge, MA: Harvard University Press.

Cohen, P. A. 1974. *Between Tradition and Modernity: Wang T'ao and Reform in Late Ch'ing China.* Cambridge, MA: Harvard University Press.

Feuerwerker, A. (ed.) 1968. *History in Communist China.* Cambridge, MA: MIT Press.

Garside, R. 1981. *Coming Alive: China after Mao.* New York: McGraw-Hill Book Company.

Hsiao, K.-c. 1975. *A Modern China and a New World: K'ang Yu-wei, Reformer and Utopian*, 1858-1927. Seattle: University of Washington Press.

Huters, T. 2005. *Bringing the World Home: Appropriating the West in Late Qing and Early Republican China.* Honolulu: University of Hawai'i Press.

Johnson, C. 1971. *Peasant Nationalism and Communist Power.* Stanford: Stanford University Press.

Karl, R. E. 2002. *Staging the World: Chinese Nationalism at the Turn of the Twentieth Century.* Durham: Duke University Press.

Karl, R. E. & Zarrow P., (eds.) 2002. *Rethinking the 1898 Reform Period:*

Political and Cultural change in Late Qing China. Cambridge, MA: Harvard University Press.

Kwong, L. S.K. 1984. *A Mosaic of the Hundred Days: Personalities, Politics, and Ideas of 1898*. Cambridge, MA: Harvard University Press.

Martin, H. 1982. *Cult and Canon: The Origins and Development of State Maoism*. Armonk, NY: M.E. Sharper.

Meisner, M. 1967. *Li Ta-chao and the Origins of the Chinese Marxism*. Cambridge, MA: Harvard University Press.

Schwartz, B. I. 1952. *Chinese Communism and the Rise of Mao*. Cambridge, MA: Harvard University Press.

Schwarcz, V. 1986. *The Chinese Enlightenment: Intellectuals and the Legacy of the May Fourth Movement of 1919*. Berkeley, CA: University of California Press.

Schram, S. 1989. *Thought of Mao Tse-Tung*. Cambridge, MA: Cambridge University Press.

Shen, T. 1990. *Almost A Revolution*. Boston: Houghton Mifflin Company.

Snow, E. 1938. *Red Star over China*. New York: Random House.

Teiwes, F. C. & Sun W.. 2007. *The End of the Maoist Era: Chinese Politics During the Twilight of the Cultural Revolution, 1972-1976*. New York: M.E. Sharpe.

Wu, C.-c. 1975. *Cheng Kuan-ying: A Case-Study of Merchant Participation in the Chinese Self-Strengthening Movement (1878-1884)*. New York: Columbia University.

二、專書論文

Halbwachs, M. 1980. Historical Memory and Collective Memory. In *The Collective Memory*. Trans. by Francis J. Ditter. 50-87. New York: Harper & Row.

——. 1992. The Social Frameworks of Memory. In *On Collective Memory*. Trans. by Lewis A. Coser. 35-189. Chicago: University of Chicago Press.

Hung, C.-t. 2011. *Mao's New World: Political Culture in the Early People's Republic*. Ithaca: Cornell University Press.

Saich, T. 1995. Writing or Rewriting History? The Construction of the Maoist Resolution on Party History. In *New Perspectives on the Chinese Communist Revolution*. Ed. by Tony Saich and Hans van de Ven. 299-338. Armonk, NY: M. E. Sharpe.

Schram, Sturart R. 1963. *The Political Thought of Mao Tse-tung*. New York: Praeger.

Wagner, R. G. 1992. Reading the Chairman Mao Memorial Hall. In *Pilgrims and Sacred Sites in China*. Ed. by Susan Naquin and Chun-fang Yu. 378-423. Berkeley, CA: University of California Press.

Weigelin-Schwierdrzik, S. 1993. Party Historiography. In *Using the Past to serve the Present: Historiography and Politics in Contemporary China*. Ed. by Jonathan Unger. 151-173. Armonk, NY: M. E. Sharpe.

Yu, Y. 2001. Neither Renaissance nor Enlightenment: A Historian's Reflections on the May Fourth Movement. In *The Appropriation of Cultural Capital: China's May Fourth Project*. Ed. by Milena Dolezelova-Velingerova and Oldrich Kral. 299-320. Cambridge, MA: Harvard University Press.

三、期刊論文

Assmann, J. & Czaplicka, J. 1995. Collective Memory and Cultural Identity. *New German Critique*, 65: 125-133.

Callahan, W. A. 2004. National Insecurities: Humiliation, Salvation, and Chinese Nationalism. *Alternatives*, 29: 199-218.

Coble, P. M. Jr. 1985. Chiang Kai-shek and the Anti-Japanese Movement in China: You Tao-fen and the National Salvation Association, 1931-1937. *The Journal of Asian Studies*, 44, 2: 293-310.

Cohen, P. A. 2002. Remembering and Forgetting: National Humiliation in Twentieth-Century China. *Twentieth-Century China*, 27, 2: 1-39.

Hung, C.-t. 2001. Revolutionary History in Stone: The Making of a Chinese National Monument. *China Quarterly*, 166: 457-473.

Nora, P. 1989. Between History and Memory: Les lieu de mémoire. *Representations*, 26: 7-24.

Pan, T.-Y. 2014. Between 'May Fourth' and 'June Fourth': 'April Fifth' as a Forgotten Revolutionary Tradition and its Political Use.《東亞觀念史集刊》，7：107-203.

Stranahan, P. 1992. Strange Bedfellows: The Communist Party and Shanghai's Elite in the National Salvation Movement. *The China Quarterly*, 129: 26-51.

Teiwes, F. C. & Sun, W. 2004. The First Tiananmen Incident Revisited: Elite Politics and Crisis Management at the End of the Maoist Era. *Pacific Affairs*, 77, 2: 211-235.

Wu, H. 1991. Tiananmen Square: A Political History of Monuments. *Representation*, 35: 84-117.

Yuan, M. 1989. Chinese Intellectuals and the United States: The Dilemma of Individualism vs. Patriotism. *Asian Survey*, 29, 7: 645-654.

Zhao, S. 2000. Chinese Nationalism and Its International Orientations. *Political Science Quarterly*, 115, 1: 1-33.

追悼臺籍日本兵之死：
臺灣人的二戰紀念行動

吳博臻

壹、前言

　　第二次世界大戰期間，作為日本殖民地的臺灣，約有20萬餘臺灣人以軍人、軍屬以及準軍屬的身分投入戰場，其中30,306人死亡，加上失蹤者的數量，接近5萬餘人。[1]從安平十二軍夫墓的案例中，可以見到早在1937年9月，已有受日軍徵調的臺籍軍夫不幸死亡的記錄（近藤正己 1995：198-9）。

　　關於臺灣人在戰爭中受到動員的複雜情況，楊文喬與吳博臻根據相關研究並對照日本政府所編纂的工具書，整理並羅列了二十餘種動員名目，在少數的口述訪問案例中，甚至可以見到同一人以不同的名目，數次前往各地戰場的紀錄（楊文喬、吳博臻 2022：15-97）。所謂的「臺籍日本兵」，並非全部都是正式軍人，而是參照周婉窈在「臺籍日本兵歷史經驗座談會」提出的概括性稱呼，揭示臺灣人是「日本軍方在戰爭佈局中的小棋子」，且被動員至海外參與日本戰地工作的臺灣人為數不少，為了行文方便，以此作為統稱（周婉窈編 1997：4-5）。

---

[1]　關於臺灣人在第二次世界大戰中的戰歿者人數，參考自日本厚生勞動省的統計數據。這個統計數字隨著日本官方及民間「遺骨收容」的行動不斷修正，如2015年發表的〈由靖國神社《祭神簿》分析臺灣的戰時動員與臺人傷亡〉一文所參考的資料紀錄為30,304人，見鍾淑敏、沈昱廷、陳柏棕2015。時至今日，儘管對於戰歿者人數的統計仍有相當程度的困難，日本厚生勞動省仍在前述的行動下將其統計的數字由30,304人修正為30,306人，另可參考浜井和史2021：8-21。

　　何以臺灣社會中，對於臺籍日本兵的公共論述呈現複雜的面貌，且相較於日本少有公開紀念儀式？周婉窈以歷史的記憶／遺忘為核心，說明當代臺灣人對於二戰集體記憶的遺忘或健忘症，並不是自然生成的情境，而是國民黨政權控制文教和媒體的成果（周婉窈 1995：34-49）。藍適齊的研究進一步說明了自1945年至1987年，國民黨政權以戒嚴體制統治的臺灣社會，如何「遺忘」臺灣人的二戰戰爭經驗。藍適齊以「遺忘」（forget）、「原諒」（forgive）至「補救」（redeem）的過程，解釋國民黨政權如何透過刻意遺忘臺灣人在二戰期間身為日本人參與戰爭的記憶，達到寬容以待臺灣人在戰爭期間的「敵對／漢奸」身分，並以「反共」作為合理化政權遞嬗以降國民黨政權統治臺灣的基礎（Lan 2013: 804-13）。

　　汪宏倫則以戰後東亞社會各自面對多重的戰爭之框，解釋當前臺灣社會中複雜的認同情結。該研究指出，臺灣社會在政權更迭下，由國民黨政權（即中華民國）形塑了兩個戰爭之框——「抗日戰爭」與「國共內戰」，並以此建構戰後臺灣社會的二戰認識、記憶再建構的過程。其中「抗日戰爭」的二戰記憶論述，扭轉了戰爭期間被日本總動員的臺灣社會如何認知二戰，以便確立中華國族的認同情結（2014：202）。當時，國民黨的中國民族主義正與共產黨相互競爭，雙方採取的框架和重視的內容大相逕庭，尤其是「抗日戰爭」的論述，雙方互相指責對方並未竭盡心力，只有自己才是拯救民族危急存亡與脫離苦難的真正領導人。因此，國民黨在戰後臺灣社會中積極重建「抗日戰爭之框」，甚至追溯至日治時期的臺灣民間抗日運動（2014：202-3）。透過強調中國民族主義的「抗日戰爭之框」，以及維持威權統治的「國共內戰之框」，冷戰下的臺灣社會由這兩個框架形塑了戰後對於二戰的重新認識。於是，臺灣獨立運動、中國共產黨以及黨外人士這些符號成為國民黨政權下的製造威脅的敵人，透過兩個戰爭之框的合一，戰後臺灣社會的政治、教育、媒體、娛樂等受到相當程度的管控（2014：203），戰爭時期作為他者的「臺籍日本兵」，則依據情況轉換論述，將其納入中華國族的敘事

架構之下。

　　於是，我們可以見到的是，區分「我者」與「他者」成為二戰記憶論述的重要指標。誠如上述諸位學者的研究，二戰記憶的形塑過程中，「類」可以作為界定群體的形式。無論是國民黨政權的二戰記憶論述，以及「臺籍日本兵」的定義，形塑我族認同／身分認同的群體並非完全相同，而是在記憶戰爭的過程中，因擁有類似的／部分共通的歷史記憶並形塑認同的人們。因此，界定「我者」與「他者」的「類」，其實是一個動態的載體群，對於認識二戰的不同觀點也與當下追求的身分認同存有強烈的關聯性。自 1987 年解嚴以降，臺灣社會中對於二戰的認知、評價與省思，反映了不同的「類」，即不同的記憶載體將同質化的身分認同加以強化；這些不同的身分認同，顯示了戰後臺灣對於二戰記憶的多元觀點。

　　若以戰後臺灣社會作為分析案例，出現對於二戰歷史記憶的多元觀點，始於 1987 年解嚴以後，臺灣社會的二戰戰爭敘事不再全然受限「抗日戰爭之框」的影響。藍適齊參照阮越清（Viet Thanh Nguyen）以「越南戰爭」（Vietnam War, 1955-1975）為記憶被遺忘／戰爭經驗者的再書寫當作參照案例，探討 1990 年代以降的臺灣人二戰戰爭經驗如何「重寫／重述」（Re-writing）的過程，以及官方框架與民間敘事互動下複雜的身分認同情結。阮越清並非經驗越南戰爭的世代，回顧官方與民間的戰爭記憶如何對生在美國的越裔戰後世代產生影響，即官方與民間戰爭記憶呈現形式、內容的不協調性。官方與民間的戰爭敘事並非完全不同，其間的相異之處如同「記憶的戰爭」般投射當前不同群體之間如何記得／重新書寫被遺忘的記憶。官方所形塑的戰爭敘事是一種遠比民間更為強大的記憶論述，甚至主宰了主流社會對於戰爭的回顧，以及如何看待戰爭中的「我者」與「他者」（Nguyen 2016）；另一方面，由下而上自民間說出的「真實戰爭故事（True War Stories）」並非是要與官方敘事競爭，而是展現「戰爭場景」的另一面向，即同一戰爭對於不同群體造成的相異影響（Nguyen 2016: 249-50）。由此，藍適齊扼要簡介

了 1995 年在中研院口述歷史計畫之下，周婉窈主持的「臺籍日本兵歷史經驗座談會」，以及蔡慧玉經由口述訪談出版的臺灣人二戰戰爭經驗文本等相關脈絡（Lan 2013: 813-24）。

　　藍適齊的研究主要是以周婉窈、蔡慧玉主持的臺灣人二戰戰爭記憶作為研究文本，對照臺北市政府在陳水扁（代表民主進步黨，Democratic Progressive Party，簡稱為 DPP）任內舉辦的「戰爭展」、馬英九（代表中國國民黨，Kuo-min-tang，簡稱為 KMT）執政時為口述歷史出版品撰寫的序文呈現的相異戰爭敘事，分析臺灣社會中不同的二戰戰爭敘事。除了因身分認同呈現的敘事差異，藍適齊也指出各個受訪者再現的戰爭經驗也有值得關注的差異，並進一步探究臺灣人向日索償行動中「戰後日本政府未盡其戰爭責任」、「遭致中華民國抗日敘事中排除／刻意遺忘的戰爭記憶」使得臺灣人再現二戰戰爭經驗時的身分認同困境（Lan 2013: 825-38）。

　　不過，藍適齊的研究中僅粗略提及臺灣人向日索償的行動時間為 1963 至 2004 年，亦僅引用了少數口述歷史文本作為臺灣人再現二戰戰爭記憶的案例。臺灣人二戰戰爭記憶的再現不僅止於口述歷史文本，還有皮耶・諾哈（Pierre Nora）在〈記憶與歷史之間：如何書寫法國史〉一文中闡述的「記憶所繫之處」，同時具備物質的、象徵的，以及功能性的存在，諸如臺灣人二戰戰爭紀念場域、戰友會中的默禱、悼念。[2] 這些對臺灣人二戰戰爭紀念的行動，包含了對戰爭下的臺灣人戰歿者的追悼，在前述提到「抗日戰爭之框」、國民黨政權主導了二戰戰爭記憶下的 1960 年代已有少數紀錄。同時，我們也可透過臺灣人向日索償行動、臺灣人二戰戰友會的活動、紀念碑與紀念場域的追悼／爭議，對照保羅・康納頓（Paul Connerton）提出的週期性的／空間性的紀念儀式，如何藉由身體實踐，達成形塑身分認同的意義（Connerton 1989）。

2　皮耶・諾哈，2012，〈記憶與歷史之間：如何書寫法國史〉，載於《記憶所繫之處》，第 1 冊，皮耶・諾哈編，戴麗娟譯，23-36，臺北：行人文化實驗室。

　　本文擬在上述的研究基礎之上，補充說明臺灣人在戒嚴期間戰友聯誼行動，以及自1960年代以降先後成立的戰友組織。在《外交部檔案》、口述歷史文本中，記述了這些週期性的紀念行動如何凝聚身分認同，不同的戰友組織，包含臺灣高座會、高志慶生會以及拓南同學會，如何在「抗日戰爭之框」的限制下組織臺灣人的二戰戰爭紀念行動。這三個案例橫跨戒嚴前後，並維繫數十餘年，不僅有主事者的熱忱，其紀念儀式，以及透過當事人與子姪輩的傳承，皆為臺灣人二戰紀念行動中的特殊案例。除此之外，以空間為載體的紀念碑、紀念場域如何透過慰靈、追悼等紀念儀式再現臺灣人的二戰戰爭經驗，並使其子姪輩記得父執輩所經歷的戰爭情境，與官方敘事呈現的差異性，也是本文關注的課題。除此之外，所謂的臺灣人二戰戰爭記憶也非全然一致，無論是在口述訪談的案例中對於向日索償行動展現的不同態度，抑或是對於紀念碑的認同與否、甚至是高砂義勇隊的原住民族遺族以信仰為由前往靖國神社要求日本政府「還我祖靈」，藉此窺探「抗日戰爭之框」的影響、複雜的身分認同情結，以及臺灣人二戰戰爭經驗的多元性。

貳、週期性的紀念

　　對照日本戰後社會的情況，臺灣人的二戰戰爭經驗在「抗日戰爭框架」之下逐漸遭致刻意遺忘，沒能發展出如日本戰友會、遺族會那般足以影響政府施政、制定相關補償制度的組織，許多戰後第二代、第三代甚至不曾聽聞與學校教育相異的父執輩的戰場體驗。不過，華樂瑞（Lori Watt）的研究則提醒我們，日本戰後社會的戰友暨遺族組織也非一蹴可及。自戰後重回故鄉的戰爭參與者並不只是重新「回到」舊有的社會中，面對回歸正常的生活挑戰。世人如何看待這些重返故鄉的戰爭參與者，也是一個值得關注的焦點。藉由日本「引揚者」的考察，戰後的日本社會其實並未立即接納重歸故土的日籍軍人、軍屬，甚至是一般平民，反而將其視為「另一個種族」。返國者在擁擠的重建生活中成

為與其他群體間失和的指責對象，更被當作「他者」加以理解（華樂瑞2018：65-70）。

在《共同研究・戰友會》一書中，我們可以從幾位日本學者針對戰後日本戰友會的組成，紀念活動的舉行，一窺戰後日本社會在二戰戰爭中的軍人、軍屬暨遺族如何組織聯繫具有共同經驗的群體，凝聚在戰後社會的「身分認同」。如伊藤公雄以戰友會的分類，以及如何面對靖國神社衍生的政治問題作為分析的主軸，討論不同時期戰友會集會的目的（2005：143-212）。新田光子則以慰靈行動作為切入視角，以前往靖國神社舉行慰靈儀式的統計分析「儀式」對於倖存的戰爭參與者暨遺族而言，具有何種意義。除此之外，紀念行動也不只是召集共同經驗者一同前往紀念場域舉行儀式，還包含了闊別許久的同袍互訴戰後生活、前往海外收集戰歿者遺骨、訪問戰爭期間的戰地遺蹟、興建慰靈碑等相關行動（2005：213-52）。戰後的臺灣社會在二戰戰爭記憶遭致刻意遺忘，政府對於曾參與戰爭的臺灣人抱持猜忌的態度，以及戒嚴體制的環境下，仍有少數戰友、遺族以同學會、懇親會、聯誼會、交友會、慶生會，抑或是宗教團體等名義舉行聯誼活動。[3]

例如以「第二十三回勤勞團」身分派往菲律賓的謝魯，便於戰爭結束後，尚未返回臺灣之際，在當地與四位同團戰友組織一個歌舞團。正是在巡迴過程中，又結識了一些來自臺灣的戰友，一共十人，彼此結拜為兄弟。[4] 其中結拜兄弟之間的大哥對時局最為敏感，二二八事件發生後，聽聞當局對於曾經當過日本兵的臺灣人並不信任，便私下前

---

[3] 1942年1月24日頒布之《非常時期人民組織團體法》第八條規定：「人民團體在同一區域內，除法令另有規定外，其同性質同級者以一個為限。」且於第十三條中提及：「人民團體之組織，應由發起人向主管官署申請許可，經許可後，主管官署應即派員指導。」經1989年修改為《動員戡亂時期人民團體法》，至1992年再度修正為《人民團體法》後，原先受到政府嚴加監視的臺籍日本兵才逐漸有明確的戰友暨遺族組織。

[4] 鄭麗玲，1995，《臺灣人日本兵的戰爭經驗》，北縣：臺北縣立文化中心，頁169。

往其他九人的住所，叮嚀道：「如果有相片的，都不要留下來，我們以後如果要開會，都不可以說要開會，要以做生日或遊玩的名義進行〔……〕」。[5]

　　這些自菲律賓回來的臺灣人二戰戰爭參與者為避免遭人誤會，便將結拜兄弟十人的照片全數收集起來，放火燒掉。[6]這個舉動由現在看來尤為遺憾，見證臺灣人經歷戰地的照片全數付之一炬，無奈的是，這正是當時曾經身為臺籍日本兵面對社會氛圍的考量。謝魯提到，他們這十位結拜兄弟，每逢喪事、喜慶之外，還會於每年八月開會一次，珍惜相聚的光陰。至於結拜兄弟中有人過世，便由其子孫承繼，並由十個兄弟輪流設宴，儘管乘載戰爭經驗與創傷的世代逐漸凋零，透過子姪輩的參與，同時使其了解父祖輩經歷的戰爭經驗。[7]

　　除此之外，派駐緬甸陸軍司令部的軍屬蕭錦文，也與其他自緬甸歸來的戰友們組織集會。關於戒嚴時期對於組織團體的管制，私人聚會活動容易受到管控，為了確保成員之間的安全，他們於是決定以「佛祖會」名義進行聚會。其中，使聚會轉化為宗教聚會的「觀音佛祖像」也成為這一個戰友會的重要信物，正是為了避免政治性的目的，成員之間不設有固定的會長和會址，由舉辦人暫時持有觀音佛祖像。於是，二、三十餘年間這尊觀音佛祖像多次輪換寄放地，同時象徵著彼此友誼的聯繫。[8]

　　從前兩個臺灣人私下集結的戰友組織，不難看出當時代下臺籍日本兵二戰經驗與相關記憶遭到壓抑的情況。不過，在二戰中編屬同一部

5　鄭麗玲 1995：169。
6　鄭麗玲 1995：169。
7　鄭麗玲 1995：169。
8　根據蕭錦文先生的訪問記錄，「緬友會」的組成約於1973年前後，受訪時已進行至第28年。見湯熙勇、陳怡如編著，2001，〈蕭錦文先生訪問記錄〉，《臺北市臺籍日兵查訪專輯：日治時期參與軍務之臺民口述歷史》，臺北：臺北市文獻會，頁229。

隊、同船艦、同一訓練單位的戰爭參與者們，仍試圖在限制中留存相關記憶，這些戰友會的組成也不限於臺灣人之間之間，也有臺籍戰爭參與者加入了日本人組織的戰友會，抑或原屬於同一部隊的日本人從日本前來與會。

　　鄭春河的訪問記錄中說明了第一期陸軍志願兵成立「臺灣南星同學聯誼會」的宗旨，即向日本政府索要相關賠償。[9] 同一期戰友簡傳枝則提到，南星會由第一期陸軍特別志願兵成員（包含前、後期）組成，約有98%的成員派駐海外，其中戰死、病死以及未返臺者約有八十餘人。其餘得以聯繫的戰友則每年固定舉辦二至三次聚會，同部隊中的日本人或當時的日籍班長，偶爾也有特地從日本前來與會的案例。[10] 儘管皆為陸軍志願兵，但第二期生、第三期生則因入伍時間較晚，另外組織「六友會」。[11]

　　1944年1月被編入駐紮臺北觀音山下，負責北臺灣防空的高射炮隊（臺灣四五〇部隊第五中隊）成員蕭金海，便是與上述情況相反，參與日本戰友會的案例。[12]「臺灣四五〇戰友會」的成員多為日本人，也因此每年的聚會大多在日本舉辦。根據蕭金海的訪問記錄，直到1996年前後，隨著老兵們日漸凋零，整個部隊還活著參與聚會的臺籍日本兵只有八位。[13]

9　鄭春河提到，「南星會」成立於1984年，且設立時仍在戒嚴體制之下，主管機關告知如果不加「同學聯誼」等字便無法成立，部分成員積極參與向日索償等行動，對於日本政府片面決定以120倍清償相關債務請求一事並不滿意。見蔡慧玉編著，1997，《走過兩個時代的人：台籍日本兵》，頁56-7。

10　與鄭春河相異，簡傳枝則提到「南星會」的成員中，不少人的家境還算不錯，因此對日索取債務一事並不積極。在他看來，當時使用的「索賠」應為「索償」，戰友們向日本索取的並非「賠償」，而是未付薪資與貯金。由此來看，可以見到戰友組織中的不同成員其實對於「向日索償」一事抱持著多元的看法（蔡慧玉編著1997：80）。

11　蔡慧玉編著 1997：80。

12　蔡慧玉編著 1997：98-100。

13　蔡慧玉編著 1997：107。

　　第二期海軍特別志願兵郭傳發，則是加入1987年成立的「戶衛校同學聯誼會」，集結當年曾在「戶塚海軍衛生學校」就讀的海軍特別志願兵，每年舉行同期會。[14] 在其訪問中亦不禁感慨，當年前往日本進修者約有六十餘人，不過十年光陰，成員凋零一半，餘者更對過往的經驗與記憶感到珍惜。[15]

　　過往的研究認為政權更迭以降，臺籍日本兵的記憶受到壓抑，受到「抗日戰爭之框」以及國民黨政權的猜忌，遑論組織戰友會、遺族會等聯誼團體。從上述案例中可以見到的是，雖然難以比擬戰後日本社會中官方對於民間組織戰友會的態度，在戒嚴的氛圍下仍有少數二戰臺灣人戰爭參與者嘗試維繫與戰友之間的情誼，凝聚成員間的身分認同，更不曾遺忘親身經歷的戰爭記憶，亦有捱到解嚴之後，內政部主管機關無法再依《人民團體組織法》的規範強加要求而成立。值得關注的是，這些戰友會的設立目的不盡相同，包含維繫情誼、向日索償等，這些不同的戰友組織卻也展現了臺灣二戰戰爭參與者群體之間相異的「自我認同」。接下來，透過「臺灣高座會」、「高志慶生會」以及「拓南同學會」等案例，吾人可見經歷創傷的戰爭世代，如何透過戰友會、紀念活動等週期性的儀式，憑弔戰爭期間的亡故戰友，凝聚「我者」的認同情結，甚至嘗試撫慰心中因戰爭造成的創痕。

　　1964年7月15日，中華民國駐大阪總領事館告知外交部，有一批戰後被處死的臺灣人遺骸，目前存放在京都靈山觀音寺，希望將該批遺骸運回臺灣，使家屬感激，讓亡魂得安，並杜絕臺灣獨立黨[16] 繼續利用

14　郭傳發於訪問中自述，1944年10月海兵團結訓前，曾受海兵團詢問是否志願前往日本進修，儘管因日本當時遭受空襲而不積極準備考試，仍在錄取名單公布後見自己榜上有名，被送往日本戶塚的「海軍衛生技術訓練所（隔年更名為戶塚海軍衛生學校）」接受進一步訓練。值得注意的是，這則案例中戰友會成立的時間點正好是解嚴的年分。見蔡慧玉編著1997：112。

15　見蔡慧玉編著1997：120。

16　文中所稱之「臺灣獨立黨」，應為「臺灣民主獨立黨」，為廖文毅等人在1950年集結在日本的臺獨派人士組織的政黨，對外宣告臺灣獨立建國的主張。

紀念活動進行宣傳的舉措。誠如前述，外交部依循「抗日戰爭之框」以及「國共內戰之框」將臺灣人的戰爭經驗納入我族的論述之中，即以「反共」、拉攏戰後留日臺灣人並反對臺灣獨立的立場，合理化此一交涉行動。於此同時，中華民國外交部在省議會的提案壓力下，不斷與日本外務省交涉關於第二次世界大戰期間受日本政府動員尚未返回故鄉的臺灣人，並擬參照各縣市政府彙整的臺灣人戰歿者名冊，對照日本方面的相關紀錄。

　　同年12月8日，駐橫濱總領事館亦回報關於調查「臺籍國人遺骸」案的成果。[17] 早先聽聞7月時神奈川縣大和市舉辦了「太平洋戰爭戰歿臺灣少年慰靈祭」，該館立即派遣館員前往神奈川縣大和市善德寺洽詢，得知善德寺現存臺籍少年遺骸五份，分裝兩木箱。根據該寺代表人柳澤敏告稱，「太平洋戰爭戰歿臺灣少年慰靈祭」的舉辦，正是為了將該項遺骸由大和市下鶴間觀音寺移存善德寺。儘管其中一箱內骨袋上標明為「福田清隆之靈」，其餘皆無姓名記載，駐橫濱總領事館職員認為其口頭報告難以認定是否為臺籍少年之遺骸，只得面告柳澤氏，在查明相關遺骸的姓名、原籍之前不得擅自交由他人領取。[18] 雖然承辦人找上曾在高座工廠服務的早川金次洽詢此事，可惜早川金次亦無線索，尚有聯繫的前「高座少年工」王清溪亦無考察遺骸姓名之資料。可惜的是，這份檔案聚焦於存放在京都靈山觀音寺的臺籍戰歿者遺物（實為26位臺籍戰犯的靈牌，非臺籍戰歿者的遺骨），關於寄存神奈川縣大和市善德寺中疑似臺灣少年的遺骸，則非中華民國駐外使領館持續關注的對象。然而，這批臺籍戰歿者的遺骸，促成了高座海軍工廠日籍技手與前臺籍海軍工員的聯繫，即「臺灣少年工」[19] 的戰友聚會。

17　「關於調查臺籍國人遺骸事」（1964 年 12 月 8 日），〈臺籍國人遺骸〉，中央研究院近代史研究所檔案館藏，《外交部檔案》，典藏號：11-01-02-18-07-007。

18　「關於調查臺籍國人遺骸事」（1964 年 12 月 8 日）。

19　即原高座海軍工廠所徵募之臺籍「海軍工員」，或因其年齡之故，由當事人或相關成員稱之為「少年工」。1942 年 9 月，為了大量製造攻擊用戰鬥機以抗衡美國

　　1963 年 11 月，前高座海軍工廠技手早川金次，於日本大和市上草柳善德寺建立了「陣亡臺灣少年之慰靈碑（戰沒台湾少年之慰霊碑）」，碑文如下：

太平洋戦争の末期この地に高座海軍工廠在り

十三才より二十才迄の台湾本島人少年八千余名海軍工員として故郷を遠く離れ気候風土その他の悪環境をも克服し困苦欠乏に耐え連日の空襲に悩みつゝも良くその責務を完うせり

されど病床に斃れ或いは爆撃により無惨の最期を遂げたる者数多し遺骨は故郷に還れと夢に描きし故郷の土を踏み懐しの肉親との再會をも叶はず異郷に散華せる少年を想ふ時十八年後の今日涙また新なり。　これ等の霊魂に対し安かなるご冥福とかゝる悲惨事の再び起らぬ永遠の平和を祈り之を建つ

昭和三十八年十一月

神奈川県平塚市富士見町十番十八号

元　高座海軍工廠海軍技手　早川金次 [20]

軍機，日本決定於神奈川縣高座郡設立高座海軍工廠，由安田忠吉（當時的軍階為中佐，後晉升為大佐）出任負責人。自 1942 年至 1944 年先後招募七次，約有 8,000 餘名臺籍「少年」遠赴日本。安田忠吉所設想的臺籍少年勞動力應為一邊工作（製造飛機），一邊讀書的少年，高座海軍空廠開出的條件是伙食費等生活費一切以公費支應，且發給薪水。若為國民學校高等科畢業生，經過三年之後可以取得工業學校畢業的資格；中學畢業者亦只需三年便授予高等工業學校畢業的資格。從口述歷史的訪談資料來看，應募者多認為這是值得嘗試的機會，甚至是由學校老師推薦成績較為優異的學生投考，以期繼續升學甚至是邁向成為飛機工程師一職的重要管道（石川公弘 2015：22-6）。

20　野口毅編著 1999：111。譯文大致如下：「太平洋戰爭末期，此地為高座海軍工廠所在。八千名十三至二十歲的臺灣本島少年作為海軍工員，遠離故鄉，克服氣候、風土及各種險惡環境，忍耐著困苦匱乏等諸多不便，並承受連日空襲之苦，

早川金次的紀念行動，使當年並未選擇返臺的留日少年工，以及時常往返臺、日之間的前少年工們，於1963年在日本建立「日本高座會」。1982年起，原自返鄉後分散於臺灣各地的「高座少年工」們，先後於臺北、新竹、桃園、楊梅、新化、虎尾、彰化、北港、嘉義等地陸續組織了各地域性的「高座會」。這些前臺籍日本兵與上一節提到的戰友會相似，他們同樣面對來自官方的嚴厲管控，在戒嚴時期不免被認為是政治性組織，直到解嚴隔年（1988年6月），才得以召開全國性的「高座會」聚會。[21]

　　藉由石川公弘的記述，我們得以一窺臺灣高座會全國大會的儀式流程。他所參與的是在彰化舉行的第五次臺灣高座會全國大會，舉辦地點位在彰化縣立體育館，參與者近2,000名。由於「高座少年工」是以海軍工員的身分招募，全國大會舉行時會場外的樂隊便以日本海軍軍歌歡迎來自各地的少年工們，包含軍艦進行曲、預科練之歌等。各地區分會的成員穿著舊海軍軍官制服，如少年時代那般整齊劃一，高唱軍歌走入會場。值得注意的是，會中各項活動以及節目演出，均以日語作為與過往的聯繫（石川公弘 2015：56）。此外，高座少年工的組織與紀念行動中，亦有戰爭參與者的子姪輩投入其間，使得戰友組織與相關紀念行動維繫數十餘年（石川公弘 2015：186-7）。

　　對於臺灣人二戰戰歿者的紀念行動不只是聯繫故友情誼，同時也是遭受戰爭造成的創傷後，竭力撫平創痕的一種嘗試。高座少年工也是其中一個臺灣人二戰戰爭經驗的記憶載體群，接著，藉由「高志慶生會」

而善盡其責。然而，有不少人病倒於床，或者因空襲而悲慘的度過生命的最後。儘管遺骨得以歸鄉，但已無緣再親身踏上夢中頻頻出現的故土，再見思念已久的親友們。一想起飄零在異鄉的少年，十八年後的今天仍忍不住淚盈滿眶。祝禱這些人在天之靈得以安寧，更但願日後不再有如此的慘事發生。為此，建此慰靈碑，以祈求永遠的和平。」（鍾淑敏 1997：118）

21 關於「日本高座會」、臺灣各地「高座會」的成立，見石川公弘 2015：51-3、149-50。另有關早川金次建立慰靈碑的始末，亦可參照野口毅編著 1999：10-116。

的案例，我們可以見到另一個臺灣人二戰戰爭參與者群體，如何面對戰友亡故造成的精神打擊，以紀念戰歿者的週期性儀式，撫慰數十餘年來心中的傷痛。

「高志慶生會」的組成，與臺灣海軍特別志願兵遭遇的「護國丸事件」有所關係，在此扼要說明。1944 年 11 月 10 日凌晨，300 名第一期、第二期臺灣海軍特別志願兵成員搭乘特設巡洋艦護國丸，自基隆前往日本的航程中，在九州外海遭盟軍潛艦以魚雷擊沉，該船士官兵及船員 112 名、臺灣海軍特別志願兵 212 名，共 300 餘人不幸喪生（陳柏棕 2013：208-37）。儘管倖存者們仍為戰後的生活各自努力，並未忘卻那如煉獄般的沉船景象，時常為自己逃過劫難感到慶幸，同時為罹難的戰友們慟哭，由此引發尋找當年護國丸事件倖存者的契機（陳柏棕 2018：233-4）。

1963 年 11 月 9 日，護國丸事件後 19 週年前夕，巧逢陰曆、陽曆正與事故發生時相同之際，原臺灣海軍特別志願兵的倖存者八人，聚集於臺北市新北投金臺灣旅社的客房，傾訴闊別近二十年後的人生經驗，也討論到關於沉船當下的慘痛回憶。直到 11 月 10 日凌晨 3 點 40 分，刻意選在護國丸沉沒之時，所有與會成員正襟危坐，一齊默禱三分鐘，為當年 212 位戰友及在其他地區戰歿的同袍祈求冥福。這批倖存者們在告別前相約，有生之年在同一日相聚，紀念這個為他們的人生帶來劇烈變化的一場災難，「高志慶生會」正式成立。「高志」說明了臺灣海軍特別志願兵原屬高雄警備府所，「慶生會」則作為相聚之名，慶祝彼此力竭重生（陳柏棕 2018：235）。與前述提及之戰友會相似的是，在戒嚴的政治氛圍下，高志慶生會並非以「戰友會」的名義組織聚會，而是透過倖存者的自發性招集戰友，且未設置章程、也無會長之職。此一戰友組織與臺灣高座會的經營形式不同，成員之間主要活動為定期舉行飲宴、郊遊聯繫彼此的友誼（陳柏棕 2018：235）。

這個戰友組織一開始選定於每年護國丸事件發生前後，在臺灣各地輪流舉辦，同時也與前一節提到的戰友組織相似，逐漸接納不只是護國

丸事件的相關人員，只要是臺灣海軍特別志願兵皆可加入，甚至是第二代、第三代成員亦可參與其間，聚會時間也改為每逢單數月第一個週六中午，固定於臺北進行餐聚。陳柏棕的研究指出，這個定期聚會一直持續到2015年，隨著與會成員老去、凋零才停辦（陳柏棕2018：235）。

　　拓南同學會則是另一個值得關注的案例。拓南同學會是皇民奉公會下開設的拓南工業戰士訓練所成員在戰後集結的戰友組織。拓南工業戰士訓練所一共招募四期，合計700人。除了第四期因缺乏運輸船隻未能派往海外，第一期至第三期500人之中，戰死及失蹤成員達260人（吳淑真、吳淑敏2004：51-6）。與前兩個戰爭記憶載體群相似的是，由於在戰地的傷亡等創傷經驗，使活下來的成員更加珍惜彼此之間互相協助的袍澤之情。返臺二十餘年後，第一期機械科班長黃震雄查訪回到臺灣的拓南成員資訊，並整理拓南工業戰士訓練所歷屆（即第一期至第四期）同學錄，透過日本友人的協助，從日本厚生省抄錄兩百餘筆陣亡、失蹤的學員清冊，終於1977年完成「拓南同學錄」（吳淑真、吳淑敏2004：58）。

　　不過，早在1960年代末，倖存的拓南生便已開始舉行便及全國各地的同學聚會。這批倖存的臺籍軍屬約於1946年端午節前後重返故鄉臺灣，於是將每年端午節前後一週的週六，定為拓南工業戰士訓練所成員一年一度的聚會（吳淑真、吳淑敏2004：59）。與高座少年工與前技手早川金次的情誼相似，拓南生與當時訓練所負責人原賀定一亦維繫著良好的師生情誼，1969年更主動邀請原賀氏參與在嘉義舉行的拓南同學會（吳淑真、吳淑敏2004：59-60）。

　　拓南同學會的儀式過程，亦可見到對於戰歿同袍的緬懷。紀念活動開始之際，多由第一期班長黃震雄撰文，發表關於悼念戰歿同儕的祭文，現場的氣氛逐漸顯得莊嚴、肅穆。透過與會者之間的互動，可以見到參與戰友會如何成為倖存者生命中的重要一環，他們多半會在會中尋找當年的救命恩人、一齊分享戰地的種種經歷，透過紀念戰歿成員，嘗試治癒心中埋藏數十餘年的精神傷痛（吳淑真、吳淑敏2004：61）。

　　多年以降，拓南同學會分別由不同地區的成員輪流做東，主辦不同場次的同學會。在此一過程中，同學錄得以再度修訂，其中三位原先在厚生省清冊中被列為「死亡」者，因此「死而復生」。另外，除了拓南戰士訓練所成員外，拓南皇民鍊成機構所屬的其他臺籍軍屬，[22] 如拓南農業戰士、[23] 派駐商社等成員也先後加入拓南生的聚會。這個自1960年代末期開始舉行的定期聚會，成為臺灣人二戰參與者的另一個記憶載體群。且為了能多相聚，自1997年以後，聚會改為每年兩次。另一方面，由於參與戰爭的世代年齡逐漸增長，拓南同學會也如高座少年工、高志慶生會等案例，讓眷屬加入聚會，使戰爭參與者的另一半、戰後第二代、第三代了解父執輩的戰爭經驗（吳淑真、吳淑敏 2004：60-1）。《拓南少年史》一書的作者吳淑真、吳淑敏姊妹，從1988年起參與了爺爺（第一期機械科成員吳文旦）的同學會，由此肇發將這批二戰中臺籍軍屬的記憶記錄下來的契機（吳淑真、吳淑敏 2004：10-2）。

22　拓南皇民鍊成機構的出現，源於1942年臺灣總督府因應總體戰的動員需求，委託皇民奉公會辦理，當初預計項目包含：1. 拓南中央國民訓練、2. 拓南農業戰士訓練、3. 拓南工業戰士訓練、4. 拓南海洋訓練、5. 拓南成人訓練、6. 拓南女子訓練。實際落實的項目僅有「海洋訓練所」、「拓南農業戰士訓練所」及「拓南工業戰士訓練所」。另一值得關注的是，從各訓練所的結業至各期成員分發結果來看，設立之初臺灣總督府其實並未明確設想相關出路，而是結訓後向東南亞、華中華南、中南半島各地軍部、商社轉告這批具備因應南方戰場的即戰力，因此這些拓南皇民鍊成機構的結訓成員分發派駐地多有不同，其中是否影響他們在戰爭中經歷的不同戰況，有待未來的研究者加以補充說明，見鍾淑敏、沈昱廷、陳柏棕 2015：76。

23　拓南農業戰士訓練所亦為拓南皇民鍊成機構實際實行的項目之一，招募對象為18至25歲，且於國民學校畢業的臺灣人，致力於將其培養成米作、麻作等「國策作物」的專業栽培者。1942年8月開始第一期生的訓練，至1944年為止，只開設了臺東、新營、虎尾三個訓練所，學生數約300名。結訓後的拓南農業戰士部分為日本三井農林會社徵用後派往南洋，其餘大多數成為「海軍工員」，見鍾淑敏、沈昱廷、陳柏棕 2015：76-7；郭天祿，《和平戰火》，嘉義：郭天祿自費出版，2-3；皇民奉公會中央本部 1944：25。

參、空間性的紀念

　　藉由上述三個臺灣人二戰戰友組織形構的不同戰爭記憶載體群，我們可以見到戰歿者對於倖存者而言產生的意義，即「倖存者的虧欠感」（Survivor's Guilty），更藉由悼念陣亡者，轉化成珍惜生命，凝聚經歷戰爭之下同袍之情的身分認同。相較於1950年代，戰後的日本已成立「日本遺族会」，並透過龐大的組織影響力，形成敦促日本政府推動各項援護立法的倡議團體；臺灣的戰友組織則在戒嚴的社會氛圍下由民間私下推動，而紀念戰歿者的場域，除了早在戰爭結束前已有的「安平十二軍夫墓」、「屏東北大武山高砂義勇隊紀念碑」之外，在戰後「抗日戰爭之框」的二戰戰爭敘事之下，不再出現由官方建立的臺灣人二戰戰爭紀念物、紀念場域，而是由日本民間與臺灣民間合力出資興建，由下而上紀念「抗日戰爭之框」之外，屬於民間的臺灣人二戰戰爭記憶。

一、紀念碑與紀念場域

　　第二次世界大戰中的日本總動員對臺灣社會造成了什麼樣的具體影響？從簡單的數字推算，戰爭結束前臺灣的人口約有600萬人，其中20餘萬人先後投入戰場，佔總人口數的3.3%左右（藍適齊 2019）。以街庄、村落的概念來看，則大約鄰里中每15至20戶中便有一人投入戰爭。相較於戰後日本在遺族會的倡議下通過的相關援護法案，每年8月15日舉行「戰歿者追悼儀式」（田中伸尚、田中宏、波田永実 1995：34-80），1990年代更促成了「朝和館」的建立。[24]戰後臺灣則在政權更迭之下，不再出現如「安平十二軍夫墓」、「高砂義勇隊紀念碑」等由官方主導建立的紀念物，紀念戰歿者、紀念戰爭經驗的任務則由民間在戒嚴體制下逐漸展開行動。

24　Seraphim 2006: 60-85; Smith 2002: 35-64.

誠如陳柏棕對於新竹北埔濟化宮的考察，1960 年代起，日本靖國神社陸續將刊載於《祭神簿》上的臺籍日本兵資料記錄於《靈璽簿》中，將27,864 名臺籍戰歿者「合祀」其間（鍾淑敏、沈昱廷、陳柏棕 2015：70-5）。至於臺灣的臺籍日本兵紀念場域，早在1979 年，新竹北埔濟化宮奉祀的神祇下乩示，並透過乩生之口轉由錄筆生整理成文：[25]

> 茲有臺籍日軍三萬多靈魂，慘死異域，其魂滯留日本國，無依無靠，成為日本的無祀孤魂，其情悲悽可憫！本宮係慈善機構，陰陽一體，有義務設法解救其魂回歸祖國奉安，供遺屬祭拜，享受馨香，以安其魂。（陳柏棕 2019：176）

濟化宮以此一神佛悲憫之情，合理化前往靖國神社移靈的過程。[26] 相較於靖國神社的合祀制，濟化宮則以個人靈位牌安奉於十地寶塔三樓，內部設置混凝土製成的棚架，按照日治時期5 州、3 廳的行政區劃分，每排11 段，共分為30 排，分別置放靈位牌。濟化宮雖因財務危機、移靈正當性引起騷動，卻也因為提供了部分遺族得以向日本索償的資料、遺族尋親探源的空間，轉化成為紀念臺籍日本兵的重要場所（陳柏棕 2019：180）。

解嚴以降，過往私下集會的臺籍日本兵相關戰友組織，開始公開舉行紀念活動，憑藉悼念戰爭中的犧牲同袍，回顧戰爭期間的袍澤之情。1990 年11 月，在臺灣、日本民間組織的戰友會協力之下，於臺中市區的寶覺禪寺建立了「和平英魂觀音亭」以及「靈安故鄉紀念碑」，這也是臺灣民間在戰後首先建立的二戰紀念碑（臺灣中日海交聯誼會編 1990）。受召前往岡山佐世保海軍工廠的軍屬張相錦，在其訪問中提及立碑時也曾捐獻一萬元，寶覺禪寺貯存臺籍日本兵名冊的小型金庫，身為中日海交聯誼會會員的張氏亦曾出資。時至今日，原屬不同部隊的

25　黃智慧 2006：625-6；陳柏棕 2019：176。
26　黃智慧 2006：625-6；陳柏棕 2019：176-80。

各個戰友戰組織，也會在春、秋兩季時參與「慰靈祭」等相關紀念儀式。[27]

1995年，臺灣及日本的海軍戰友會在屏東縣恆春鎮貓鼻頭的潮音寺設立「第二次世界大戰日本海軍巴士海峽戰歿者慰靈碑」，弔念戰爭末期航經巴士海峽的日本運兵船艦中，因船體中彈沉沒葬身海底的亡靈（陳柏棕 2019：188）。1997年，前比島俘虜監視員組織的關聖帝君會在菲律賓呂宋島中部內湖省 Los Baños 的百勝灘（Pagsanjan），設置海外第一座臺灣人的二戰紀念碑，名為「臺灣同胞受災者安靈慰魂碑」（陳柏棕 2019：165-98）。

另一個值得關注的臺灣人二戰戰爭記憶相關的紀念碑，則是第一回「高砂挺身報國隊」倖存者及遺族建立的慰靈設施。不只居於屏東的排灣族參與了高砂義勇隊的徵募，北臺灣烏來的泰雅族也在招募範圍中。簡福源（達利・瓦旦）的訪問中提到，烏來公墓中曾有一個紀念泰雅族人二戰戰歿者的慰靈碑，由曾任烏來國小校長的高淵源籌措，列有十三位戰歿者名單。[28] 1992年，在日本戰友與遺族的捐贈下，世居烏來的泰雅族人再次設置了高砂義勇隊的紀念碑，並由時任總統的李登輝題字「靈安故鄉」。2004年，管理烏來高砂義勇隊慰靈碑的公司破產出售，慰靈碑不得不遷移他處（黃智慧 2006：626-7）。此一消息傳到日本後，日本民間立即匯集3,000餘人的捐款，使該紀念碑得以在2006年2月8日完成遷移。[29]

不過，烏來高砂義勇隊慰靈碑的遷移行動卻引發臺灣社會中對於「第二次世界大戰」戰爭記憶的衝突，即受到「抗日戰爭之框」影響的戰後世代與重新紀念父祖輩記憶的相異敘事。在遷移行動不過十天之

27　蔡慧玉編著 1997：329。
28　根據湯熙勇、陳怡如等人的實地調查，至少在2000年以前，此碑恐怕已因開路之故，墓地範圍變更而被破壞，見文崇一、蕭新煌編著 1990：10；湯熙勇、陳怡如編著 2001：194。
29　此碑後遷移置到烏來鄉環山路的瀑布公園。

後，該選區原住民立委高金素梅與《中國時報》批判此舉為「烏來遭日本重新佔領」之舉，[30] 臺北縣政府於同月24日將慰靈碑撤除。[31] 2007年3月，臺灣人權促進會協助高砂義勇隊紀念協會向臺北縣政府及烏來鄉風管所提起行政訴訟，由義務律師薛欽峰、楊政憲及王龍寬等人歷時三年，於2009年3月24日迎來臺北高等行政法院判決臺北縣政府北府建技字第0950098085號函及北府建技字第0950100130號函兩個行政處分裁定撤銷。[32]

二、遺族的「朝聖」與戰友重返舊地的慰靈行動

　　另一種對於臺灣人二戰戰歿者進行悼念的場域，則是其長眠之處。其中，為了面對戰歿親友死亡而前往事故地點的「朝聖」（pilgrimage）行為，也是臺灣人二戰紀念行動中值得考察的課題。藉由上述的案例，我們可以對照德魯・吉爾平・福斯特（Drew Gilpin Faust）關於美國內戰的研究，即遺族面對「喪失」，包含至親的失蹤甚至是沒有墓葬、遺物等情況，必須進行一些同時蘊含具體及心理意義的任務，接受並將其視為「確實存在」的事實。換而言之，沒能等到遺骨、遺物的遺族，為了將死亡轉化為可以理解並接觸的符號，藉由演練（舉行喪禮）、實踐（將自身視為寡婦、孤兒或無後的年長者），面對失去至親的遺憾與精神打擊（Faust 2008: 145-7, 70）。

　　拙作〈臺灣人戰歿者遺骨送還及遺族撫卹問題（1945-1975）〉一文

30　《中國時報》，2006，〈慰靈碑遷移 日人「慕」後金主〉，2月17日，A3版。

31　《自由時報》，2006，〈高砂紀念碑 一週內拆除〉，2月20日，A4版；《中國時報》，2006，〈高砂碑拆定 公園可留〉，2月21日，A18版。

32　根據該判決結果，兩項行政處分分別為「紀念碑及相關設施等，請於即日起自行遷移，最遲於本（95）年2月24日（星期五）前完成」以及「應於95年2月24日前自行拆遷系爭紀念碑，否則強制執行拆除」。見「其他請求」，〈臺北高等行政法院97（2008）年度訴更一字第98號判決〉，《司法院法學資料檢索系統》，網址：https://law.judicial.gov.tw/FJUD/default.aspx 。

中也提到了關於臺籍戰歿者遺骨送還的問題（吳博臻 2021：115-45）。根據前述日本軍方的「戰場掃除」與「內地還送」準則，二戰臺灣遺族也應收到戰歿者的遺骸、遺物，然而在《臺灣省政府檔案》、《外交部檔案》中留存的「調查日據時代被遣海外作戰死亡臺胞」案、[33]「交涉遣返被日方徵召服役未歸軍士兵伕」等案中可推測，[34] 實際拿回親友遺骨者恐怕是極少數，部分遺族領回的則是「空的遺骨箱」，如何實踐福斯特提出「面對死亡」的課題？尼爾・漢森（Neil Hanson）的研究或許提供了另一種方向，即遺族將特定且具體的「場所」、「物體」賦予特定作用，界定亡故之人對遺族所代表的價值與意義。與臺灣人二戰遺族相似的是，一戰後許多喪生在法國戰場的英國士兵遺體並未被送回故鄉，而是就地埋葬。遺族缺乏可以證明親人死亡的證據，於是，許多遺族家庭希望親自走訪親人喪生的戰場，尋找至親「最終的安息之地」。這樣的行動正如「朝聖」一般，使遺族得以與戰歿者親友做最後的道別（Hanson 2007: 231-4）。

　　藍適齊 2019 以臺灣人二戰遺族前往靖國神社參拜為例，說明這種戰場「朝聖」，如何對於未能親眼見證親友死亡、沒有等到任何遺物的親屬，將臺灣人戰歿者之「死」視為「真實」。基佐江里報導了三回臺灣戰歿者遺族組織的靖國神社參拜團，這些行動或許與 1977 年靖國神社寄發「合祀通知書」有所關聯。儘管靖國神社並非「戰場」，然而對於遺族而言，作為紀念場域的靖國神社仍是一個具體的、能夠將親友死亡轉化成真實意義的空間，使其於 1979 年 4 月、1979 年 10 月先後組織兩次參拜團，又在 1980 年 4 月，組織「臺灣元日本軍人軍屬戰歿者慰靈暨高砂族歌舞康樂團」拜訪靖國神社，並於「奉納臺」上進行演出。

---

33 〈調查日據時代被遣海外作戰死亡臺胞〉，國家發展委員會檔案管理局藏，《臺灣省政府檔案》，檔號：0042/198/5/1、0042/198/5/2、0042/198/5/3。
34 〈交涉遣返被日方徵召服役未歸軍士兵伕〉，中央研究院近代史研究所檔案館藏，《外交部檔案》，典藏號：11-01-02-18-07-013、11-01-02-18-07-014。

這個參拜的重點絕非靖國神社表徵的意識形態，抑或遺族的國族認同，而是臺灣人二戰戰歿者遺族得以接近亡故親友的場所。

又如神靖丸事故[35]中的遺族，郭鴻文的父母也進行了「朝聖」的行動。神靖丸事件發生時，遭難的臺灣人身分多為軍醫，包含原先就讀東京帝國大學醫學部的郭鴻文，因其父被捕入獄後回臺主持診所業務，被徵召為軍醫，也在沉船時不幸遇難。郭氏的遺族在戰後領到一只紙盒，原以為會有至親的遺物，卻是一只空盒。1963 年，郭鴻文的父母環遊世界的過程中，特地前往越南雀聖岬水域獻上花圈，悼念神靖丸事故中不幸遇難的兒子，這也是少數臺灣人戰歿者遺族前往戰地為亡故親友進行弔念的案例。[36]

重返臺籍戰歿者事故地點的行為不僅止於遺族，也包含戰友。例如「高座少年工」方錫義，在其訪問記錄中亦有提及，儘管已逾數十餘年，時間仍無法令其撫平戰友逝世而己身活下來引發的「倖存者的虧欠感」。正是透過祈福儀式等行動，使其得以再次面對難以忘懷的創痕，藉由追悼嘗試治癒戰爭造成的精神打擊：

> 方桑〔按：即方錫義〕從未忘記在日本內地陣亡、年少早逝摯友田村英一桑在世時點點滴滴的往事。大村第二十一空軍兵工廠關係者，在那一天的轟炸而造成最大死傷災難的海軍醫院防

35　1944 年 12 月 1 日，原屬臺南州新豐郡醫師公會的吳平城搭乘「神靖丸」，自高雄出發前往南洋。當時美軍已逐步控制西太平洋，航程多有危難，無論是物資抑或人力的補給、運輸容易遭到美軍攻擊。1945 年 1 月 12 日，船隻停泊於西貢附近的聖雀岬港（今稱 Thành phố Vũng Tàu）時遭美軍擊沉，吳平城等少數人及時逃出獲救。根據吳平城的記錄，這艘船原載運來自臺灣的醫師、藥劑師、醫務助手、工員共計 342 位，其中 247 位不幸罹難，僅 95 人獲救。見吳平城 1989。另參照〈昭和 19 年 12 月以降 大東亜戰爭徵傭船舶事故報告綴（6）、（7）〉，日本防衛省防衛研究所藏，《海軍一般史料》，檔案號：C08050049800、C08050049900，編號：2090-2100。
36　見〈緬懷大舅公──神靖丸號下的臺籍英魂〉，《小麟資訊站》，網址：http://clhaung37.blogspot.com/p/blog-page_9.html。

> 空洞上方，籌備建立犧牲生命之伙伴們的慰靈碑，在每年十月
> 二十五日舉辦慰靈祭。方桑幾乎每回都由臺灣去出席，一則向
> 離世亡友緬懷追思之餘，同時對維護照料慰靈塔的人們表達謝
> 意。（石川公弘 2015：97）

除了方錫義的個人行動，前述提到的高座少年工、拓南同學會等臺灣人
二戰戰友組織也曾召集過往同袍，重返戰爭遺跡，透過不同時空下的同
一空間，召喚埋藏心中的戰爭記憶，透過今昔對照，不只追憶往昔，同
時聯繫時至今日的戰友情誼。

　　1990 年 8 月，高座會總會長李雪峰、「臺北區會」區會長宋定國帶
領一行 20 餘人重返名古屋，當年經空襲而傾頹的市鎮早已面目一新。
在新立工廠的總務課長說明下，戰友們前往 1952 年由時任廠長岡野先
生建立的「殉職碑」前獻花，燒香祈福（湯熙勇、陳怡如編著 2001：
121-2）。1992 年，其他少年工及其眷屬們計 1,000 餘人也前往日本名古
屋，為戰歿者致意（湯熙勇、陳怡如編著 2001：134）。悼念行動不只
是為了慰藉當年犧牲的同伴們，更可透過紀念儀式，凝聚屬於戰友們的
戰爭記憶。「高座少年工」們透過原日本職員設置的「殉職碑」、「慰靈
碑」，找尋到得以憑弔戰友之紀念「物」。在這樁日本民間與臺灣民間的
戰友聯繫中，喪生異鄉的臺籍少年工成為一個連結情感的象徵，既了卻
生還者心中時常掛念與亡友的相伴之情，同時維繫生者與生者之間的同
袍情誼，凝聚屬於此一臺灣人二戰戰爭記憶載體群的「我者」認同。

　　在 1960 年代組織聚會的拓南工業戰士訓練所成員，則在 1981 年 8
月 27 日組織成員重回戰地。19 位拓南生回到四十六年前的戰地吧里吧
板（Balikpapan），當時的古砲臺，如今只剩斷垣殘壁，廢墟一片。吧里
吧板也在數十年後變成燈火通明的現代化都市，不過對於這些再度重返
戰地的拓南生而言，更重要的是悼念亡故的昔日戰友（吳淑真、吳淑敏
2004：61）。

肆、「臺籍日本兵」之下的多元記憶群體

　　Seraphim 2006 的研究揭示了戰後日本各政治光譜的公民團體如何主張各自的二戰戰爭記憶，整個過程中日本的戰爭記憶與特定利益團體產生連結。不只如此，還有名為國家的疆界不知不覺框住了某些故事，即發生在日本本土，以及從日本派往各戰爭前線的本土日本人傷痛記憶，才是具有正當性的國家苦難記憶。因此，靖國神社成為戰後日本紀念二戰戰歿者的重要場域，並非僅是一介「紀念空間」，更是一個「國家的象徵」。然而，在日本遺族會的框架之下，還有因同一身分、同一所屬部隊組織而成的戰友會。伊藤公雄便在其研究中將日本戰後社會中的戰友組織進行分類，包含了原同一學校組織的「學校戰友會」、因所屬同一部隊而集結的「大部隊戰友會」、相較於前者更緊密結合並存有相同戰爭記憶的「小部隊戰友會」。於是，不同戰友會即是因為各自的「身分認同」凝聚而成，其中或有相同目的者聯合進行倡議等政治行動，使戰友會「政治化」（伊藤公雄 2005：165-72）。

　　對照臺灣人的二戰戰友組織，也有類似的情況。由此，想進一步分析的是，「臺籍日本兵」之下某些個人、某些戰友組織基於「身分認同」的情結，透過弔慰戰歿者，同時亦是凝聚「我者」的倡議行動。以下即透過「向日索償」行動，以及臺灣原住民族發起的「還我祖靈」行動為例，說明臺灣人二戰戰爭參與者、遺族、戰後第二代、認同其理念者在「身分認同」的情結中促成的另一種「紀念行動」。

一、臺籍日本兵索償行動

　　臺灣人在戰爭結束後向日本索討補償／賠償的議題，牽涉到戰後日本政府／中華民國政府，以及臺灣民間／日本民間的互動關係。周婉窈〈日本在臺軍事動員與臺灣人的海外參戰經驗〉一文以史尼育唔（日名中村輝夫；漢名李光輝）於1974年末「被發現」至回到臺灣的過程

作為前言，透過這則個案開展臺灣人在第二次世界大戰期間的海外戰爭
經驗（2002：127-30）。蔡慧玉則在〈臺灣民間對日索賠運動初探：「潘
朵拉之箱」〉文中將1975年日本政府對於史尼育唔所做的人道補償視作
「索賠運動」的起點（1996：174-5）。

　　中村輝夫從「被發現」到「被日本政府慰問」的過程中，激勵了不
少原臺籍日本兵暨遺族向日方索要相關權益，在此扼要說明此一事件。
1974年底，臺籍日本兵中村輝夫在印尼摩羅泰島的叢林被發現，並成
為臺灣與日本媒體當下關注的焦點。臺灣方面，各媒體將目光置於「爭
取中村輝夫返臺」的獨家報導，在仍有報禁的年代中，連續二十餘天佔
據新聞中的極大篇幅。其中，不少報導的內容真實性有待檢驗，更多的
是媒體自行製造而成的政治性宣傳，如將中村輝夫的「中村」日文讀音
誤以為是原族民族的姓名發音、其漢式姓名李光輝的緣由前後矛盾。這
些內容錯誤、矛盾且濫情的報導內容與政策的緊密結合相關，在中華民
國政府與日本政府斷交後的仇日情結、「對日抗戰之框」的影響下，撰
寫如中村輝夫認得時任總統蔣介石等文句，[37] 暴露了當時多數新聞從業
人員對於日治時期臺灣歷史的無知（楊文喬 2018：88-106）。

　　同一時間，日本媒體則聚焦於中村輝夫與1970年代另外兩位「殘
留日本兵」橫井庄一、小野田寬郎受到截然不同的對待。同樣是殘留日
本兵，橫井庄一與小野田寬郎在返回故鄉的過程中，日本政府展示出積
極的態度進行交涉，並給予包含歸還津貼在內的補償金，[38] 以及「恩給
法」保障的恩給金。[39] 與此相較，中村輝夫的原臺籍身分，使得日本外
務省將其視為燙手山芋，除了一再以「確認本人意願」為由推託交涉

37　甚至將蔣介石、羅斯福、麥克阿瑟等人列為中村輝夫心目中的偉人，或因編輯認
　　為不甚妥當，後幾天的新聞中又加入東條英機，見周婉窈 2002：127-30。
38　日文作「帰還手当」，為 30,000 日圓（陳鈺琪 2020：22）。
39　根據日本厚生省的推估，在恩給法的保障下，小野田寬郎 54 歲前每一年可領到約
　　170,000 日圓的恩給金，年滿 55 歲後一年更可領到 250,000 日圓（陳鈺琪 2020：
　　23）。

將中村輝夫送還故鄉一事，也只針對30年間未給付的38,000日圓給予補償，以及30,000日圓的歸還津貼，一共68,000日圓。與小野田寬郎因適用「恩給法」而每年可領到約170,000日圓的恩給金相比，中村輝夫的補償金與其有明顯的落差，因而引起日本社會的輿論批判。由於國內外輿論沸騰，日本政府在內閣會議中決定，以致贈2,000,000日圓慰問金的方式取代補償金，並循小野田寬郎的前例，由內閣閣員、政務次官、首相及厚相捐贈的1,500,000日圓，給予中村輝夫，同時日本民間也自主捐款到厚生省，希望慰問這位「原臺籍日本兵」，厚生省一共收到25筆捐款，合計超過1,500,000日圓。另外，厚生省更決定將中村輝夫由原本的一等兵，晉階兩級為陸軍兵長。這些舉措反映了日本政府因應社會批判，嘗試扭轉輿論中「不平等對待」原日本兵的想法（陳鈺琪 2020：27）。日本政府在輿論壓力下對中村輝夫的補償舉措，對於仍留存日本政府所發相關「貯金簿」、「欠付薪津證明書」的臺籍日本兵而言，彷彿看見了被「一視同仁」的希望。

小熊英二的研究指出，戰後日本政府對於戰爭被害者基本上採取「不賠償」的態度，認為「戰爭受害是國民必須艱苦忍受之事」（2015：344）。如果只針對特定群體進行賠償，不只可能出現不公平的狀況，甚至容易引起國內外的求償團體引為效尤。既不便採取賠償的措施，取而代之的則是擴充戰前已施行的「軍人退休制度」。此一制度雖曾廢止，直到1953年起再度恢復，認可的條件是以服勤的時間做為準則（2015：345）。所以，日本對於國內的戰爭受害者，多以「慰問／慰勞」等補償形式進行，並藉由國籍條項等將臺灣人排拒在外。

中村輝夫的相關新聞與後續事件也影響了在日本的另一位臺灣人王育德，他由此案嘗試發起行動，並重新思考臺灣人原日本兵的相關問題。在他看來，二戰下的臺灣人是以日本國民的身分參戰，使中華民國政府始終對其懷有敵意，並不打算積極處理；日本人也未能妥善公正的處理中村輝夫問題，於是，他認為臺灣人原日本兵的補償問題只能藉由臺灣人自己向日本政府進行交涉（陳鈺琪 2020：29）。「臺灣人原日本

兵士補償問題思考會」於焉成立，使臺籍日本兵「索償運動」逐漸成形
（陳鈺琪 2020：38-46）。雖然日本政府以「國籍條項」為由，仍將臺
籍日本兵排除於戰後日本「恩給法」的保障範圍之外（蔡慧玉 1996：
173-228），且相關訴訟皆以敗訴收場，王育德也未能見到在他的努力下
「索償運動」的轉圜與契機（陳鈺琪 2020：91-6）。

　　其後，有馬元治等人組織「臺灣人原日本兵補償問題思考議員懇談
會」，並與亞東關係協會磋商與日本政府的交涉行動，日本政府乃透過
特別途徑立法的名義，於 1987 年正式提出「對臺灣住民戰歿者遺族等
之弔慰金法律案」，對遺族每人致送弔慰金 2,000,000 日圓，於 1988 年
起分發，三年之內完成（馬樹禮 1997：134-8）。臺籍日本兵的索償行
動在此看似告終，實際上仍隱含日本政府未以「一視同仁」的形式看待
戰爭期間投入戰場的臺灣人所付出的心力，甚至是人命。儘管向日索償
行動於日本政府片面宣布以原積欠金額的 120 倍，而非臺灣人二戰戰爭
經驗者暨遺族期待的 7,000 倍（與日本人相同的待遇），此一隱含「戰
後日本政府未盡其戰爭責任」、「遭致中華民國抗日敘事中排除／刻意遺
忘的戰爭記憶」的身分認同困窘仍持續至 2004 年，直到相關當事人藉
個人名義提出的訴訟最終仍以敗訴收場告終。然而，向日索償行動雖然
夾雜著不同戰爭經驗者對於日本政府是否需要補償／賠償的相異立場，
為數不少的臺灣人二戰戰友組織正是在此一行動中凝聚為更形龐大的戰
友組織，透過向日本政府要求擔負戰爭責任的訴求，形塑了受限於戰後
中華民國政府、日本政府不作為的「我者」認同情結。

二、「還我祖靈」行動：我族的身分認同

　　「還我祖靈」運動的發起，亦是二戰下臺灣人戰爭經驗記憶載體群
中，另一值得省思的行動。立委高金素梅在 2006 年第六屆立法院會期
中發表了「臺灣原住民族『還我祖靈行動』赴日記者會」，於同年 8 月
先後赴大阪法院提出「合祀除名」的訴訟，並率領五十位團員前往靖國

神社抗議時任日本首相小泉純一郎的參拜行動（高金素梅 2005）。傅琪貽在其研究中指出，日本的殖民統治使原住民逐漸失去固有的「祖靈」信仰，且原住民傳統中不歡迎荒野戰病死者的禁忌，給予靖國神社不歸還高砂義勇隊靈魂提供一個相當有利的藉口（2006：54-5）。

　　傅琪貽認為，日治時期蕃地警察利用權力脅迫原住民「志願」從軍，使之在日軍前線戰場上透過犧牲生命提升地位，終於「身」而為「人」（2017a：29-32）。然而，原住民族中的祖靈信仰涉及靈魂在永恆中的再生與世代傳承，「靈魂正離開人間的臨終時刻，身旁有無家族親人照顧或伺候，決定靈魂成為善靈或惡靈」（2017a：31）。祖靈信仰的核心即為「敬畏」，原住民族認為靈魂會回到靈界，那裏也有類似人間相同的社會及組織生活。[40] 於是，祭祀與祈禱不只是為了感謝神的福分，同時也是為了避免禍害。葬禮便是人死後如何順利抵達靈界的重要過程，如阿美族往生者得在承諾保護家人後才離開人間；[41] 排灣族往生者會攜帶三小片肉塊，與祖先分食；[42] 泰雅族傳統中也有死穢染病的遺訓。[43] 舉行葬禮的目的是讓生者從死亡禁忌解放，回到正常生活的分界點，[44] 這與戰爭之下對於「戰死」的解釋存有相當程度的歧異性（2017b：33-9）。

　　就臺灣原住民的祖靈信仰而言，戰死異鄉的「高砂義勇隊」，雖被日本視為「英靈」，鎮於靖國神社之中；對族人而言卻是橫死野外的

40　臨時臺灣舊慣調查會，1915，《臨時臺灣舊慣調查會第一部・番族慣習調查報告書》，第 2 卷，臺北：臨時臺灣舊慣調查會，頁88。

41　臨時臺灣舊慣調查會，1915，《臨時臺灣舊慣調查會第一部・番族慣習調查報告書》，第 2 卷，頁202。

42　臨時臺灣舊慣調查會，1920，《臨時臺灣舊慣調查會第一部・番族慣習調查報告書》，第 5 卷，第 2 冊，臺北：臨時臺灣舊慣調查會，頁250。

43　臨時臺灣舊慣調查會，1920，《臨時臺灣舊慣調查會第一部・蕃族調查報告書・大么族調查報告書後篇》，臺北：臨時臺灣舊慣調查會，頁32。

44　臨時臺灣舊慣調查會，1915，《臨時臺灣舊慣調查會第一部・番族慣習調查報告書》，第 1 卷，臺北：臨時臺灣舊慣調查會，頁154-64。

「變死」之人，實為「怨靈」。原為傳統信仰中對於死亡的靈魂觀念，在日治時期的皇民化教育下逐漸改變，成為堆疊在傳統信仰上的新概念。政權遞嬗之後，原住民族對於「戰死」的解釋，由於不再需要「成為日本人」而再次轉變，於是，原住民族戰歿者遺族將死亡觀念解釋為「帶領亡者的靈魂回到祖靈聚集之處」，便能圓滿完成其生命史。因此，日本靖國神社於1977年合祀完成後片面通知原住民族戰歿者遺族，對於戰歿者的子姪輩而言，父執輩的靈魂被「鎮靈」於異鄉，要求靖國神社撤下被合祀的親族姓名。由此，討回「祖靈」對於臺灣原住民族而言，是以戰歿者遺族對於親人靈魂解放的追求，更是脫離昔日日本殖民統治下使其失去傳統文化的解放行動（傅琪貽 2018：40-1）。荊子馨的研究亦指出，臺灣原住民族在後殖民的情境下，重新省思傳統文化與日本民族主義／愛國心的拉扯與糾結，由於「生」時不被承認為日本人，「死」後卻被強烈主張為日本鬼，對於父執輩成為日本人卻無法取得日本公民權的臺灣原住民族戰歿者遺族而言，成為重新凝聚我族認同的契機（2006：17-32）。值得注意的是，此一臺灣原住民族戰歿者遺族的身分認同重新形塑的起點，早自1960年代伊始，在「抗日戰爭之框」以及向日索償行動之外，展現了另一種臺灣人二戰戰爭經驗的自我認同論述。

　　黃智慧的研究中也討論了泰雅族（2006：611-2）、排灣族（2006：612-3）及雅美族（今稱達悟族）（2006：613-4）的祖靈信仰，亦是藉由後殖民理論作為切入視角，分析高砂義勇隊面對二戰經驗的回憶、身分認同主章的兩難。憑藉口述訪談及相關戰爭回憶出版品，值得注意的是，這些被派往海外的「高砂義勇隊」成員，受召投入部隊前還不是國民，不論他們所意識到的「國民」或「國家」具有何種意義，只是不斷透過努力，嘗試達到與日本人平等的企求（2011：150）。黃氏認為臺灣原住民族之所以留下曾經參與二戰的證言，包含三個目的，一是為自己留下記錄；二是為了債務、補償等訴求，認為這是應有的權益訴求；三是向舊殖民者提出身分認同的主張，是後殖民時期的抵抗型態（黃智慧

2011：157）。戰爭的發展讓高砂義勇隊成員感受到社會地位的逆轉，然而從被殖民者的社會底層經戰爭而提升的過程中，卻又遇到來自新殖民者的統治，再次淪為社會階級的底層位階。

　　觀察今日高砂義勇隊回憶中的「大和魂」，雖使日本人感受到親近，使之憶起戰爭曩昔，不過對於臺灣的原住民族而言，其實存在複雜的歷史情境。臺灣的原住民族「用寶貴的生命實踐了『大和魂』，可是在國際政治的處理上，他們所自認的『日本人』卻又是虛幻的、好像不存在似的」（黃智慧2011：167-71）。因此，我們可以看到在國民黨政權「抗日戰爭之框」、臺灣民間向日索償行動之外，另一個臺灣人二戰戰爭記憶的論述，以及二戰下臺灣原住民族戰歿者遺族展現的身分認同情結。

伍、結語

　　本文回顧了自1945年以降，臺灣人二戰戰爭經驗的紀念行動、紀念場域，以及各個戰爭記憶載體群的自我認同建構過程。臺灣人二戰戰爭經驗之所以遭致遺忘，係因戰爭結束後政權更迭之下國民黨政權對於臺籍日本兵的猜忌，以及「抗日戰爭之框」的形塑等影響。透過媒體的報導、戰後歷史教育形塑，戰後第二代、第三代對於「第二次世界大戰」的認識，與今日所見不同敘事相互競合的狀況有所不同。二二八事件的肇發，至白色恐怖期間部分臺灣人因曾為臺籍日本兵的身分或是參與相關活動受到牽連，更使得臺灣人的戰爭經驗逐漸明顯受到壓抑，就算是在家庭之中，也有無數戰爭參與者就此噤聲。

　　儘管臺灣人的二戰戰爭經驗在官方紀念下遭到刻意遺忘，但這些經驗並非全然湮沒於時間的洪流中，從《外交部檔案》及口述訪問紀錄，包含臺灣高座會、高志慶生會、拓南同學會等案例，仍可見到少數戰爭參與者在戒嚴體制及「對日抗戰之框」的限制下以不同名義組織聚會，回首戰地往事，同時憑弔在戰爭中失去性命的同袍。臺籍日本兵正是在

透過日本民間的協助，以及臺灣民間的熱忱組織動員，進行週期性的紀念以及臺灣人二戰戰歿者紀念空間的建立。透過相關紀念儀式、紀念場域，可以見到的是戰爭參與者的共同經驗如何被再現，並成為重新聯繫戰爭記憶的連結。除了強化倖存者之間的戰友情誼，使戰後世代認識父祖輩相異於官方論述的戰爭經驗，凝聚與官方不同的二戰記憶，甚至呈現了不同群體之間各自以集體經驗形塑屬於同一「類」，即同一部隊戰友間的認同及歸屬感。

　　於是，本文想嘗試在前人研究之上補充說明的是，在戒嚴時期雖然受到「對日抗戰之框」的官方論述框架限制，臺灣人二戰戰爭經驗仍透過不同名義的戰友會得以維繫，而非全然噤聲。臺灣人二戰戰爭參與者藉由週期性的紀念活動，憑藉紀念物／紀念場域重新召喚自身的戰爭經驗，以此作為凝聚彼此的歸屬感，甚至是透過悼念亡者珍惜得以保全的性命，以及故友舊情。除了前述提到透過同一戰友會凝聚的身分認同，本文的後半部分則探討的是臺灣人二戰戰爭經驗的多元性。在臺籍日本兵向日索償行動中，既可以見到不同戰友會因戰後日本政府不願擔負戰爭責任以及中華民國政府的不作為使其凝聚「我者」的認同，個人對於所償行動的不同立場。另一方面，二戰臺灣原住民族遺族對於死亡觀念的再解釋，因至親「生」時不被承認為日本人，「死」後卻被強烈主張為日本鬼產生的民族認同／公民權利的不平衡，展現「對日抗戰之框」以及向日索償行動之外的另一種身分認同。過往的研究多將「臺籍日本兵」視作屬性較為一致的群體，透過本文對於不同戰友團體、不同倡議行動的考察，則可見到各個戰友會之間如何透過共同的經驗聯繫我群的身分認同，憑藉著不同的紀念儀式、紀念物與紀念空間，呈現臺灣人二戰戰爭經驗的多元面貌。

參考文獻

一、史料

〈交涉遣返被日方徵召服役未歸軍士兵伕〉，中央研究院近代史研究所檔案館藏，《外交部檔案》，典藏號：11-01-02-18-07-013、11-01-02-18-07-014。

〈昭和19年12月以降 大東亜戰爭徵備船舶事故報告綴（6）、（7）〉，日本防衛省防衛研究所藏，《海軍一般史料》，檔案號：C08050049800、C08050049900，編號：2090-2100。

〈調查日據時代被遣海外作戰死亡臺胞〉，國家發展委員會檔案管理局藏，《臺灣省政府檔案》，檔號：0042/198/5/1、0042/198/5/2、0042/198/5/3。

〈臺籍國人遺骸〉，中央研究院近代史研究所檔案館藏，《外交部檔案》，典藏號：11-01-02-18-07-007。

石川公弘，2015，《擁有兩個祖國的臺灣少年工》，李金松譯，臺北：致良出版社。

吳平城，1989，《軍醫日記》，臺北：自立晚報。

吳淑真、吳淑敏，2004，《拓南少年史：探尋拓南工業戰士們的身影》，新北：向日葵文化。

周婉窈編，1997，《臺籍日本兵座談會記錄并相關資料》，臺北：中研院臺史所籌備處。

郭天祿，《和平戰火》，嘉義：郭天祿自費出版。

湯熙勇、陳怡如編著，2001，《臺北市臺籍日兵查訪專輯：日治時期參與軍務之臺民口述歷史》，臺北：臺北市文獻會。

蔡慧玉編著，1997，《走過兩個時代的人：臺籍日本兵》，吳玲青整理，臺北：中研院臺史所籌備處。

鄭麗玲，1995，《臺灣人日本兵的戰爭經驗》，北縣：臺北縣立文化中心出版。

二、專書

Connerton, P. 1989. *How Societies Remember*. New York: Cambridge University Press.

Faust, D. G. 2008. *This Republic of Suffering*. New York: Alfred A. Knopf.

Hanson, N. 2007. *Unknown Soldiers: The Story of the Missing of the First World War*. New York: Vintage Books.

Nguyen, V. T. 2016. *Nothing Ever Dies*. Cambridge, MA: Harvard University Press.

Seraphim, F. 2006. *War Memory and Social Politics in Japan, 1945-2005*. Cambridge, MA: Harvard University Press.

小熊英二，2015，《活著回來的男人：一個普通日本兵的二戰及戰後生命史》，黃耀進譯，臺北：聯經出版。

文崇一、蕭新煌編著，1990，《烏來鄉志》，北縣：烏來鄉公所。

田中伸尚、田中宏、波田永実，1995，《遺族と戰後》，東京：岩波書店。

皇民奉公會中央本部，1944，《第三年に於ける皇民奉公運動の実績》，臺北：皇民奉公會中央本部。

荊子馨，2006，《成為日本人》，鄭力軒譯，臺北：麥田出版。

馬樹禮，1997，《使日十二年》，臺北：聯經出版。

野口毅編著，1999，《台湾少年工と第二の故鄉：高座海軍工廠に結ばれた絆は今も》，東京：展転社。

陳柏棕，2013，《軍艦旗下：臺灣海軍特別志願兵（1943-1945）》，臺北：國史館。

──，2018，《護國丸：被遺忘的二戰臺籍日本海軍史》，新北：月熊出版。

華樂瑞，2018，《當帝國回到家：戰後日本的遣返與重整》，黃煜文譯，新北：遠足文化。

楊文喬、吳博臻，2022，〈臺籍日本兵及其戰後史〉，載於《臺灣兵：重

尋一段被歷史遺忘的血淚青春》，高雄市關懷台籍老兵文化協會編
　　著，15-97，臺北：國家人權委員會。

臺灣中日海交聯誼會編，1990，《和平英魂觀音亭：靈安故鄉紀念碑落
　　成慶典暨臺灣中日海交聯誼會第一屆第二次會員大會紀念特刊》，
　　臺中：臺灣中日海交聯誼會。

臨時臺灣舊慣調查會，1915，臺北：臨時臺灣舊慣調查會。

──，1915，《臨時臺灣舊慣調查會第一部・番族慣習調查報告書》，第
　　2卷，臺北：臨時臺灣舊慣調查會。

──，1915，《臨時臺灣舊慣調查會第一部・番族慣習調查報告書》，第
　　5卷，第2冊，臺北：臨時臺灣舊慣調查會。

──，1920，《臨時臺灣舊慣調查會第一部・蕃族調查報告書・大么族
　　調查報告書後篇》，臺北：臨時臺灣舊慣調查會。

三、專書論文

皮耶・諾哈編，2012，〈記憶與歷史之間：如何書寫法國史〉，載於《記
　　憶所繫之處》，第1冊，皮耶・諾哈編，戴麗娟譯，臺北：行人文
　　化實驗室。

伊藤公雄，2005，〈戦中派世代と戦友会〉，載於《共同研究・戰友會》
　　（新裝版），高橋三郎編著，143-212，東京：インパクト出版。

汪宏倫，2014，〈東亞的戰爭之框與國族問題：對日本、中國、臺灣的
　　考察〉，載於《戰爭與社會：理論、歷史、主體經驗》，汪宏倫編，
　　157-226，臺北：聯經出版。

周婉窈，2002，〈日本在臺軍事動員與臺灣人海外參戰經驗〉，載於《海
　　行兮的年代：日本殖民統治末期臺灣史論集》，127-184，臺北：允
　　晨出版。

浜井和史，2021，〈「平等」「不平等」を超えたアジア・太平洋戦争の
　　総括に向けて〉，載於《計量歷史社会学からみる戦争》，第5卷，
　　戦争社会学研究会編，8-21，東京：みずき書林。

黃智慧，2006，〈「戰後」臺灣各族群對戰歿者的追悼方式與課題：兼論
　　其與日本關係〉，載於《近現代日本社會的蛻變》，黃進自編，607-
　　633，臺北：中研院人社中心亞太區域研究專題中心。

新田光子，2005，〈慰霊と戦友会〉，載於《共同研究・戰友會》（新裝
　　版），高橋三郎編著，213-252，東京：インパクト出版会。

四、期刊論文

Lan, S. M. 2013. (Re-)Writing History of the Second World War:
　　Forgetting and Remembering the Taiwanese-native Japanese Soldiers
　　in Postwar Taiwan. *Positions*, 21: 801-851.

Smith, K. 2002. The Shôwa Hall: Memorializing Japan's War at Home. *The
　　Public Historian*, 24, 4: 35-64.

吳博臻，2021，〈臺灣人戰歿者遺骨送還及遺族撫卹問題（1945-
　　1975）〉，《臺灣風物》，71，2：115-145。

周婉窈，1995，〈歷史的記憶與遺忘──「臺籍日本兵」之戰爭經驗省
　　思〉，《當代》，107：34-49。

近藤正己，1995，〈對異民族的軍事動員與皇民化政策──以臺灣軍伕
　　為中心〉，許佩賢譯，《臺灣文獻》，46，2：189-223。

陳柏棕，2019，〈臺籍戰歿日本兵紀念場域的形塑：以新竹北埔濟化宮
　　為例〉，《國史館館刊》，62：165-198。

傅琪貽，2006，〈為何立碑？紀念什麼？－論高砂義勇隊紀念碑〉，《海
　　峽評論》，184：54-55。

──，2017a，〈高砂義勇隊：祖靈還是英靈？（上）〉，《遠望雜誌》，
　　349：27-35。

──，2017b，〈高砂義勇隊：祖靈還是英靈？（中）〉，《遠望雜誌》，
　　351：30-39。

──，2018，〈高砂義勇隊：祖靈還是英靈？（下）〉，《遠望雜誌》，
　　352：40-41。

黃智慧，2011，〈解讀高砂義勇隊的「大和魂」──兼論臺灣後殖民情境的複雜性〉，《臺灣原住民族研究學報》，1，4：139-174。

蔡慧玉，1996，〈臺灣民間對日索賠運動初探：「潘朵拉之箱」〉，《臺灣史研究》，3，1：173-228。

鍾淑敏，1997，〈望鄉的鐵鎚──造飛機的臺灣少年工〉，《臺灣史料研究》，10：117-131。

鍾淑敏、沈昱廷、陳柏棕，2015，〈由靖國神社《祭神簿》分析臺灣的戰時動員與臺人傷亡〉，《歷史臺灣》，10：67-101。

五、會議論文

藍適齊，2019，〈在國家之外追悼：臺灣的二戰戰歿者與遺族的記憶〉，「歷史記憶與概念傳播」國際學術研討會論文，10月，臺北。

六、學位論文

陳鈺琪，2020，《王育德與臺灣人原日本兵補償問題思考會》，國立師範大學臺灣史研究所碩士論文。

楊文喬，2018，《選擇下的記憶：臺籍日本兵歷史的「國族化」（1945-1979）》，國立政治大學臺灣史研究所碩士論文。

七、報紙

《中國時報》，2006，〈慰靈碑遷移 日人「募」後金主〉，2月17日，A3版。

──，2006，〈高砂碑拆定 公園可留〉，2月21日，A18版。

《自由時報》，2006，〈高砂紀念碑 一週內拆除〉，2月20日，A4版。

八、網路資料

〈緬懷大舅公──神靖丸號下的臺籍英魂〉，《小麟資訊站》，網址：http://clhaung37.blogspot.com/p/blog-page_9.html 。最後查閱日期：2022年2月12日。

「其他請求」，〈臺北高等行政法院97（2008）年度訴更一字第98號判

決〉，《司法院法學資料檢索系統》，網址：https://law.judicial.gov.
　　tw/FJUD/default.aspx 。最後查閱日期：2022 年 2 月 13 日。

高金素梅，2005，〈臺灣原住民族「還我祖靈行動」赴日記者會〉，《立
　　法院網站》，網址：https://www.ly.gov.tw/Pages/Detail.aspx?nodeid=
　　12195&pid=151353。最後查閱日期：2022 年 2 月 13 日。

作者簡介

歐瑞安（Marian Olech）
國立政治大學中國文學系博士候選人、華人文化主體性研究中心前獎助生，碩士畢業於波蘭華沙大學漢學系，以漢字表意功能與專字現象為主要研究方向。

王華
國立政治大學哲學系副教授。美國印第安納大學哲學／認知科學博士。研究領域包括先秦儒家、倫理學、道德心理學、與後設倫理學等。現階段研究致力於從《荀子》出發與當代美德倫理學相關研究對話，採取互相參照與互補研究的方式，對荀子倫理思想與西方美德倫理思想中同中有異的概念與思考方式進行仔細疏理並深入探討，致力推動東西方倫理思想間的對話，希望以現代語彙解讀並進一步發展《荀子》中思想資源以發揚其當代相關性，也希望將《荀子》中的思想資源引入當代倫理學的討論中，激起更多思想火花。

駱俊廷
國立政治大學哲學系博士生，華人文化主體性研究中心前獎助生，主要研究興趣為宋明理學與身體現象學。

馬愷之（Kai Marchal）
國立政治大學哲學系副教授，兼華人文化主體性研究中心副主任。德國慕尼黑大學漢學／哲學博士。研究領域包括中國哲學史、比較政治理論、倫理學等。最新著作有 *Weisheit. Neun Versuche*（Berlin: Matthes & Seitz Berlin, 2021）以及 "Wisdom?", *Philosophy East & West* 的專號（71:3，2021，兩者都與 Michael Hampe 合編）。

傅大為

前國立清華大學歷史所科技史組教授，前國立陽明大學科技與社會研究所特聘教授，國立陽明交通大學榮譽教授。國立清華大學物理系畢業、美國哥倫比亞大學哲學系博士。研究中國科技史、《夢溪筆談》多年，其他研究領域包括性別與醫療、科技與社會研究（STS）等。研究論文發表於歐美學術期刊多篇、國際中國科技史專書、及義大利科學史百科全書等。學術著作包括《亞細亞的新身體：性別、醫療、與近代臺灣》（臺北：群學，2005）、《STS 的緣起與多重建構：橫看近代科學的一種編織與打造》（臺北：臺大出版中心，2019）等。

祝平一

1994 年美國加州大學洛杉磯分校歷史學博士，現任中央研究院歷史語言研究所研究員，研究領域為科學史、醫療史與十七、十八世紀的中、西交流史。

林維杰

中央研究院中國文哲研究所研究員。德國波鴻魯爾大學哲學博士。研究專長為詮釋學、比較哲學。著有專書《朱熹與經典詮釋》（臺北：臺大出版中心，2008）。

潘宗億

國立東華大學歷史學系副教授兼大眾史學研究中心主任。輔仁大學歷史學系畢業，美國明尼蘇達大學歷史學博士。從事現代世界族群與國族認同政治相關空間、影視、食物與圖像記憶多年，並兼及全球化理論與歷史、遊戲歷史學與歷史小說等領域之探詢。相關研究評論與論文發表於《新史學》、《國立政治大學歷史學報》、《師大臺灣史學報》、《輔仁歷史學報》、《中國飲食文化》、《東亞觀念史集刊》、《臺灣文獻季刊》與《南開史學》等學術期刊，以及《當代史學新趨勢》（臺北：聯經，2019）與 Cultural Memories in East Asia（London: Routledge, 2022）等書籍。

吳博臻

國立政治大學臺灣史研究所碩士，主要研究興趣為戰爭記憶、歷史記憶和臺籍日本兵。研究成果有〈臺灣人戰歿者遺骨送還及遺族撫卹問題〉，發表於《臺灣風物》71 卷 2 期（2021.6）、〈台籍日本兵及其戰後史〉（與楊文喬合著），收在楊文喬等撰文，《台灣兵：重尋一段被歷史遺忘的血淚青春》（臺北：國家人權委員會，2022）。